21世纪高等院校教材

综合自然地理学

（第三版）

刘南威　郭有立　张争胜　编著

科学出版社

北　京

内 容 简 介

本书是作者长期从事教学、研究实践与野外考察之成果。全书共10章，论述系统全面、结构严谨、层次分明，突出了地理学基本原理。书中关于综合自然地理学在地理学中的地位、地理环境的结构、整体性规律、时间演化规律、地域分异规律等章节的阐述，具有创见性；同时，在论述中还应用了现代系统论观点、耗散结构理论和可持续发展原理。全书内容充实、文字流畅，并能联系中国实际，反映中国学者观点，是一部具有中国特色的综合自然地理学著作，对读者有一定的启迪作用。

本书可用作高等院校地理、资源环境、地理信息系统、国土整治、城镇规划等专业的本科生教材，同时也可供科研与生产部门有关人员参考。

图书在版编目(CIP)数据

综合自然地理学/刘南威，郭有立，张争胜编著.—3版.—北京：科学出版社，2009

21世纪高等院校教材

ISBN 978-7-03-024347-8

Ⅰ.综… Ⅱ.①刘… ②郭… ③张… Ⅲ.自然地理学-高等学校-教材 Ⅳ.P9

中国版本图书馆CIP数据核字（2009）第050433号

责任编辑：郭 森 杨 红 吴三保/责任校对：鲁 素

责任印制：赵 博/封面设计：耕者设计工作室

科学出版社出版

北京东黄城根北街16号

邮政编码：100717

http://www.sciencep.com

保定市中画美凯印刷有限公司印刷

科学出版社发行 各地新华书店经销

*

1993年9月第一版 开本：720×1000 1/16

2004年6月第二版 印张：12 1/4

2009年5月第三版 字数：231 000

2024年12月第三十二次印刷

定价：38.00 元

（如有印装质量问题，我社负责调换）

第三版前言

本人从事综合自然地理学研究始于 1957 年。当时，原苏联景观学家 A. Г. 伊萨钦科在中山大学讲授“自然地理学基本问题”，本人与曾昭璇教授等前往听课。1959 年，本人参加华南热带生物资源综合考察队，负责珠江三角洲综合自然区划调查和研究，与曾昭璇教授合作，发表“珠江三角洲自然地理区区划问题”、“处理好珠江三角洲土地类型与土地利用的关系”等一系列论文，为本书的编写打下了专业基础。

1982 年 10 月，教育部委托安徽师范大学、华中师范大学、北京大学、东北师范大学在安徽省青阳县主办全国高校“综合自然地理学”教材、教学经验交流会。会议成立了“综合自然地理学”教学研究会，由陈传康、景贵和、徐樵利、闵煜铭、潘树荣、刘胤汉、王传琛、张盛学、全石琳、熊书益以及本人组成领导小组。这是我国综合自然地理学教育界同仁第一次大聚会，在我国综合自然地理教学过程中具有转折意义，推动了“综合自然地理学”课程的普遍开设和不同风格教材的编写，对本人从事综合自然地理学教学和教材编写具有启示和借鉴作用。

根据教育部颁布的地理专业教学计划，综合自然地理学是承前启后的课程，是学完部门自然地理之后，在部门自然地理学基础上进行综合研究，为区域自然地理研究打下理论基础的重要课程。本书系据此而编写。

本书在完善体系的同时，突出了重点。综合自然地理学把自然地理环境作为一个整体来研究，在明确这一学科性质的基础上，本书着重论述综合自然地理学的一个基本原理、两条基本规律及其应用（土地类型和综合自然区划），强调人地关系协调发展的重要性。

根据教学改革的要求和形势发展的需要，本次修订时，除对个别内容进行调整和文字修饰外，主要修改自然地理环境内部联系的部分内容，补充全球环境变化的新内容，并在各章章末添加了复习思考题，以利于学生学习使用。

鉴于本人已退休多年，本书另一作者郭有立老师已移民澳大利亚，多年来我校“综合自然地理学”课程的主讲教师为张争胜副教授，而在本书第二版面世之前，张争胜曾对教材进行仔细校正，本次修订又与本人共同拟订复习思考题，为便于日后修订，增加张争胜为本书作者。

对本书存在的不足之处，欢迎使用教材的广大师生提出改进意见。

刘南威

2009 年春节

第二版前言

自然地理学的综合研究，在原苏联称为“自然地理学基本问题”或“景观学”。我国的综合自然地理学形成于20世纪50年代。

为了把苏联的自然地理学综合研究内容介绍到我国，中山大学地质地理系的唐永銮、徐士珍、王正宪等，于1955年翻译出版了C.B.卡列斯尼克著的《普通地理学原理》（高等教育出版社）一书，书中的“地理学的任务和内容”、“人类在地球的地理外壳生活中的作用”、“地理外壳的演化”、“地理带和地理景观”等各章，就是自然地理学综合研究内容。1962年，中山大学地质地理系还翻译出版了苏联学者A.A.格里哥里耶夫等关于综合自然地理的论文集，取名《自然地理学的对象和任务》（商务印书馆），载“自然地理学”，“论自然地理的某些基本问题”，“自然地理学的对象、任务和目的”，“论地理学、自然地理学与景观”，“论地理环境”，“论自然地理学理论的某些见解”，“地理环境、地理自然综合体与自然地理科学体系”，“论自然地理学的争论问题”等14篇论文。

为了培养我国综合自然地理学人才，1957～1959年，中山大学和北京大学地理系联合举办了“自然地理学基本问题进修班”，邀请苏联景观学家A.Г.伊萨钦科主讲。这是我国第一个综合自然地理学进修班，该班成员多数后来成为我国从事综合自然地理学教学和研究的骨干，影响深远。

中山大学地质地理系李世玢、钟纯智、汤慧如、陈君尉、郎好善、王正宪等，还把A.Г.伊萨钦科在“自然地理学基本问题进修班”上的讲稿，进行翻译，于1965年出版，取名《自然地理学原理》（高等教育出版社），扩大了“自然地理学基本问题进修班”的影响。

“综合自然地理学”作为一门学科的名称，是在“自然地理学基本问题进修班”上，集体讨论该学科性质时，由一些中国青年学者提出的（见秦权人：“综合自然地理学的几个问题”，油印稿）。

20世纪60年代初，部分高等院校地理系把中国青年学者提出的“综合自然地理学”学科名称作为课程开设，并自编教材，作内部交流，如北京大学陈传康于1962年编写的《综合自然地理学》等。进入20世纪80年代，全国高等院校地理专业，根据教育部颁布的综合性大学和师范院校教学计划，全面开设《综合自然地理学》课程，并公开正式出版了多本教材。如景贵和编写的、我国首本公开出版的《综合自然地理学》（东北师范大学出版社，1986年），全石琳编著的《综合自然地理学导论》（河南大学出版社，1988年），景贵和（主编）、周人龙、徐樵利合编的《综合自然地理学》（高等教育出版社，1989年），程伟民、谢炳庚编著的《综合自然地理学》（湖南师范大学出版社，1990 年），陈传康、伍光和、李昌文编的《综合自然地理学》（高等教育出版社，1993 年）等。

20 世纪 80 年代，本人讲授“综合自然地理学”，在教学实践过程中，会同当年协助该科教学工作的郭有立和邱林青两位青年教师，把讲授内容进行整理，编写出版了《综合自然地理学》教材（科学普及出版社广州分社，1987 年）。之后，邱林青赴美留学，定居美国。期间，再经教学实践，运用现代系统科学的思想和方法，对《综合自然地理学》教材进行加工、补充，于 1993 年改由科学出版社以《综合自然地理》名称出版。

《综合自然地理》教材自 1993 年面世迄今，蒙读者厚爱，被不少高等院校地理专业采用。最近接科学出版社通知，谓教材出版已超过 10 年，为了适应学科发展的需要和满足新世纪广大读者的要求，希望作者对教材进行修改后，再行出版。鉴于合作人郭有立已移居澳大利亚，修改工作只能由本人承担。修改时，主要依据耗散结构和可持续发展理论，进行改正和增加内容，并把教材名称恢复为《综合自然地理学》。

《综合自然地理》（1993 年版）蒙华南师范大学曾昭璇教授作序；它的出版，得到科学出版社吴三保编审的热情帮助；这次《综合自然地理学》在出版前，蒙华南师范大学张争胜博士进行校对，改正错漏多处。对于他们的帮助和支持在此一并致谢。

对教材存在的不完善之处，敬请使用本教材的教师和同学提出改进意见。

刘南威

2004 年春节于华南师范大学寓所

第一版序

在我国，综合自然地理学是解放后才被确认为地理科学体系中的一门学科。新中国自然地理的综合研究始于20世纪50年代后期，原苏联学者称之为“自然地理学基本问题”，显然未能概括此学科的性质。西方学者虽然也有类似之综合自然地理学研究，但未形成完整之科学体系。故1983年余在加拿大访问时，他们还不知有“Integrated Physical Geography”一名词。此乃林超师译出。历数十载探索，我国综合自然地理学有了长足发展，学者辈出，硕果累累。

刘南威和郭有立合著之《综合自然地理学》一书，余所知是积多年教学实践，加以博览群书及野外考察之成果。真知卓识，活现纸上。全书系统全面，组织严密，层次分明，前后思路连贯，突出基本原理。书中关于综合自然地理学研究对象在地理学上的地位、地理环境的结构、整体性规律、时间演化规律、地域分异规律等内容均有创见，并结合现代系统理论加以阐释。细读全书，余感内容充实，阐述简练，文字流畅，处处结合中国实际，多反映我国学者观点，书中例子亦多为中国实况，是一本具有中国特色的著作，胜昔向苏学习时之教本矣。

今此书经修订充实后再版，当为世所重也。余披阅数遍，即获益良多。故蒙请叙数言，自乐为之者也，是为序。

曾昭璇

1992年6月

目　　录

第一章　综合自然地理学的研究对象和任务

第一节　综合自然地理学的研究对象

一、地理学的研究对象

地球表层是人类赖以生存的地理环境。地理学就是研究地理环境的科学。

所谓环境，是相对主体而言的。从微观世界到宏观世界，从自然界到人类社会，每一具体事物都是在一定的空间和时间中不断地运动着，都要与周围的事物发生复杂的联系。那些围绕着主体、占据一定空间、构成主体存在条件的诸种物质实体或社会因素，就是该主体事物的环境。

事物有大小之分，环境有大小之别。大到整个宇宙，小到基本粒子，都有其存在的空间条件。因此，环境因主体的不同而不同，随主体的变化而变化。

许多科学的内容都涉及环境。然而，把环境作为实体来研究的学科主要有生物科学中的生态学、地球科学中的地理学以及近年发展起来的环境学。虽然这三门学科的研究对象都是环境，但因研究的主体不同，主要矛盾不同，其“环境”的含义也各有差别。生态学领域的主要矛盾是生物与环境的矛盾，其“环境”是以动物、植物和微生物为主体的生态环境；环境学领域的主要矛盾是人体与环境的矛盾，其“环境”是以人体为主体的污染环境；地理学领域的主要矛盾是人类社会与环境的矛盾，其“环境”是以人类社会为主体的地理环境。

作为地理学研究对象的地理环境，是由自然环境、经济环境和社会文化环境相互重叠、相互联系所构成的整体。自然环境是由地球表层各种自然物质和能量所组成，具有地理结构特征并受自然规律控制的地理环境部分。经济环境是在自然环境的基础上由人类社会形成的地理环境部分，主要指自然条件和自然资源经人类利用、改造后形成的生产力的地域综合体，包括工业、农业、交通和城镇居民点等各种生产力实体。社会文化环境是人类社会本身所构成的地理环境部分，包括人口、社会、国家以及民族、民俗、语言、文化等方面的地域分布和组合结构，还涉及人们对周围事物的心理感应和相应的社会行为。

对应于上述地理环境的三部分，地理学可分为三个主要的分支学科，即研究自然环境的自然地理学、研究经济环境的经济地理学和研究社会文化环境的社会文化地理学（狭义的人文地理学）。经济环境和社会文化环境构成人文环境，是人文地理学（广义的）的研究对象。

二、自然地理学的研究对象

作为自然地理学研究对象的自然环境，根据人类的影响程度，可分为天然环境和人为环境。天然环境是指那些只受人类间接的或轻微影响的、而原有自然面貌基本上未发生明显变化的原生自然环境，如极地、高山、大荒漠、大沼泽、热带雨林、某些自然保护区以及人类活动较少的海域等。人为环境是指那些自然条件经受人类直接影响和长期作用之后，自然面貌发生重大变化的次生自然环境，如放牧的草场，经过采伐的森林、农田、鱼塘、水库、运河等。人为环境的成因及其形式，主要取决于人类干预的方式和强度。然而它自身的演变和作用过程，则仍受自然规律制约。如水库、运河的水量和流速等水情要素，与天然湖泊、河流一样，仍受气候、地貌等因素的影响。因此，人为环境和天然环境一样，同属于自然环境。

自然地理环境是地球表层的大气、水、岩石、生物以及其他派生的自然物质共同组成的整体。因此，自然地理环境也称为自然综合体或景观[1)]。这样一个物质整体，与外界环境保持着不断的物质和能量的交换，使其内部维持着有序的结构和稳定的功能，是为具有地理耗散结构的开放体系。因此，自然地理环境也可视为自然地理系统。

关于自然地理学的研究对象，许多地理学家曾使用不同的术语来表达。表述的字眼以及所指的空间范围尽管不尽一致，其所指的客观实体却是基本相同的。这些术语除本书使用的、由中国科学院地理研究所于20世纪60年代前期提出的自然地理环境外，主要有：地理壳（A. A. 格里哥里耶夫）、景观壳（C. B. 卡列斯尼克、M. M. 耶尔莫拉耶夫）、地理圈（Д. Д. 阿尔曼德）、景观圈（Ю. K. 叶夫列莫夫）、表成地圈（A. Г. 伊萨钦科）、生物发生圈（И. M. 查别林）等，或者直接称为地球表层（Л. И. 布罗乌诺夫）。牛文元近年又提出了“自然地理面”的新概念。

三、自然地理学的分科

自然地理环境的物质组成具有相对独立性、整体性和区域性的特点。相应于这三个方面，自然地理学可分为部门自然地理学、综合自然地理学[2)]和区域自然地理学。部门自然地理学研究组成自然地理环境的某一要素，即研究这个要素的

1）自然地理学中关于“景观”一词有三种不同的含义（详见本书第九章），这里取其广义。

2）“综合自然地理”这一学科名称，是20世纪50年代，中山大学和北京大学联合举办的“自然地理学进修班”，在集体讨论该学科性质时，由中国青年学者提出的。

组成、结构、时空动态和分布等特征和规律，如气候学、水文地理学、地貌学、植物地理学、动物地理学、土壤地理学。综合自然地理学研究自然地理环境的综合特征，即把自然地理环境作为一个整体来研究，着重研究其整体的各组成要素及各组成部分的相互联系和相互作用的规律。区域自然地理学研究一定区域自然地理环境的某个组成要素和自然地理环境的综合特征，即对区域的部门情况和区域的综合情况进行研究，故可分为区域部门自然地理和区域综合自然地理。前者如区域气候、区域水文、区域地貌、区域植被、区域动物等，后者对某一具体区域进行综合自然区划和土地类型的研究。

第二节　综合自然地理学在地理学中的地位

现代地理学是一个科学体系。随着时代发展，这个体系越来越变得非常庞大了。地理学传统的学科结构划分是一个二维的平面分类系统。它不足以全面地反映地理学整个科学体系。为此，需要建立三维的立体分类系统（图 1.1）。

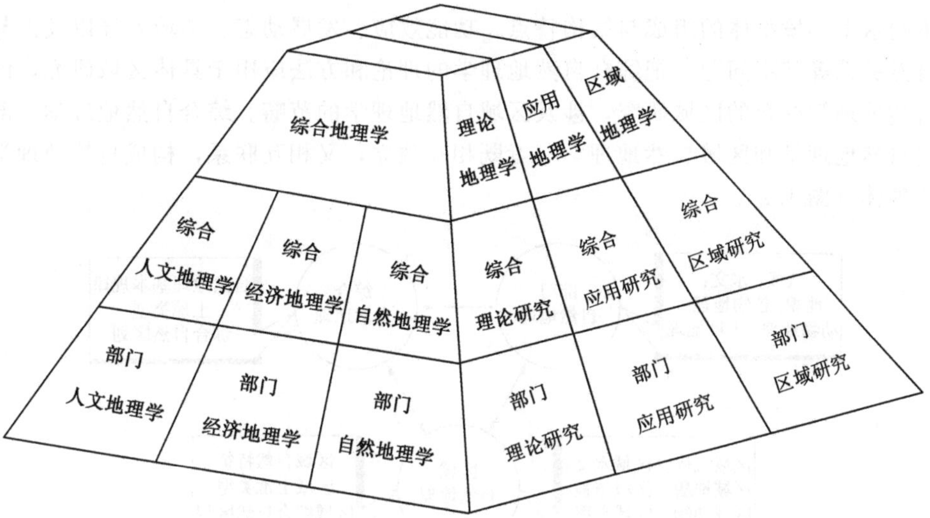

图 1.1　地理学的系统

从研究对象看，地理学可以分为：①研究自然地理环境的自然地理学；②研究经济地理环境的经济地理学；③研究社会文化地理环境的人文地理学。三者的研究对象组合起来便是地理环境，这是地理学研究的整体的对象。

从研究层次看，地理学可分为：①研究整个地理环境综合特征的综合地理学；②分别研究自然地理环境、经济地理环境和社会文化地理环境的整体特征的综合自然地理学、综合经济地理学和综合人文地理学；③分别研究上述三种环境中各组成要素的部门地理学，如部门自然地理学、部门经济地理学和部门人文地理学。

从研究领域看，地理学可分为：①理论性的理论地理学研究，即对基本原理和方法论的阐述；②应用性的应用地理学研究，即对应用理论和具体方法的阐述；③区域性的区域地理学研究，即运用上述两种理论和方法对特定区域进行具体的研究。

上述三方面可依次概括为：三分支、三层次和三重性。这三者相互交叉和重叠便构成了地理学学科结构的一个立体系统。从这个系统中可以清楚地看到综合自然地理学在整个地理学中的地位以及它与相邻学科的关系。

从“三分支”来看，综合自然地理学属于自然地理学范畴；从“三层次”来看，它又属于部门综合的层次；从“三重性”来看，它包括综合理论研究（如整体性规律、时间演替规律、地域分异规律等）、综合应用研究（如农业土地类型、农业自然区划等）和综合区域研究（如中国土地类型、中国自然区划等）。

综合自然地理学以部门自然地理学为基础，综合研究自然地理环境的整体，阐明这个环境整体的组成与结构特点、功能效应、发展动态、地域差异以及人与自然关系等基本问题。把综合自然地理学的理论和方法应用于具体区域研究，即自然地理学综合的区域研究，涉及区域自然地理学的范畴。综合自然地理学、部门自然地理学和区域自然地理学三者既相互独立，又相互联系，构成自然地理学的整体（图 1.2）。

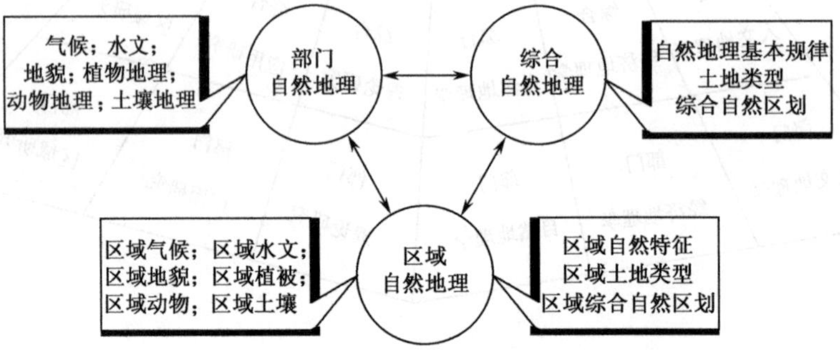

图 1.2　自然地理学分科关系图

第三节　综合自然地理学的任务

前已述及，综合自然地理学着重研究自然地理环境的综合特征。具体而言，本学科的任务主要有下列几个方面：

(1) 研究自然地理要素（气候、水文、地貌、植物、动物、土壤）的相互关系，彼此之间的本质联系和作用效应。

（2）研究自然地理环境的动态，从整体上阐明它的变化发展规律，预测其演替趋势。

（3）研究自然地理环境的空间分异规律，划分不同等级的自然综合体。

（4）确定自然综合体的特征及其开发利用方向，参与经济建设的自然条件和自然资源评价以及自然灾害防治的研究。为因地制宜地利用和改造自然服务。

（5）协调环境、资源、人口和发展的关系，探求自然环境和资源的永续利用途径。

复习思考题

1. 什么是自然环境？
2. 天然环境和人为环境有什么区别和联系？
3. 试述自然地理学的学科分支和它们的研究对象及其相互关系。
4. 试述综合自然地理学在地理学科体系中的地位。
5. 试述综合自然地理研究的主要任务。

第二章 综合自然地理学的形成和发展

综合自然地理学是一门年轻的学科，其理论体系的确立只是近几十年的事情。然而综合自然地理学赖以奠基的地理学却是一门十分古老的学科。鉴于学科发展的历史继承性，要研究综合自然地理学的形成和发展，就必须追溯地理学的发展史。在整个历史进程中，地理学经历了古代地理学、近代地理学和现代地理学三个发展时期。综合自然地理学随其母体也有三个相应的发展时期(表 2.1)。

表 2.1 综合自然地理学发展的三个时期

发展时期	古代地理学	近代地理学	现代地理学
社会进程	文字出现 原始社会 ⋮ 奴隶社会 封建社会	地理大发现	第二次世界大战
地理学的发展	地理思想朦胧阶段 ⋮ 古代地理学 → 地方志 / 宇宙论	地方志 —演化→ 人文地理学 —分化→ 部门人文地理学 宇宙论 —演化→ 自然地理学 —分化→ 部门自然地理学	
综合自然地理学的发展	综合自然地理学的根基	综合自然地理学的萌芽	综合自然地理学的形成
与综合自然地理学发展有关的代表人物及著作	埃拉托色尼：《地理学》 中国：(作者不详)《禹贡》、《地员篇》 斯特拉波：《地理》 托勒密：《地理学指南》	洪堡：《宇宙》 李特尔：《地球学》 道库恰耶夫：自然(地理)综合体思想和自然地带学说	卡列斯尼克：《普通地理学原理》 伊萨钦科：《自然地理学基本问题》

第一节 综合自然地理学的根基

一、古代地理知识的积累

从远古到18世纪地理大发现，地理学仍处于它发展的最初阶段，即搜集和积累材料阶段。这就是地理学发展史上的古代地理学时期。

人类的祖先由于生活上各种各样的需要，通过实践而逐渐地认识了周围的环境。最初的需要必然是很局部的，因此人类早期的地理视野也是极其有限的。原始部族对自然的观察，只停留在认识个别自然因素上，他们无法揭示地理环境的普遍特性。一切地理现象和过程最初都被误认为是神的行为，而蒙上了神秘的色彩。所以，这一时期被称为地理思想的朦胧阶段。

从迁徙不定的采集和狩猎生活，改变成定居的农耕和放牧生活，促进人类的地理知识迅速增多。因为随着生产力的发展，人们对自然的依靠更深，他们需要掌握诸如适宜耕种和方便放牧的地区、天气变化以及播收季节等方面的情况，使生产臻于完善。这些有关地理的知识便在人们的实践中不断地积累下来了。

地理学显著的发展，出现在奴隶社会。这个时期生产的发展，商业的兴起，战争的爆发很大程度上扩展了人们的地理视野。当时对更广大地区和国家的自然、经济、政治、文化、历史、人口、民俗等内容繁杂的详细记述便成为必然。于是地志学应运而生，并成为古代地理学的主流。同时人们又力图科学地认识周围的自然界，并企图创立关于地球及其外壳的科学观念。古代思想家根据自己对世界的认识提出了各种各样的解说。有的学者，像毕达哥拉斯（Pythagoras，公元前 6 世纪）和亚里士多德（Aristotle，公元前 384—前 322），已经获得地球是个球体和地球表面存在气候带的观念。那个时期，人类的知识领域仍然有限，一个卓越的学者一生可以掌握人类当时的大部分知识，一个地理学家同时可以是哲学家、历史学家、天文学家等。由于古代学者们的各种学术线索交织在一起，因此古代地理学实际成为一门包罗万象的学科。

在西方奴隶社会时期，地理学家中最杰出的代表是埃拉托色尼（Eratosthenes，公元前 273—前 192）、斯特拉波（Strabo，公元前 64—公元 20）和托勒密（Ptolemy，90—168）三位先驱。他们的地理著作确立了古代地理学的知识领域。

古希腊学者埃拉托色尼在 2 000 多年前用“地理学”（Γηγραφω）一词作为书名，写了一本关于已知世界和地球基本知识的著作。这本书清除了当时充斥在地理学思想中的神话和迷信，引进了自然地理的成分，尤其对数理地理给予了很大程度的重视。书中论述了地球的形状和大小，以及当时已知世界的地理情况[1)]。埃拉托色尼继承了亚里士多德的思想，把地球表面分为五带（热带、南北温带和南北寒带）。他还把世界分为欧洲、亚洲和利比亚三个主要地区，并绘制了反映当时世界的地图（图 2.1）。由于埃拉托色尼第一个创造了“地理学”这一术语，而被后人称作“地理学之父”。

斯特拉波是杰出的古罗马地理学家。其代表作《地理》一书共 17 卷之巨，详细记述了以罗马为中心的已知世界，为地方志的发展奠定了基础。斯特拉波认为：“研究地理学不仅要研究各国的大小和形状，而且要观察它们之间的相互关系”，他力图把自己观察到的现象联系在一起，来刻画出总的世界形象。他在著

1）埃氏首先用几何方法测定出地球经线大圆长约 25 000 英里（实际为 24 860 英里）。1 英里约等于 1.6 公里，下同。

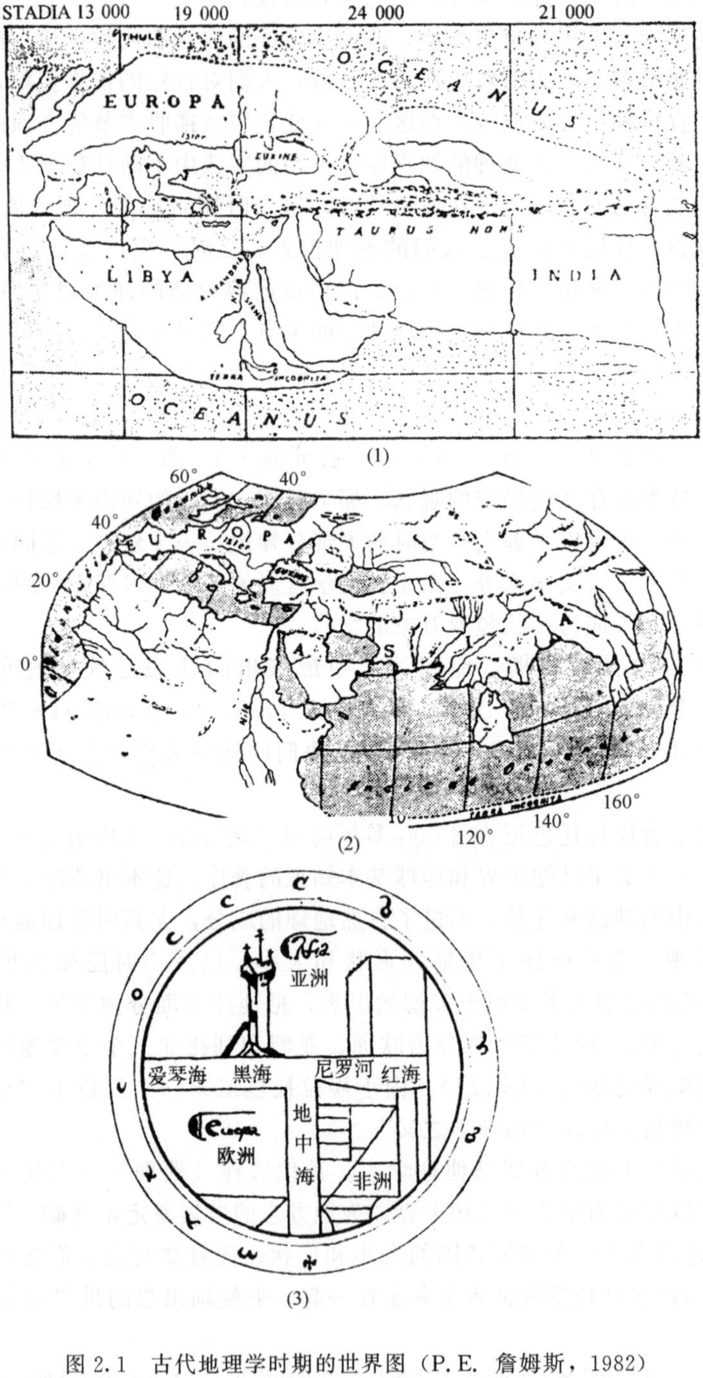

图 2.1　古代地理学时期的世界图（P.E. 詹姆斯，1982）

（1）埃拉托色尼的世界图；（2）托勒密的世界图；（3）14 世纪的世界图（T-O 形地图）

作中不仅对一般地理现象进行了描述，而且加以阐明。他对尼罗河的泛滥就给出了正确解释，认为应归因于埃塞俄比亚高原夏季丰富的降水。

托勒密是奴隶社会时期最后一位出色的地理学家。在古罗马时代，地理学已具有最初的分化。托勒密把地理学分为地理学和地志学两部分，认为地理学把地球作为整体来研究，它反映的是最本质的东西，能使我们看到整个地球的一般图景；而地志学则是详细描述个别国家，给我们提供的仅是许多个别的单一画面。他还指出，地理学同时包括数理地理和制图地理学。托勒密所著《地理学指南》一书就用了专门篇幅论述了地图投影，并绘制了当时最为详细且影响深远的世界轮廓图（图 2.1）。由于当时没有更确切的名称，因此这幅图就被称为“托勒密”。托勒密的《地理学指南》连同这幅图，一直到地理大发现时代仍是地理学的基础。

自公元 5 世纪西方进入封建社会以后，直到 15 世纪，是漫长而黑暗的中世纪。封建的宗教教会在这个历史时期起了扼杀一切进步事物的反动作用。在欧洲，地理学停滞了，甚至倒退了！地球的概念回复到一叶方舟！地图也退化成了纯粹的幻想，一度相当正确的已知海岸线在地图上消失了（图 2.1）。古代地理学被那种带有明显虚妄的宗教臆造的观点所代替，甚至连“地理学”一词也从一般的词汇中消失了。当然，并不能因此就认为整个封建社会时期地理学完全是固步不前的。一方面，即使在欧洲，地理视野仍然借助旅行、宗教和战争而不断扩大，具体的地理描述仍有进行，著名的《马可·波罗游记》就是这个时代的作品；另一方面，在阿拉伯国家和我国，古代地理思想仍在不断发扬光大。阿拉伯人继承了古希腊的科学文化，促进并奠定了自己的科学基础。我国是古代世界一个独立发展的地理思想发祥地。中国的古代地理思想源远流长，一脉相承，在世界科学史上有着极其光辉的篇章。因此我们将另立专节论述。

二、地理大发现的影响

15 世纪后半叶，西欧资本主义因素渐渐膨胀，贸易活动的增强，商品货币关系的发达，引起了商人和封建贵族寻求东方金银财富和香料、丝绸等贵重物品的狂热。但 15 世纪后期，土耳其人征服了近东和中东，主宰了东西方通道的咽喉，严重阻碍了欧洲人与东亚的交往。于是，欧洲人企图另辟通往亚洲的海上航道。那时人们掌握的世界地理知识、测量术和造船术已具有足够的水平，使得远洋航行成为可能。

新航路的开辟，首先是由葡萄牙和西班牙的探险家实现的。15 世纪初叶，葡萄牙人不断沿非洲西岸南下，占据了不少殖民地。1486～1487 年，迪亚士率领葡舰队绕过非洲南端，发现了好望角。1497 年，葡王又派瓦斯科·达·伽马率舰队绕过好望角，航行 10 个月到达了印度。葡萄牙人终于发现并控制了通往亚洲的东南航路。

为了跟葡萄牙人竞争，西班牙女王采纳了意大利水手哥伦布向西航行的探险计划。哥伦布由于接受了大地是球形的概念，深信向西行一定能到达亚洲；同时他又接受了环球距离的最小数字，深信到亚洲去将不成问题。1492 年 8 月，哥伦布的船队离开西班牙启航西行。同年 10 月，他们到达了现在的巴哈马群岛，误认为那里就是印度。其实哥伦布到达的是欧洲人从来不认识的美洲——新大陆。

1519 年，西班牙又派出舰队，由葡萄牙航海家麦哲伦率领向西南越过大西洋，沿巴西海岸南下，1520 年 10 月经南美大陆与火地岛之间的海峡（后称麦哲伦海峡），进入太平洋，次年 3 月到达菲律宾。麦哲伦在途中死了以后，他的同伴继续西行绕过好望角，于 1522 年 9 月返回西班牙，完成了人类第一次环球航行。从而证实关于大地为球形的学说，并开辟了西南航路。

地理大发现以上述三个事件为主体，但直到 18 世纪，地理发现仍未结束。这一系列延续了近两个世纪的探险活动，极大地刺激了地理学的发展。同时，16 世纪欧洲的文艺复兴运动冲破了中世纪的思想桎梏，古希腊、罗马的地理观念重又生辉，人们又萌发了对地理学探讨的浓厚兴趣。这个时期人类的地理视野几乎涉及整个地球表面，大量空前的新资料纷至沓来；古代对未知世界的各种臆想，被不断消除；新发现的国家和土地得到了描写，并在地图上确定下来；科学的地图投影法出现（如墨卡托投影），使世界地图第一次接近了精确。根据这些不断涌现的新资料，人们有可能全面地探讨地理问题。除了地志学继续成为主流外，对于海陆起源、地形变迁等的一般地理学问题也提出了许多假说，通论地理学开始出现了。在当时所有的地理著作中，最有价值的是 17 世纪荷兰地理学家瓦伦纽斯（Varenius，1622—1650）的《地理学通论》[1]。这本书的内容包括了地理学的理论基础、地理学的对象和方法论特征。其主要观点是：①第一次提出了比较接近现代地理学的研究对象——地球表面，即“陆界”、“水界”和“天界”；②第一次明确提出了地理学应分为两类进行研究——研究整个地球表面的“普通地理学”和研究地球局部地区的“特殊地理学”；③第一次把哥白尼、开普勒、伽利略的学说引进地理学来探讨数理地理问题；④反对把地理学作为是描述性科学的看法，而用自然界是统一的思想把当时积累下来的有关气候、海洋、地形等知识作为一个统一的物质体系来论述，并指出水界与陆界是互相渗透的。瓦伦纽斯上述的地理观念是划时代的，它成为以后综合自然地理思想萌发的重要理论先导。可惜他的思想超越了他的时代，而没能产生显著的影响。相反，16 世纪德国学者明斯特尔（Munster，1489—1552）的描述地理著作《宇宙学》却风行一时。因为当时地理学仍未从描述跨入分析和综合的时代。

1）该书也译作《通论地理学》及《普通地理学》。

三、古代地理学的特点

在回顾了古代地理学发展的简要历程后，以其作为综合自然地理学的根基，可以归纳出下列几点：

(1) 从远古到18世纪中叶，地理学处于搜集和积累资料的时期。在这段漫长而曲折的过程中，地理知识的积累随着人类活动范围的扩大和程度的加深而获得许多成果。在古代地理学末叶，人们已经掌握了地球形状、海陆分布、高山大河、国家和民族等基本事实；初步掌握了地球表面的热力分带、昼夜变化、四季交替等基本过程。

(2) 古代地理学实际上是一门包罗万象的科学。自然地理知识及地理观念常与天文学和几何学成分交织在一起，并融合在不同倾向的哲学思想之中。地图作为地理的语言，两者在共同发展中有千丝万缕的联系。

(3) 古代地理学以纯粹描写地理现象为特点。由于对复杂的地理事物缺乏深入的分析和系统的研究，没能揭示出一般的规律性。

(4) 古代地理学存在两大基本学派。一是“博杂派”，这部分学者着重联系历史研究个别国家和地区的总的情况，无所不包地加以描述，其典型代表是地方志著作。博杂派的思想一直是古代地理学的主流。一是“宇宙派”，这部分学者注意把地球和宇宙及数学联系起来研究，尝试对自然地理现象进行朴素的唯物解释，其代表有埃拉托色尼的《地理学》、瓦伦纽斯的《地理学通论》。宇宙派的思想，后来成为自然地理学和综合自然地理学发展的基础。

第二节　综合自然地理学的萌芽

从18世纪末到20世纪初，地理学以新的姿态经历了它的近代发展时期。在这个时期内，自然地理学作为一门学科而确立了，综合自然地理学也开始了它的萌芽阶段。按照近代地理学的发展特点，可分为两个阶段来论述。

一、地理学转折时期自然地理学的诞生

18世纪末到19世纪中叶，西方地理学正处于从搜集资料的感性认识阶段到整理资料的理性认识阶段的伟大转折之中，古代的描述性上升为近代的解释性。这个时期，唯物主义和唯心主义这两种本质不同的世界观和方法论渗入到地理解释中，从而影响着新地理观念的形成。到了19世纪，古代“宇宙派”和“博杂派”已经明显地发展为近代地理学的两大分支——自然地理学和人文地理学。两位杰出的德国地理学家亚历山大·冯·洪堡（Alexander von Humboltt，1769—

1859）和卡尔·李特尔（Carl Ritter，1779—1859），以他们富有创造性的工作揭开了近代地理学的新篇章。

李特尔继承和发展了“博杂派”的思想，著有《地学通论》一书。李特尔的地理思想深受唯心主义的影响，但也不能低估他对科学的积极贡献：①他把自然现象和人类活动结合起来研究，强调变化中的“人和自然的统一”；②他把地球表面作为人类活动的舞台，认为地理学是研究人类住宅的地球表面；③他把古代的地志学发展成为人文地理学。然而，李特尔用唯心主义的观点来解释人地关系，认为自然环境对人类社会的发展起着决定性作用。这一观念被他的追随者发展为“地理环境决定论”，在地理学界颇受批评。

洪堡则继承和发展了“宇宙派”的思想，并以他大半生的精力创立了一门科学的自然地理学。洪堡是个自发的唯物主义者，他运用了黑格尔的辩证法，对野外考察的具体资料进行综合概括，而在广泛综合的基础上提出许多深刻的结论。到了今天，这些结论有的已经过时，有的则仍具有生命力。关于洪堡对地理学发展的主要成就，从下面几个方面分析：

(1) 洪堡长期从事地理考察，他的足迹踏遍欧、亚、美三大洲，对南美的考察尤为详细。在对自然和物质世界深刻认识的基础上，洪堡尽其后半生30个春秋完成了地理巨著《宇宙》一书。这本凝聚了他一生的科学发现和学术成就的巨著奠定了自然地理学的理论基础。

(2) 由于对自然现象抱有深刻的科学态度，洪堡创立了多种重要的自然地理研究方法，主要包括：①气候要素的平均值法——利用气候要素的平均值来说明一地的气候特点；②气温的高度换算法——把地面气温换算成海平面气温；③等温线法——用等温线来表示气温的水平分布，并首次绘制了北半球的等温线图；④剖面图法——利用地形剖面图研究山区的地理情况；⑤比较法——运用比较法去分析地理规律，在洪堡的著作中充满着应用地理比较法的成功例子。他认为：“把相距很远的区域中的自然地理情况拿来比较，用少数特点来表示这种比较的结果，虽是普通地理学的艰巨任务，但却是非常有意义的。”

(3) 在对各种自然地理现象的成因及其分布规律进行理论性概括的基础上，洪堡发现了一系列自然地理规律：①他根据因果关系原则和综合原则，揭示了自然地理环境的综合性和区域性的特点；②他对大陆的内部地区和沿海地区的气候进行了详尽的对比，分析了大陆东西两岸地区气候的分布规律；③他通过分析气候条件与植物分布和地貌的关系，发现了植物的水平分布和垂直分布规律，为自然地带性学说奠定了基础。

(4) 洪堡明确指出了自然地理学研究客体的综合特征。他认为：“对于自然界理智的观点，就是自然界是由多种形式和成分综合的统一体，它是各种自然现象和自然力量的总和。”“我们的动机永远是企图揭开外部世界各种现象的普遍联系及自然界作为一个整体是怎样在内部力量的作用下运动和发展的。”洪堡这些精辟的论断已经闪耀出综合自然地理思想的光辉。

二、地理学分化时期综合自然地理学的萌芽

到了19世纪后半期，随着科学的进展，对特定领域中专门对象的分析研究不断加深，于是新学科不断涌现，旧学科不断分化。这个时期被称为“学科之母”的地理学除已分化为自然地理学和人文地理学两大学科以外，自然地理学又发生更进一步的分化，如气候学、水文学、地貌学、植物学、土壤学等新兴学科相继地独立出去了。这些新学科各自蓬勃发展着，然而也引来弊端。这种局限于研究局部的个别要素的做法，使当时大部分地理学家失去了物质世界的整体观念。这个时期，地理学的研究对象仿佛不存在了，自然地理学的研究对象也仿佛不存在了，它们的研究客体已被分门立户的新学科划分完毕，它们的研究内容仿佛归结为“零”，于是出现了作为完整独立的地理学、自然地理学是否存在的严重问题。分化出来的部门地理学家对此持取消主义的态度，认为它们已经完成了历史的使命，没有存在的必要。而地理学相邻学科的科学家对此也采取了否定的态度。地理学和自然地理学陷入了危机之中。面对危难，一些地理学家消沉了，但另一些地理学家则竭力寻求摆脱危机的道路。

以拉采尔（Friederich Ratzel，1844—1904）、赫特纳（Alfred Hettner，1859—1941）为代表的一批德国地理学家沿袭李特尔的“统一”观念，开创了“统一地理学”道路，企图以此确立地理学的学科地位。统一地理学在发展过程中，由于受到唯心主义和形而上学思想的影响，曾出现了一些错误乃至反动的思潮。地理环境决定论的泛滥就是突出的例子。但是地理学统一性的观念至今仍支配着西方地理学的进展。

拉采尔的同代人、杰出的德国地理学家李希霍芬（Ferdinand von Richthofen，1833—1905）则用综合的观点研究自然界，试图复活地球表面整体性的概念。他给地理学下的定义是：研究地球表面以及与其有成因关系的事物和现象的科学。其主要观点有：①地理学必须限于研究地球表层，即岩石圈、水圈、大气圈和生物圈相互接触的地方。②首先把世界看作是一个整体来研究，同时还要考察地球表面的更细小片段。他认为地球表面是由许多区域组成的，把这些区域并列到一起就构成了整体。在进行区域研究时，他把地表划分成大小有序的不同区域，然后分别施以不同方法来研究。③地球表面的任何一个区域是自然多要素的集合体，对它们必须进行全面地描述。④区域地理不限于单纯地描述独特现象，还要寻找现象发生的规律性，提出假说，阐明特定地区各种事物的相互因果关系。从上述的观点不难看出，李希霍芬不仅继承了洪堡的地理学思想和研究方法，而且发展了洪堡的综合自然地理学思想。

也是同一时代的俄国地理学家道库恰耶夫（В. В. Докучаев，1846—1903）

对自然地理综合性研究的贡献更为突出。他最初是位土壤学家，对这方面的研究使其发现了一个新的历史自然体——土壤。他把土壤看作是地表自然因素综合作用的产物，是自然的一面镜子，由此他看到了整个自然界相互联系、互相制约的本质特征。道库恰耶夫的伟大发现以及由此而转入的研究工作，进一步促进了综合自然地理学的萌芽。首先，他创立了自然地理综合体的概念，认为地表的一切自然组成成分（地形和地表岩石、气候、水、土壤、有机体群聚等）都是密切地相互制约、相互作用着，并作为一个复杂的物质体系的一部分而不断发展着。其次，他开创了自然地带学说，在《论自然带学说》一文中他指出：整个无机界和有机界，从其一般性质来看，都带有显著的世界地带性特征。这种世界性的自然地带，便是一级（最大的）地理综合体的例子。最后，他强调了为论证自然地理综合体而建立一门特殊学科的必然性。道库恰耶夫晚年时这样写道："大家知道，最近在现代自然科学的领域中正逐渐形成和分出一门极有意义的学科。这门学科就是关于那些各种各样错综复杂的相互联系和相互作用的学说，也就是关于那些支配着存在于所谓生物界和非生物界之间的长期变化的规律的学说……实质上可以说，这门还是十分年轻的但却充满极高科学兴趣和科学意义的学科，是处在现代自然科学所有最重要部门的最中心，也就是处在地质学、山川学、气候学、植物学以及最广义的人类学这样一些部门的最中心。因此，它必然会使这些学科部门彼此接近，甚至将它们联结起来。现在，这门学科正年复一年地取得新的成就和胜利……而且，在不久的将来，按其权利和对人类命运的伟大意义来说，它一定会占有完全独立和光荣的地位"。这一门在道库恰耶夫的思想中呼之欲出的新学科，正是后来形成的综合自然地理学。

综上所述，随着科学分析研究加深而导致自然地理学在19世纪末以来出现了分化独立的变化后，在20世纪初又由于以李希霍芬和道库恰耶夫为代表的地理学家的巨大贡献，而开拓了新的综合研究的方向，重新确立了自然地理学的学科地位。理论上地理学的分析研究和综合研究是对立统一的，综合研究应在分析的基础上进行；而自然地理学分化扩展后，在客观上也加强了各分支学科之间的相互联系的迫切性，分析越深入，综合就越重要。综合自然地理学正是地理学发展到一定历史阶段，在新条件下的必然产物。

第三节 综合自然地理学的形成

一、景观学派与普通自然地理学派

李希霍芬和道库恰耶夫开创的综合自然地理方向，在原苏联得到迅速发展，并在20世纪的20～50年代逐渐形成比较完整的综合自然地理学。在这一发展过程中，由于地理学家研究的侧重点不同而出现了两大学派。

1. 景观学派

景观一词源于德文 Landschaft（原意：地方风景），它作为地理概念也最先出现于德国。在德国曾出现过以帕萨格（S. Passarge，1867—1958）为代表的景观学派。但原苏联的景观学派直接建基于道库恰耶夫的自然地带学说，而由贝尔格（Л. С. Берг，1876—1950）在其论著中加以创立。贝尔格于 1913 年明确指出：景观是地理学的研究对象，景观学就是地理学。在以后（十月革命后）的发展中，景观学逐渐成为原苏联自然地理学的主要研究方向。这一学派侧重于研究地表局部（地域）的地方性地理特征。其主要观点是：①景观是各自然要素有规律结合所形成的具有独特特性的地段；②景观是自然带的组成部分，而自然带是同一类型景观分布占优势的地域，亦即景观带；③景观是自然地理学的研究对象。需要指出的是，贝尔格等学者最初提出的景观概念等同于自然（地理）综合体，其中没有分级的含义。而客观的自然（地理）综合体是具有不同等级的。因此在具体的景观调查制图工作中引起了混乱，也引起了原苏联地理学者关于景观的科学概念的争论。在论战中，出现了两个基本派别——类型派和区域派，这实际上反映了对景观概念的不同理解。前者认为景观是基本的地域类型，后者则认为景观是区域的基本单位。经过论战，双方最后取得接近一致的结论，从而在理论和实践上都丰富了景观形态学的研究[1]。景观形态学正是综合自然地理体系的一个重要组成部分。

由于景观学派过分强调研究地表局部的规律性，甚至认为景观学就是自然地理学，因此忽视了地球表面客观存在的一般规律性的研究。景观学派这一缺陷，恰好由普通自然地理学派的研究所弥补。

2. 普通自然地理学派

在景观学发展的同时，俄国少数地理学家侧重于研究地表的整体结构及其发展变化的一般地理规律，并形成了普通自然地理学派。这一学派的代表者有布罗乌诺夫（И. Л. Броунов），他在《自然地理学教程》一书中提出如下观点：①自然地理学研究地球现在的面貌，即研究作为生物活动场所的地球表壳。②地球表壳由几个同心圆壳组成，即岩石圈、水圈、大气圈和生物圈。所有这些壳（物质圈层）在很大程度上相互渗透，并通过它们的相互作用决定着地球的外貌。③研究地球表壳各圈层的相互作用，是自然地理学最重要的任务之一。该项任务使本学科在相邻学科中取得完全独立的地位。很明显，布罗乌诺夫的见解十分接近于对综合自然地理学本质的理解，他比较正确地阐述了“地球表壳”这一独特物质体系的科学概念。这正是普通自然地理学派对自然地理学的重大贡献。但是正如景观学派轻视了地表的一般地理规律性一样，普通自然地理学派则轻视了对地方性的、区域的自然地理规律性研究。在当时，这两大学派曾进行了针锋相对的论

1）参阅本书第九章第三节。

战。然而，排除了这两门学派在各自研究方向上的片面性，则可看到两者正确的一面共同构成了综合自然地理学的基本理论。这两大学派都对综合自然地理学的形成做出了杰出的理论贡献。

二、综合自然地理学理论体系的形成

从上文可以看到，在俄国十月革命前后（尤其是在原苏联社会主义建设时期）综合自然地理学在理论上有了长足的发展，但是这些理论成就大多局限于各学派的片面认识之中。只是到了20世纪40年代以后，在原苏联地理学家卡列斯尼克（С. В. Калесник）、伊萨钦科（А. Г. Исаченко）等的有关著述中，综合自然地理学的理论体系才有了较为完整的体现。

1947年，卡列斯尼克出版了他的名著《普通地理学原理》。这本标志着普通自然地理学发展高峰的著作，比较注重各自然要素的相互关系，还特别辟有专门章节讨论地理壳的综合特征：人类与地理环境、地球景观壳的发展、地球的一般地理规律和地理景观等。这些论题都包含着综合自然地理学的基本内容和基本原理。

伊萨钦科在1957～1959年来我国讲授“自然地理学基本问题”，系统地叙述了原苏联综合自然地理学的基本理论问题：地域分异规律、景观学说、自然区划理论。伊萨钦科这次讲学活动，不仅打开了我国当代综合自然地理研究的局面，而且使综合自然地理学的理论更系统化了。他的讲稿后来编印成书，至今仍是本学科一本极有参考价值的文献。

至此，作为一门学科的综合自然地理学完全确立了。这门学科具有深厚的历史基础和漫长的发展过程，却以年轻力壮的身姿跻身于现代科学之林。

第四节　我国综合自然地理学的发展

一、悠久的历史

我国古代地理学源远流长、一脉相承，在中国数千年文明史中占有光辉的一页，并为世界瞩目。中国古代地理学家在许多方面的成就曾居于世界前列。他们对地理学发展的贡献不容忽略。只是到了清代封建社会的末年，由于社会制度日益腐败和国外列强野蛮入侵，极大地摧残了民族文化的发展，中国古代地理学才处于停滞不前的衰落境地。简略地回顾一下我国古代地理学发展史，不仅有助于认识我国综合自然地理学的完整面貌，也有益于领略中国文化的伟大史迹。

1. 奴隶社会后期

我国奴隶社会末期的春秋战国时代，已出现众多有价值的地理著作，其中两篇更具有划时代的意义。

一篇是《禹贡》。它是我国现存最古文献《尚书》中的一篇。作者不详，著作时代也无定论，近代多数学者认为在公元前 5 世纪左右。《禹贡》用自然分区方法记述当时我国的地理情况，以山岳河海作界，把全国分为九州（图 2.2），假托为夏禹治水以后的政区制度，对黄河流域的山岭、河流、湖泽、土壤、物产、贡赋、交通等记述详细；长江、淮河等流域的记载则相对粗略。文中还从自然特征出发进行区域间的比较，暗示了一种地带性的更替。从地理学发展史来看，《禹贡》提出的地理观念，成为中国自然地理区划最古老的一个典型。这在世界上也是首创的。

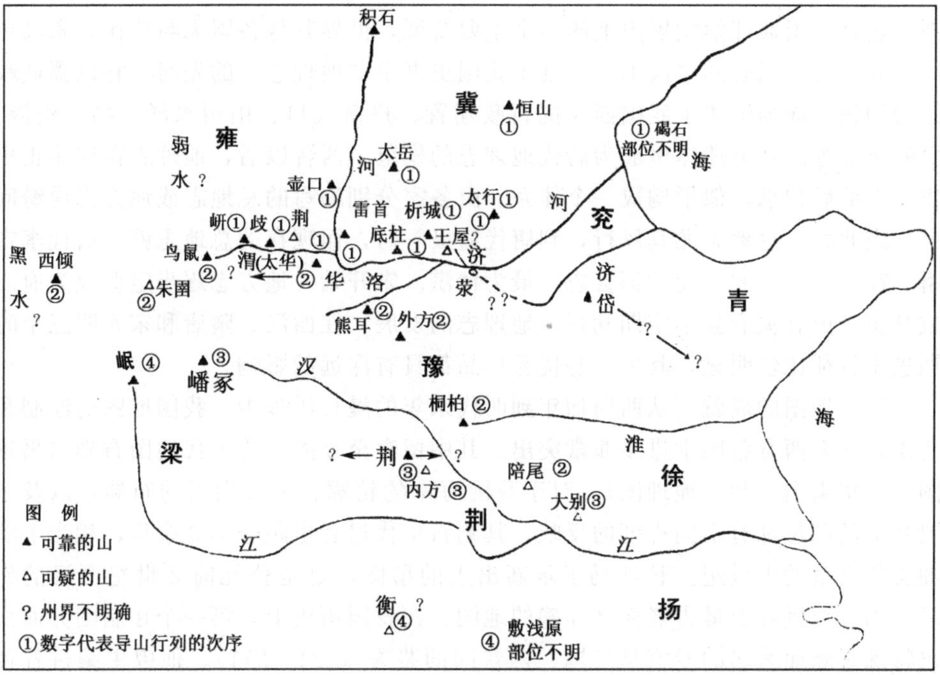

图 2.2　《禹贡》九州导山导水示意图（王成组, 1982）

另一篇是《管子·地员篇》，简称《地员篇》。它是后人托名春秋时代齐国管仲的著作。成书约在公元前 3 世纪。其前半部根据地势高低和地貌形态差别，把土地分为渎田（大平原）、丘陵和山地三大类，然后又按地表物质组成、中小地貌形态及其他自然特征的差异分出次一级的土地类型；后半部专论土壤，按土壤肥力和宜耕性把土壤逐级划分为不同的等次。值得重视的是《地员篇》如下的几个特点：①它把土地按类型划分，是我国古代土地类型的代表作；②具有分级系统，且排列次序都依一定科学根据，整然不紊；③具有综合的观念，放眼于土地的多种自然特征，如对平原的各个类型的说明，都涉及其木、草、泉水深浅、水质和作物等。

上述两篇著作分别包含了两种重要的综合自然地理学的思想和概念——自然区划和土地类型。在2 000多年以前，我国人民对地理学取得这样高度的认识是极为宝贵的。可惜在以后长期的封建社会制度下，这种思想没有得到进一步的发展，没有后继的著作出现。

2. 封建社会时期

前面已经谈及，在封建时代欧洲的地理学停滞不前，但我国古代地理学却在近2 000年的时期内持续发展着。在这历史长河中，我国古代地理学成果累累，主要有：

（1）地理志的成就。在我国，全国性的地理志发展很早，而且长期持续不断，这是我国地理学发展史上的一个重要特征，世界其他各国无与伦比。东汉班固（33—92）编著的《汉书》开创了我国史书中“地理志”的先河。它以疆域政区为纲领，详细记述了我国西汉的行政建置、户籍人口、山川水泽、物产资源、民间风俗等。其著述体例成为后代地理志的模范。西晋以后，地理志在许多正史作品中前后相承，似乎构成一个体系。由各家分别编写的总地志或地方志纷纷问世。南北朝，总地志尤其风行，到唐代盛极一时，而现存的总地志就以唐代李吉甫（758—814）的《元和郡县志》最为精湛。宋开始，地方志逐步定型成为府志或县志，由有关府县不定期刊行。地理志的发展，在西汉、隋唐和宋元明三个时期进步特征比较明显，其中一些优秀作品都具有深远的影响。

（2）地图的成就。从西周初年到明代末年的漫长历程中，我国地图的绘制和使用，在东西方各国中进步非常突出。其中留存至今的三尊宋代地图石碑《禹迹图》、《华夷图》和《地理图》，对于我国海岸的轮廓、主要山川的布局，以及一般州郡的部位都有不同程度的反映，其刻石年代迟者也距今700余年，相当于欧洲文化衰落的中世纪。长沙马王堆新出土的帛图，更是公元前2世纪西汉的作品，为当今世界上最古老而又详确的地图。在我国历史上，第一个在制图方面作出特殊贡献而著名的专家是三国、西晋间的裴秀（224—271）。他曾主编过各种地图，著名的有《禹贡地域图》和《地形方丈图》。通过实践及总结前人制图经验，裴秀在《禹贡地域图序》中提出了“制图六体”：分率、准望、道里、高下、方邪、迂直，即地图绘制上的比例尺、方位、距离等原则。自此至明末，这些制图原则和方法均为我国制图者所遵循，在世界地图史上也有重要地位。

（3）地理专著的成就。在我国历代的地理著作中有许多专著尤其值得重视。它们涉及水文、地质、地貌、植被等领域，标志着我国地理研究的进步。其主要代表作有：

北魏郦道元（466或472?—527）的《水经注》，其名为注释《水经》，实则以《水经》为纲，做了20倍于原书的补充和发展，自成巨著[1)]。记载水道1 000余条，一一穷源究委，详细记述了流经地区的山陵、原隰、城邑、关津的地理情况。

宋代沈括（1031—1095）所撰《梦溪笔谈》内容广博，是反映我国当时科学水平的一部巨著。所记自然地理方面的材料虽不算多，但足见作者对自然地理现象观察入微、探索至深的科学精神。这本著作叙述了海陆变迁的事实，说明了地壳的变动，并用河流沉积作用加以合理解释；对河流的侵蚀作用有相当正确的认识，且比欧洲人要早600余年；在气候方面也有缜密的观察和正确的阐述，提出了一些物候见解，并注意到山地气温的垂直变化。

明末的《徐霞客游记》汇集了作者徐霞客（1586—1641）对祖国长期而广泛旅行观察所得，具有很高的科学性。其考察地理现象的方法，以及比较各地特征的结论，都超越了一般欣赏性的游记。作者视野宽广，对河流的侵蚀作用、各地岩石特征、腾冲火山现象、我国西南的岩溶现象等都有精确的记载；对山地植被垂直变化的观察比沈括更为细致，阐述更为精彩；对石灰岩地貌的分布、类型及其成因的科学记述，无疑是国际上有关文献的先驱，部分见解几乎接近于西方地理学在18世纪初的水平。

二、新中国的综合自然地理学

在我国，综合自然地理学作为一门比较完整的自然地理学分科是新中国成立以后的事情。由于引进原苏联地理学理论和为了适应国民经济发展的需要，综合自然地理学的理论研究和实践工作迅速铺开，并取得可喜成果。从此，湮没千年的我国古代综合自然地理思想，在新时代的地理工作者身上重新发扬光大。

1. 1959年以前

20世纪50年代末，开始提出综合自然地理的方向。1957～1959年，A. Г. 伊萨钦科来我国讲学，系统地介绍了原苏联综合自然地理学的理论，并为我国培养了一批综合自然地理工作者。这批学者至今仍是我国综合自然地理学研究的中坚力量。

在实践方面，为适应经济建设开展了区域综合开发和区域规划工作。首先进行了涉及各种自然资源的大规模综合考察，如对青藏高原的自然资源考察及自然条件垂直性研究、西北地区高山冰雪资源及其开发利用的调查研究、黑龙江流域和海南岛的土地资源调查、华南热带生物资源的综合调查与开发利用的研究等。在此基础之上，1953～1954年和1956～1959年进行了两次自然区划

1）这是传统的看法。另一观点认为《水经》及《注》均是郦氏的贡献（王成组，1982）。

的研究工作，产生了由罗开富主编、中华地理志编辑部拟定的“全国自然区划方案”（1954）和由黄秉维主编、中国科学院自然区划工作委员会编制的《全国综合自然区划方案》（1959）。上述一系列活动促进了我国综合自然地理学在自然区划方面的巨大发展。

2. 1959～1966 年

自然区划研究进一步发展：1961 年，任美锷、杨纫章针对 1959 年的方案提出了不同的看法，并在区划理论问题上发表了见解，使自然区划工作的研究更为广泛。1963 年，出现了侯学煜以发展农、林、牧、副、渔业为目的的自然区划方案，并就各个自然区农业的生产配置、安排次序、利用改造等方面提出了轮廓性的意见。同时，在全国综合自然区划的基础上，各省（区）、专区及部分县都做了不少综合自然区划的工作。同时，1959～1963 年，在中国地理学会组织推动下，召开了几次全国性学术讨论会。在实际工作的基础上，对景观学和自然区划的原则、方法、等级单位系统等进行了理论上的探讨。

开展土地类型的科学研究：从理论和方法上对土地类型进行研究，是在学习原苏联景观学的基础上展开的。1959 年，中山大学自然地理学基本问题进修班在广东鼎湖山进行景观调查和大比例尺制图，是最早的土地类型研究尝试。全国范围的土地类型研究工作，主要出现在 1960 年至 1966 年间。1963 年在地理学会召开的学术会议上，已经出现一批研究土地类型的著作。此后，开始在全国几个有代表性地区——热带、南亚热带的广东、暖温带的北京、温带东部的吉林和黑龙江、温带半干旱和干旱地区的几个内陆沙地——进行了土地类型研究的试点工作。这些工作是解放后我国土地类型研究的主要部分。

总之，这个时期我国综合自然地理的研究空前活跃，达到了一个高潮。

3. 1977 年以后

十年浩劫，综合自然地理学的研究转入低潮。1977 年起重整旗鼓，综合自然地理工作者重新归队，高等院校地理系陆续重新开设综合自然地理学课程，综合自然地理学的研究和实践工作再度蓬勃展开。这个时期，综合自然地理学研究的一个主要方面是深入开展土地类型研究，这是密切配合全国农业区划而展开的一项重要工作，同时也是为进一步研究土地类型与自然区划两者衔接问题创造先导条件。这个时期还注重吸收国外综合自然地理学研究的新方法和新技术，主要有系统论方法、数学方法、遥感技术和地理信息系统技术，这对于现代综合自然地理学在我国的发展有着深刻的影响。

第五节　综合自然地理学发展趋势

经过几个发展阶段的综合自然地理学，目前正酝酿着新的突破，下面介绍主要发展趋势。

一、现代观测和分析手段的应用

把遥感技术和数学分析方法应用于地理研究，是现代地理学发展的一个明显趋势。其中，前者包括航空摄影、雷达、红外成像、卫星图像等新观测技术。其意义，一可从广度和深度上扩大人们的地理视野；二可获得自然环境的综合信息（这对于自然区划和土地类型研究具有重要意义）；三可获得自然地理现象的动态信息（在短期内提供大范围的对比资料，对分析和预测自然环境演化尤其必要）；四可改进野外调查和制图方法。因此，有效地应用遥感技术的研究得到了广大自然地理工作者的高度重视。同样地，他们对把数学方法应用于地理分析，也倾注了很大的热情。传统地理学偏重于定性研究，而缺乏定量分析。20 世纪 60 年代以来，数学方法开始渗入地理研究领域，曾引起所谓“计量革命”。综合自然地理学应用多元分析、系统分析、数量分类、集合论、概率统计分析以及模糊数学等数学方法武装自己，将可逐步从原先对表象的描述及定性分析转入朝着抽象概括和数量表达的方向上发展，使定性方法和定量方法结合起来，并可借助电子计算机建立数学模式，进行模拟试验，使综合自然地理学跨入地理预测的新时代。

目前，这些现代观测和分析手段在本学科的应用研究正蓬勃展开，方兴未艾，这将极大地促进综合自然地理学理论探讨和应用研究两方面的发展。

二、加强基本理论的研究

尽管综合自然地理学发展迅速，但其基本理论从道库恰耶夫演进到卡列斯尼克和伊萨钦科以后，再没有重大突破，而且传统的理论还存在着分歧和不成熟的地方。因此，加强理论研究是综合自然地理学发展的一个基本方向。这方面的工作目前主要从以下三方面着手：①把物理学和化学的有关理论引入自然地理过程的研究之中（其中涉及数学方法的运用）。例如，运用传导理论、热力学理论、化学元素迁移理论等来描述自然客体的能量转换和物质迁移活动，从而建立自然地理过程的物理、化学机制。②以系统论的理论和方法为指导，把自然地理环境作为一个系统加以综合研究（同样涉及数学方法的运用），从而把传统的要素分析上升为系统分析。③应用耗散结构理论，把系统论无法解决的自然地理环境进化问题和许多随机问题进行研究。上述三方面工作的进展，有助于利用电子计算机对自然地理过程和现象进行较精确的表达、模拟和预测。因此可以预见，综合自然地理学的基本理论将会比较精密和比较完整地纳入一个统一的基础上，有可能出现新的突破。

三、开展实际应用的研究

把综合自然地理学的理论应用于实际，为社会建设服务，是本学科发展的根本动力和根本方向。目前开展的应用研究既有传统内容，也有新的课题，可归纳为下列三方面：

1. 区域的研究

开展区域研究是综合自然地理学理论联系实际，为建设服务的重要衔接环节之一。这方面的应用研究主要包括区域的综合开发和区域的规划。总目的是因地制宜，合理利用自然资源。传统上，综合自然地理学对区域的研究已取得了可喜的成绩，今后在新技术、新方法、新理论的武装下必将取得更大成果。

2. 环境问题的研究

随着社会经济建设的发展，环境问题日益严重，甚至成为举世瞩目的国际性问题。从地理学角度可把目前的环境问题归纳为：第一环境问题，即由自然原因（如火山、地震等）造成对环境的破坏；第二环境问题，即由人为原因（如过度垦殖、过度排废等）造成环境的恶化。综合自然地理学研究环境问题，就是用系统论观点和可持续发展原理研究遭到破坏和恶化了的自然环境的变化趋势，以及如何有效地改善和调控，使之达到最优状态，并能稳定地保持下去。

3. 地理预测的研究

地理学的发展，已由记述到解释，并向着预测阶段推进。现在不少国家，包括我国，在进行较大规模的工程项目之前，都要求事先进行地理预测研究，分析和预测其可能造成的环境变化。虽然这方面研究还处于起步阶段，但已显示了综合自然地理学在应用研究上的广阔前景。

目前地理预测的研究逐渐呈现了“模式化”的趋向，也就是对自然地理过程和现象模拟，判断其发生的时间、演化的序列、过程的强度和结果。显然，这种预测能力的实现，必须建立在地理研究的新技术、新方法和新理论的基础之上。联系前述，不难发现，综合自然地理学的三个发展趋势是有机联系、相互影响的。

复习思考题

1. 综合自然地理学发展经历了哪些阶段？
2. 综合自然地理学的根基阶段有哪些代表性人物？
3. 瓦伦纽斯在短短的一生中，对地理学做出了哪些重大贡献？
4. 古代地理学的主要特点是什么？

5. 综合自然地理学萌芽阶段有哪些代表性人物？
6. 洪堡的主要学术成就有哪些？
7. 道库恰耶夫有哪些重大的学术贡献？
8. 景观学派、普通自然地理学派各有何贡献？
9. 我国古代综合自然地理学有哪些主要成就？
10. 新中国的综合自然地理学发展有什么特色？

第三章　自然地理环境的组成和结构

本书第一章曾扼要地讨论了自然地理环境的概念及其包含的基本内容。本章将进一步讨论自然地理环境的组成和结构，以图建立关于这个研究对象的立体的和动态的观念，并以此作为以后深入阐述其各种基本规律的出发点。

第一节　自然地理环境的范围和边界

地球构造的一个显著特点是它的圈层性。整个地球是由一系列具有不同物理和化学性质的物质圈层所构成，这些地球圈层称为地圈（图 3.1）。

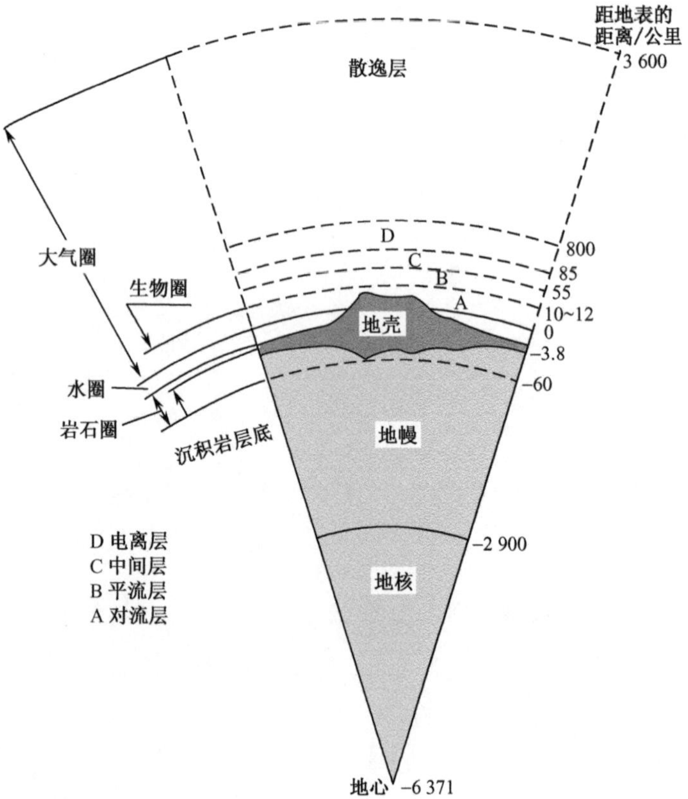

图 3.1　地球圈层构造

地球的外部笼罩着大气圈，其中还可再分为散逸层、电离层、中间层、平流层和对流层；大气圈的下垫面是海洋和陆地水构成的水圈；地球固体部分的外层是岩石圈（包括地壳和地幔的刚体部分），岩石圈的表层分布着很薄的一层沉积岩石圈及地表风化壳和土被层；岩石圈以下的地球内部是地幔的大部和地核；此外，在海陆表面还存在生命物质，它们组成生物圈。所有这些地圈的组合形式具有两种类型：在高空和地球深部的地圈，其层内理化性质较为一致，圈层之间的关系较为简单，表现为上下成层的组合形式。而在海陆表面附近的大气圈（下部）、水圈、岩石圈（上部）和生物圈则表现为相互交织的组合形式。这后一种组合形式的四个地圈不仅是紧密地接触，而且是多方面地相互渗透、相互作用，从而构成一个新的、比地球其他圈层具有独特地理意义的物质体系，这就是自然地理环境。

由此可见，自然地理环境是地球的一个复合圈层，即地理圈。它镶嵌于地球的表层，以自己的表面朝向宇宙空间，正像一个包围着（固体）地球的“壳”。因此，人们也把自然地理环境称作“地理壳”。这个名称突出了自然地理环境的外形和空间位置。

然而，要确定自然地理环境的空间位置，即确定它的范围和边界，却是一个棘手的科学课题。我们知道，客观物体的边界有两种不同的类型：第一类是突变的鲜明边界。这类边界在空间上呈一个面（没有厚度），界面两侧物质（体系）的性质有明显区别，如海陆交界。第二类是渐变的模糊边界。这类边界在空间上呈现一个过渡区间，其内不同属性的相邻两物质（体系）并存，且一方属性逐渐消失而另一方属性逐渐显著。自然地理环境的边界正是一种具有一定过渡区间的渐变界限。它的两个边缘圈层——大气圈和岩石圈——的厚度很大，而两者的物质组成和结构特性随高度或深度的不同又具有渐变的性质，所以，要在这两个地圈中确定自然地理环境的边界就不是容易的事情了。

长期以来，不少地理学家就自然地理环境的边界问题进行了深入的探索。直至近今，仍不断有新的观点提出。所有的观点，概括起来包括三类。

有一类观点趋向于把自然地理环境的界限划定在一个巨大的空间范围。这类观点主要为原苏联地理学者所提出。

其中一部分原苏联学者侧重在自然地理环境的“外部联系显著减弱之处”寻找边界和确定范围。

A. A. 格里哥里耶夫在 1933 年提出，地理壳的下限在地球固体表面以下大约 100～200 公里的深度，那里是构造力停止作用的地方。后来又认为地理壳包括地壳、对流层、平流层（至臭氧层）、水圈、土壤、植被和动物界，即认为地理壳的上限为臭氧层底部。

C. B. 卡列斯尼克 1947 年的观点是：地理壳的上限为臭氧层的高度，约在海平面以上 25～30 公里高度，因为臭氧层调节了到达地表的紫外线，使波长小于

0.29 微米的紫外线不能到达地表；下限则应为普通震源所在的深度，即在海平面以下 15 或 20 公里到 40 或 50 公里的地方，因为普通震源是引起地表变化的地球内能来源的深度。

另一部分原苏联学者着眼于自然地理环境的“内在联系显著减弱之处”。

И. М. 查别林在 1952 年提出，地理壳的下限应位于地壳中有生命和液态水分布的极限，这一深度在大陆深约 5 公里，在海洋深约 11～12 公里；而上限则为对流层顶。

1953 年，**А. Г.** 伊萨钦科发表了自己的意见。他认为地理壳的上限在对流层顶，下限在沉积岩石圈的底界（约在地面以下 5～6 公里）。因为对流层和水圈参与着太阳能所引起的地理壳的积极的物质循环，沉积岩则是由所有三个无机圈和有机体的相互作用的产物，而从对流层到沉积岩石圈的范围也是生命有机体可能生存的区间，而在这一区间之外，自然地理环境的内部联系就显著减弱了。

1962 年，**Д. Д.** 阿尔曼德认为：地理壳的上限为对流层顶；而下限与整个地壳的界限一致，包括玄武岩层。其理由是深成岩也参与地理壳的物质循环，而深处的能量转化又决定着构造作用和普通的地震。

原苏联学者中较新近的意见是 **А. Е.** 科里瓦鲁茨基在 1977 年提出的。他认为在大气圈、水圈、岩石圈和生物圈的相互联系中，大气循环是根本的。因此他把对流层的上限作为地理壳的上限，而把区域性潜水的不透水层顶部作为下限。

另一类观点把自然地理环境的界限划定在较小的空间范围。这一观点以我国地理学者牛文元为代表。他认为原苏联地理学家划定的界限和范围偏大而流于空泛。他根据所研究问题的特点以及讨论时的方便，把自然地理环境限于一个较薄的空间内，视之为一个开放性的系统，取名“自然地理面”。自然地理面的上限放在地表向上约 50～100 米的近地面边界层，而下限放在太阳能量影响地表的终止线（其深度在陆地下面约 20～30 米，在海洋可达 100 米的深处）。理由是，在近地面层空气运动以乱流处于主导地位，支配着这里与其上的大气层的物质和能量交换；在陆地上以太阳作用为外力作用的代表，自然地理面的下限不应超过外力对地球的作用深度。

还有一类观点也是我国地理学者提出的。北京大学陈传康认为地理学所研究的范围界限不应作硬性规定，硬性规定一个厚度未必都符合客观实际，而应视研究问题的性质有相应的变化。通常随研究范围的不同，牵涉的厚度也不同。研究小范围的问题，所涉及的厚度就应薄；研究大范围的问题，厚度就应大；全球性的问题，才可能涉及所谓地理壳的厚度。

总而言之，关于自然地理环境的范围和边界至今仍是一个值得探讨的科学问题。但就全球尺度的自然地理环境而言，目前大多数自然地理工作者基本接受了 **А. Г.** 伊萨钦科的观点。而在具体的研究中，陈传康的观点是值得重视的。

第二节　自然地理环境的组成

一、自然地理环境的物质组成、能量组成和要素组成

自然地理环境是一个庞大的物质系统。其组成包括：自然地理环境的各种物质、各种能量以及在能量支配下物质运动所构成的各种动态体系，即自然地理要素。

自然地理环境的物质组成，可能包括地球所有的化学元素种类。然而本节的讨论将不过细地涉及各种地球元素，而仅以宏观的角度着眼于那些具有地域结构意义的物质成分及其构成的物质系统。

从上述观念出发，可以把自然地理环境的物质成分概括为四大类，即固态的岩石、液态的水、气态的空气和活质有机体。它们是自然地理环境最基本的组成成分。这四类物质成分相互联系、相互渗透，普遍存在于自然地理环境中，并各以自己为主体构成了下列自然地理环境的四个基本地圈。

(1) 对流圈。大气圈底部对流运动最显著的大气圈层，主要由气态物质组成。这里集中了3/4的大气质量和几乎全部水汽。它的下界是海陆表面，上界随纬度、季节及其他条件不同而不同。根据观测，对流层的平均厚度在低纬度为17～18公里，在中纬度为10～12公里，在高纬度为8～9公里。一般夏季厚而冬季薄。

(2) 水圈。地球表层水体的总称，包括海洋、河流、湖泊、沼泽、冰川和地下水。其中海洋面积最为宽广，占地球表面积的70.8%，平均深度3.8公里。水圈总体积约13.7亿立方公里（其中陆地水仅占2.8%）。

(3) 沉积岩石圈。亦称成层岩石圈，地壳（及岩石圈）的上层，主要由沉积岩构成，包括火成岩和变质岩等岩类。沉积岩石圈的厚度是不均匀的，平均约有5公里。它的最上面往往覆盖着一层风化壳及土壤（达几十米），后两者是前者的派生自然体。一般地说，沉积岩石圈位于气圈和水圈之下，露出在水圈之上的部分即构成陆地。

(4) 生物圈。地表生命有机体及其生活领域的总称，包括植物、动物和微生物三大类。地球生物的活动和影响范围虽然包括了对流层、水圈和沉积岩石圈，但主要集中在这三个无机圈层很薄的接触带中。组成生物圈的有机体的总质量约有10^{13}吨，其中又以植物为主，它占了有机体总质量的99%。

自然地理环境的能量组成，主要包括太阳辐射、地球内能以及潮汐能等。其中以太阳辐射和地球内能（地热能及重力能）为最重要，它们共同支配着自然地理环境内部的物质运动。上述各种能量均来自自然地理环境外部，构成为影响自然地理环境的外部因素。对此，将在本书第四章再展开

论述。

自然地理环境的要素组成，包括地貌、气候、水文、植物、动物、土壤，是自然地理学中应用最广泛的概念。它们是自然地理环境四种基本组成成分在能量的支配下相互联系、相互作用，而产生的各种自然地理动态的物质体系。它们既是物质的，又是动态的。如果说自然地理环境的物质组成强调物质实体的一面，则自然地理环境的要素组成更强调物质的运动方面。

地貌是固体地壳的表面形态。作为形态，地貌与组成它的岩石有着密切的依存关系，两者共同构成为岩石地貌复合体。地貌是大气圈、水圈、生物圈（它们蕴含着外力）和岩石圈（蕴含着内力）相互作用的结果。但是，地貌要素反过来又影响着其他各个要素的发展。因为地貌是大气、水和生物作用的场所，地表形态的差异必然引起各种自然地理过程和现象的变化。因此，岩石地貌复合体是自然地理环境要素组成的基本部分。

气候是长期的大气状态和大气现象的综合。它是最活跃的自然地理要素之一。大气蕴含着最终来自太阳的热能，它的物理过程首先支配着地表的热量平衡，同时支配着海陆间的水分循环，从而影响了生物分布和陆地水文网的分布，以及它们的动态。风化壳和土壤覆盖层的形成，受着大气过程各种作用的影响。大气过程还是各种地貌的外营力。

水文也是最活跃的自然地理要素之一。水体所起的一种重要的环境作用，在于其潜热特性。巨大的水体（如海洋）储藏着大量的热能。水与大气相互联系，决定着自然地理环境中水热的配置。地球重力赋予水一定的功能，使之对地表形态起着某种塑造作用。水还滋养着整个地球的生物界，没有水就没有生命。因此，各种水文过程实质成为自然地理环境内部相互联系的纽带。

植物是行星地球的特殊物质，作为自然地理环境的组成要素，它也起着特殊的不可替代的作用。首先，绿色植物通过光合作用将自然地理环境中的无机物合成有机物质，同时又把所截获的太阳能转化为化学能而储藏于有机物质中。通过食物链的联系，植物、动物和微生物共同改造着周围环境。其作用表现在：改变大气圈、水圈的组成，参与风化作用、土壤形成作用、地貌的改造、岩石和非金属矿产的建造等。

动物也是行星地球的特殊物质和自然地理环境的一个组成要素，而且是最脆弱、对环境变化最敏感的要素。动物的存在，使自然环境变得更丰富多彩，能量利用更充分，物质循环速度更快。

土壤既是自然地理环境派生的自然体，也是它的一个组成要素。土壤以不完全连续的状态存在于地球表层（可称为土壤圈或土被）。它的空间位置正处在四个基本地圈紧密交接的地带。在整个自然地理环境中，土壤是结合无机界和有机界的枢纽，是联系各自然地理要素的关键环节。

总之，自然地理环境的各种物质成分在以太阳能和地球内能为主的各种环境能量的作用下，形成了各种自然地理组成要素。每一组成要素都按着自身的规律存在和发展着，但是，其中没有一个要素是孤立的。换言之，没有一个要素不受其他要素的影响和给予其他要素以影响，因此，各个要素相互联系、相互作用使自然地理环境组成为一个特殊的物质体系。

二、自然地理环境的基本特征

综上所述，自然地理环境在组成上具有自己的特殊性，因而明显地区别于其他地球圈层。这种特殊性一般可概括为如下自然地理环境的基本特征：

（1）地球的外能和内能作用显著。以太阳辐射为代表的地球外能，除小量被高空大气吸收和被云反射回太空外，其余都投射到地球表层，并在这里发生多方面的转化与传输，成为自然地理环境中各种过程的主要能源。而以地热和重力为代表的地球内能也进入地球表层。内外两种能量在自然地理环境中相互叠加、共同作用，支配整个自然地理环境的功能、结构及动态发展。

（2）气体、固体和液体三相物质并存。自然地理环境中三相物质并存，而又以同心圈层分离形成一定界面：在陆地表面是固态圈层和气态圈层的界面，海洋表面是液态圈层与气态圈层的界面，海洋底部是液态圈层与固态圈层的界面，海洋和陆地边缘部分是特殊的气、液、固三态圈层的界面。在这些界面之间，三相物质既相互分离，又相互接触渗透，发生着多种形式的物质交换和能量转化的过程。

（3）有机界和无机界相互转化。无生命物质与生命体相互转化是自然地理环境的特殊过程。这种转化过程维持了地表自然界的生命现象和生命过程的永恒发展。生命的存在是自然地理环境最典型的特征。

（4）人类聚居的场所。自然地理环境是人类诞生、生存和发展的环境，也是人类集中活动的空间。虽然人造卫星和星际航空事业的发展，使人类的环境超出地球表层的范围，人可以进入高空和宇宙空间，但是现代航天技术没有从本质上扩大人类的生存环境。在这个意义上，它的成就只不过是在宇宙空间维持着类似于人类在地球的必要生存条件，而使人的足迹印在外星球上。从根本上说，自然地理环境始终是人类各种活动的基本空间。

上述特征还表明，自然地理环境不是大气、水体、岩石和生物等各种物质成分的机械凑合（就如同食糖不等于碳、氢、氧的混合物那样），而是一个复杂的具有自己独特性质的物质体系——自然综合体。

第三节　自然地理环境的结构

一、自然地理环境结构的一般特性

自然地理环境的结构是指自然地理环境各组成要素之间以及各组成部分之间的组合格局。作为一个完整的物质体系的自然地理环境，由于各组成要素或组成部分之间相互联系的形式及过程不同，从而形成了不同的结构。自然地理环境的结构是复杂的，而又是有规律的。物质运动规律赋予它鲜明的结构特性。这些特性是自然地理环境结构状况的一般归纳。现分述如下：

1. 分层性

地球的圈层构造特性规定了自然地理环境结构的分层性。大气、水体和岩石由于它们的密度差异，在地球重力的作用下相对集中于自然地理环境的一定部位，并自上而下依次形成具有相对独立性的圈层，即对流层、水圈和沉积岩石圈。生物圈的分布决定于生物自身的生理特性，它重叠于上述三个圈层之中。

除了按基本组成成分的集中程度而区分不同层次之外，在自然地理环境内部仍可进一步细分出一系列更小的层次。例如，对流层可分为贴地层、摩擦层、中层、上层和对流层顶等；海洋可分为表层（深 200 米）、次深层（深 200～2 000 米）和深层（深 2 000 米以下）等；植被可分为乔木层、灌木层、草本层和苔藓层等；土壤可分为枯枝落叶层、有机质层、淋溶层、淀积层和母质层，等等。

可以说，分层性是自然地理环境最普遍的结构特性。任何一个自然综合体都是由不同高度层次的物质成分所组成。

2. 交织性

自然地理环境的四个基本组成成分相互重叠、相互渗透，彼此交织为一整体。其中每一个基本组成成分都以自己的物质加入到所有其他组成成分之中。例如，空气除构成大气圈的主体外，还渗入到水体、土体和生物体中；水圈的水除了组成海洋和陆地的江河湖泽等水域外，还渗入到大气、土壤、岩石和生物体中；岩石圈的成分也渗入到大气、各种水体和生物体中；生物体更是与所有三个无机圈层完全交织在一起。与其他地球圈层比较，这种交织性正是自然地理环境结构的个性。

3. 集中性

海陆表面是大气圈、水圈和岩石圈相互直接接触的部分。各种物质成分相互渗透和相互作用在这里最为显著，物质交换和能量转化在这里最为活跃，一系列派生的自然体也在这里诞生。总之，在海陆表面各种自然地理过程和现象最为集中。沿着这里到自然地理环境的边缘方向，各种自然地理过程和现象逐渐分散而减弱。

4. 综合性

综合性是自然地理环境空间结构的基本特性，其最鲜明的体现是自然综合体的形成。任何自然综合体，其组成成分都不是单方面地起作用，而是相互联系、相互制约综合地起作用。在组成上，自然综合体内部没有任何一种组成成分可以认为是主要的和决定性的。在功能上，自然综合体以一个整体与外界发生联系。各种自然地理成分的综合作用在海陆表面最为明显，从这里到自然地理环境的边缘方向，这种综合特性不断减弱而消失。

5. 差异性

自然地理环境各个部分具有很大的差异性。也就是说，自然综合体的地域分异显著。翻越一座高山或从海岸往内陆跨越一定距离，都可以观察到各处自然地理现象和过程的差异，更不要说从赤道穿越到极地了。海陆表面（特别是陆地表面）这种地域差异现象尤其明显。从这里到自然地理环境边缘的方向，地域差异性逐渐减弱。

6. 多级性

整个自然地理环境实际上是不同层次的自然综合体的有机组合。因此它可划分为一系列不同等级的结构单位。一般认为：最高级的自然综合体即地理圈，包括对流圈、水圈、沉积岩石圈和生物圈的整体；第二级自然综合体包括大陆和海洋两大部分；第三级自然综合体是大陆或海洋的较大范围，包括各大洲和各大洋。其下还可依次划出各不同的等级。最低级的自然综合体是自然地理环境的局部地段，原苏联地理学家称之为“相”。各级自然综合体等级越高，其重复性越小，水平范围和垂直厚度也越大；反之，等级越低，重复性越大，水平范围和垂直厚度也越小。

二、自然地理环境的空间结构和时间结构

具体研究自然地理环境结构是区域自然地理学的任务。综合自然地理学需要阐明的是关于自然地理环境结构研究的基本理论问题。在具体的研究中如何考察自然地理环境的结构？自然地理环境结构的研究包含哪些内容？这些都是基本的问题。我们认为应从两方面着手，即研究自然地理环境的空间结构与时间结构。深入的研究又包含着更多方面的内容。

1. 自然地理环境的空间结构

所谓自然地理环境的空间结构，是指在时间上稳定的自然地理要素及自然综合体的分布格局（结合方式）。

各种自然地理要素及其所构成的自然综合体均处于发展中的一定阶段。在这个阶段中，如果每一自然综合体内部各组成要素之间以及各自然综合体之间的相互联系、相互作用维持着平衡的状态，则它们中的各种自然地理过程和自然地理

现象随着时间以一种稳定状态变化。也就是说，每一自然综合体及其组成要素随着时间的推移，其自身是稳定的，它们没有发生本质上的演化而被另一种类型的自然综合体及其组成要素所替代。这样一种在时间上稳定的自然综合体及其组成要素，在空间上必然表现为一定的结合方式，形成一定的分布格局，也就具有一定的空间结构。除了那些短暂而急剧的自然地理过程（如火山爆发、泥石流、山崩、滑坡、雪崩、洪水泛滥、野火蔓延等）以及大规模的人为过程（如采伐森林、围海造田、建筑施工等）之外，一般说来，在某一时间断面的各种自然综合体及其组成要素都可视为稳定的（相对的稳定）。因此，都可以对其空间结构加以研究。

自然地理环境的空间结构包括既有联系、又有区别的两个方面，即组成结构和地域结构。

自然地理环境的组成结构是指自然地理环境各组成要素相互联系所构成的格局。自然地理环境中各个自然综合体均由各种组成要素所组成，具有一定的垂直分层现象，各种要素之间均在垂直方向上存在着一定的相互联系方式。不同的自然综合体，其要素组合不同，组成要素之间的垂直联系方式不同，从而具有不同的组成结构。组成结构也可称为垂直结构。考察自然地理环境的组成结构，就是要建立一个综合的垂直自然剖面：研究一定区域在怎样的地质基础上形成怎样的地貌，在岩石地貌复合体上具有怎样的水文特征，发育怎样的土壤和生长怎样的植被，并形成怎样的气候。从而阐明各种组成要素之间存在的相互联系和相互作用，并确定该自然区域的整体属性和综合特征。这样，通过对自然地理环境组成结构的研究就可揭示一定等级的自然整体（自然综合体）。组成结构实质是自然地理环境整体性的基本反映。但另一方面，根据自然区域不同部分组成结构的差异，又可划分出不同个体以及不同类型的各级自然综合体。

自然地理环境的地域结构是指自然地理环境各不同自然综合体之间相互联系所构成的格局。根据组成结构的差异划分的不同自然综合体之间也存在着一定方式的相互联系，并在水平方向上表现为一定的分布格局。因此地域结构也可称为水平结构。这种分布格局实质上是自然地理环境地域差异的基本反映。但从另一角度看，由于性质各异的不同自然综合体存在着要素间的地域联系和作用，因此使得若干等级相同的、毗邻的、地域联系密切的自然综合体组合为等级较高的自然综合体。这一高一层次的自然综合体具有相应水平的整体属性和综合特征，而区别于同一等级的其他自然综合体。因此，自然地理环境的地域结构进一步反映了整个自然地理环境正是由分布在不同地理位置的众多的和等级不同的自然综合体所组成的整体。

根据上述对空间结构的讨论可知，自然地理环境既有同一性的整体一面，也有差异性的个体一面，二者是对立统一的。自然地理环境组成结构侧重反映自然综合体内部各组成要素之间的联系，旨在揭示自然地理环境的整体性。但通过不同自然综合体的个体比较又能反映自然地理环境的差异性。自然地理环境的地域结构侧重反映各自然综合体之间的关系，旨在揭示自然地理环境的差异性，但通过不同自然综合体间地域联系的分析，又能反映自然地理环境的整体性。关于自然地理环境整体性和差异性的内涵以及二者的相互关系是综合自然地理学重要的理论组成之一，将分别在本书第五章和第七章进一步阐述。

2. 自然地理环境的时间结构

自然地理环境的时间结构是指维持着空间结构的自然综合体随时间的周期性变化模式。

一个空间结构稳定的自然综合体，随着时间的推移其内部各种过程的方向、强度、形式等会发生一系列变化。例如，在一天中随周日运动而出现的日变化，在一年中随太阳直射点回归运动而出现的季节变化，等等。所观察到的这些变化都不会导致自然综合体的更替。因为这种随时间发生的自然地理过程和现象的变化，是周期性重复出现的，即节律性的，是在现有的空间结构中发生的变化。也就是说，该自然综合体的空间结构是保持稳定状态的。关于自然地理环境的节律性，本书将在第六章进一步讨论。这部分内容也是综合自然地理学重要的理论组成之一。

总之，具体研究自然地理环境中各自然综合体的结构，除了考虑它的组成结构和地域结构以外，还必须考虑它的时间结构。时间结构的差异，也是区别不同自然综合体的标志之一。自然地理环境的时间结构还预示着：当随时间的变化超越了稳定状态时，自然地理环境的原有结构就遭到破坏，而重新建立起新的结构状态。这也就是自然地理环境的演替[1]。

第四节　自然地理环境的系统框架

系统论是包括一般系统论、信息论、控制论、突变理论、协同学等一系列新型理论和方法的综合性理论体系。它从横向综合的角度研究物质运动的规律，揭示客观世界各种物质运动形式内在的共同属性与共同规律，为人们研究事物提供新的科学方法论。如果把自然地理学的基本原理和系统论的理论加以比较，就可发现二者具有惊人的相似之处。因此，完全有理由把代表着现代思维方式（系统思维）和具有现代描述手段（数学描述）的系统论的理论和方法引入自然地理学，借助系统论的逻辑性和精确性以及系统分析的确定方法，可以用精确的和定

1）自然地理环境的演替有两种不用的情况：一种是缓慢的演化过程，其效应只有在足够长的时间积累后才能显现，而在这长期的演化过程的每一时间断面，自然综合体仍保持着相对稳定的空间结构和时间结构。另一种是急剧的更替过程，短暂而具爆发性，其间自然综合体原有的空间结构迅速瓦解破坏，其时间结构也无从谈起，结果是以新的自然综合体取代旧的自然综合体。

量的关系来表述自然地理环境的组成、结构、自然地理过程及其一般原理。这种先进方法论的引入，可望带来学科发展的新动力，引起自然地理学乃至整个地理学的革新。

系统论在自然地理学中的出现只是个开端，目前还未能把传统的自然地理原理完全建立在系统论的基础上，尤其是还未能成功地运用系统论的数学方法来解决自然地理学的实际问题，许多关键性的问题仍需作深入的探讨。但是，由于这种科学方法论有助于更深刻地揭示自然地理环境的一般规律，因此本书在关于这些规律的传统解释基础上，也运用系统论的基本理论作进一步的阐述。在本节，我们结合一些自然地理内容，简要地介绍有关的基础知识，建立自然地理系统的基本框架，以便于运用系统理论的新思路来探讨自然地理学的基本问题。

一、系统的基本概念

系统一般定义为相互关联的元素的集。通俗地说，系统是相互作用的若干要素的复合体。

如果组成系统的元素本身也是一个（次一级的）系统，则这些元素就称为子系统（或称亚系统）。通常，一个系统，尤其是一个复杂的系统，可以被划分为若干个子系统，子系统还可再划分为次子系统等不同层次（组织水平）的低级系统。如果把自然地理环境看作一个系统，则陆地和海洋就是其中的两个子系统。就陆地系统而言，它也可进一步划分出若干个次一级的子系统，如不同的大陆、洲等。

系统是作为研究对象而从宇宙万物中划分出来的一部分相关的事物。一个系统可以是很大的，如整个银河系、整个太阳系、整个地球或者地球表层，都可以处理成为一个相对独立的系统；一个系统也可以是很小的，小到一个细胞、一个分子等，都可建立起相应组织水平的系统。当我们在一个特定的层次建立一个系统时，那么这个系统外界的其他事物就构成了该系统的环境。在这里，“环境”一词是指系统的环境，显然，它与“自然地理环境”或“地理环境”是不同的概念。对地球表层来说，宇宙空间和地球内部都是这个系统的环境。

环境对系统的作用概括为输入，系统对环境的作用称为输出。系统与环境之间，系统内部各要素或各子系统之间的输入和输出是以能量流、物质流和信息流的形式进行的。能量、物质和信息从环境进入系统，在系统内部各要素之间流通，使各要素相互联系和相互作用，形成系统的整体结构。由于系统内部各个要素的排布格局与性质上的差异，使外部的输入在系统内部发生变换和改造，最后以具有新性质和新特点的流向环境输出，形成系统整体对外界的功能。

总之，系统是一个由若干要素以一定结构组成的相互联系的整体。系统与外界环境共同构成一个相互包容的体系，任何一个系统都是较高层次的系统的一个组成要素，而系统中任何一个组成要素本身，通常又是较低层次的一个系统。要认识系统的结构、功能和动态，其关键在于认识系统各组成要素的相互联系和相互作用。仅仅指出系统的组成要素不足以说明这个系统，只有阐明这些要素之间的相互联系才能确立一个系统。研究系统，就是要根据系统组成要素的特征以及它们相互作用的机制阐明整个系统的属性、结构、功能以及与环境的关系等。

二、系统的基本分类

1. 功能类型

(1) 孤立系统 (isolated systems)。这类系统的边界封闭，系统与外界既没有物质交换，也没有能量交换。自然界中极少出现这类系统。

(2) 封闭系统 (closed systems)。这类系统可以通过边界与环境交换能量，但是没有物质的交换。如果我们忽略落下的陨石和宇宙尘埃，整个地球就可以看作封闭系统。地球接受太阳辐射，又向宇宙空间进行辐射。

(3) 开放系统 (open systems)。这类系统与环境既有能量的传输，也有物质的交换（图 3.2）。其特征是不断地进行能量、物质和信息的输入与输出（没有这种交换，系统不可能存在和发展）；它能通过反馈进行自我调节，使输入与输出实现动态平衡，维持系统的结构稳定和功能稳定；在与环境的相互作用中，具有不断复杂化和完善化的演化能力。

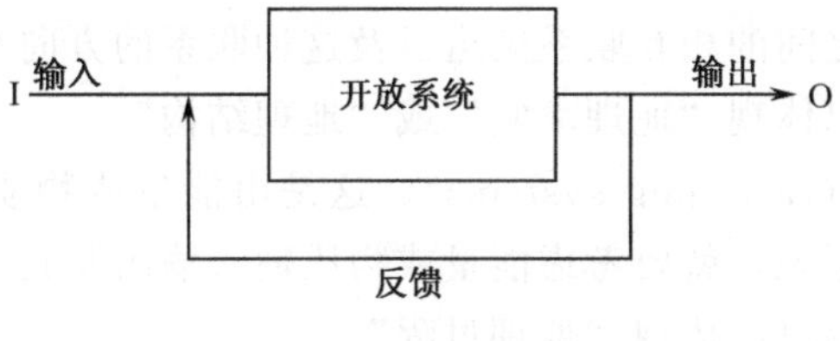

图 3.2 开放系统示意图

地球表层是全球性的自然地理系统，是一个开放系统，通过它的上下界与外界进行能量与物质的交换。地球表层内部任一自然综合体也是开放系统，它与周围的其他自然综合体不断地交换着能量和物质，实现太阳能的转换与传输、大气的运行、水分的循环、固体物质的迁移和有机物与无机物的转化。自然综合体的各个组成成分也都是开放系统，它们相互间构成复杂的能量与物质传输网络，相互依存，紧密联系。正因为如此，才得以构成不同等级的自然综合体，即不同组织水平的自然地理子系统。

2. 结构类型

按系统的结构分类称为乔莱分类。英国地理学家乔莱 (R. J. Chorley) 和肯尼迪（B. A. Kennedy）把系统分为四种类型（图 3.3），分述如下。

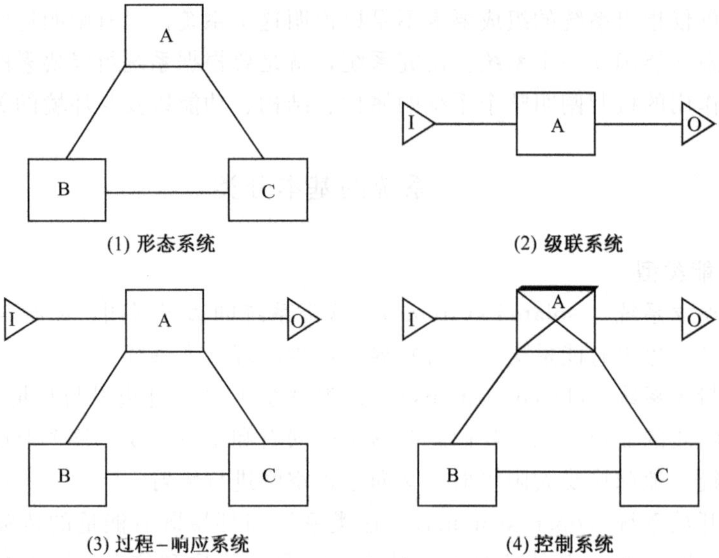

图 3.3　四类系统结构模式图

（1）形态系统（morphological systems）。形态系统单纯由系统组成要素之间的结构网络来确定。在地理研究中，只要求找出研究对象（系统）所包含的要素，确定各个要素之间的相互联系渠道以及这种联系的方向和强度，就能建立一个形态系统。它可以体现“地理事实”或“地理结构”。

（2）级联系统（cascading systems）。这是由能量或物质流通的路径来确定的系统。建立这类系统，就要考虑能量或物质输入输出及其在系统内部传输的机制和途径。级联系统可以体现“地理过程”。

（3）过程-响应系统（process-response systems）。这类系统至少应有一个形态系统与一个级联系统相耦合。因此可以显示出从“形态”到“过程”、从“结构”到“功能”、从“空间”到“时间”的特性。这是地理系统中比较高级的一种类型，更加接近于现实的状况。

在一个简单的过程-响应系统中，一旦分析清楚其内部结构，也就可以掌握其所包含的要素以及各要素之间的制约关系。例如，土壤、植物和食草动物三者可以通过结构网络构成一个形态系统，上述三者为三个子系统。如果确定了各子系统的能量或物质流通的路径，各个子系统就是一个级联系统，而整个系统就是一个过程-响应系统。磷是植物生长过程不可缺少的养分之一，分析它在上述系统中的循环路径，可以代表过程-响应系统中分析能量流或物质流的基本方法。将磷施于（输入）土壤后，它首先溶解于土壤水分中，随后被植物的根系所吸收而进入植物体内，参加植物体的建造。植物体中的磷，一部分由于植物死亡变成枯枝落叶重新归还于土壤；另一部分被食草动物取食而进入这些动物体内。储藏于动物体内的磷一部分由于动物死亡也归还于土壤中，也有一部分被其他肉食动物取食而转移到这些动物体内，输出到所限定的系统之外。在土壤中的磷还有一部分随着水分的淋溶而渗入到土壤层之下，也输出到系统之外。对于各子系统来说，它们既有磷的输入，也有磷的输出。当然还有磷在各子系统内的状态变化。植物体内磷的含量主要受制于土壤中磷的输入与输出状况，这直接影响到植物的生长过程。而整个系统中磷的总体含量则取决于土壤中磷的输入和土壤及食草动物磷的输出。各子系统的变化参量可以通过实验测得，亦可通过理论推导得出，它反映了各子系统的状态变化，反映了各子系统互相作用的方向、强度、流通速率等。据此可通过数学处理建立系统的输入与输出关系，反映输入变量通过系统内部结构的变换到输出变量的过程。

（4）控制系统（control systems）。当一个过程-响应系统的某个关键部分被某种机制所控制，这个系统就成为控制系统。这种控制机制使系统按照某种预定的方式运行。前述系统中的土壤子系统就属于该系统的关键部分。人们可以通过对磷肥施用的控制使系统中磷的含量达到稳定的动态平衡。

3. 其他分类

系统可以按其规模大小和结构复杂性加以划分。我国著名科学家钱学森就把系统分为：

（1）小系统。这类系统只有为数不多的子系统，并且相应地可用少数几个变量来描述。

（2）大系统。这类系统子系统的数量大，子系统互相关联，每个子系统都有自己的参数，需运用大型电子计算机来建立大量的方程和求解大量的未知数。

（3）简单巨系统。其子系统数巨大，但子系统类型不多。这类系统可用统计物理或统计力学的方法处理。

（4）复杂巨系统。其子系统不仅数量巨大，而且种类繁多，关系复杂。例如地球表层就是一个复杂的巨系统，而且是一个开放的复杂巨系统。这类系统由于太复杂，不能用传统的科学方法即培根或还原论的方法（把复杂的事物分解为若干较简单的部分，甚至再分解为更简单的部分来研究的方法）来处理。钱学森提出了一种“从定性到定量的综合集成法”来处理复杂巨系统问题。

此外，还有按系统的具体对象分为：工程系统、社会系统、地理系统、自然地理系统、生态系统、人类生态系统等。

三、系统研究的基本原则

从科学方法论的角度看，对自然地理环境的综合研究应该遵循如下几条系统方法的基本原则。

1. 整体性原则

整体性是系统论的基本观点，即系统是由各个组成部分构成的整体。整体与部分相互依存、相互制约，任何单独部分都不具备作为整体的结构和功能。部分的孤立作用与它作为系统的组成在总体中所起的协同作用有着本质的区别。系统的整体作用不等于部分单独作用的总和。作为整体，系统具有各个组成部分所不具备的新性质、新功能。例如，人的双眼视觉功能大大超过两只单眼视觉功能简单相加的总和。双眼的视敏度比单眼高 6～10 倍，而不是 1 倍；双眼视觉能形成立体感，单眼则无能为力。这表明部分与整体之间存在一种非线性关系，正是这种非线性作用导致了质变，形成了整体效应。因此，整体性原则要求把系统作为整体来研究，着重研究组成系统各部分之间的相互作用，揭示系统的整体结构和整体功能。

2. 综合性原则

综合性原则要求对任一系统的研究，必须从它的成分、结构、功能、相互联系方式、历史发展等方面进行综合的系统的考察。从方法上讲，综合是相对于分析而言的。分析是基于简化的观点，即把一个整体分解为各个部分分别地加以研究。综合是基于系统的观点，从整体出发，将各部分联系起来全面地加以研究。即由总体到局部，由概括到更深入的观察的思维过程，详细分析总体各部分间的相互关系，但不限于局部问题，而是更进一步地了解总体的性质、特点和动态。所以，综合与分析是统一的。系统方法以综合为基础，在综合的过程把分析有机地结合起来。从综合出发，在综合的基础上进行分析，再回到综合。

3. 层次性原则

系统论把整个客观世界看作一个结构有序的、多层次等级结构的统一体，认为客观世界的多样性、统一性正是通过层次性表现出来的。层次性原则要求将每一个认识对象皆视为一个系统，它包括若干个层次结构，每一层次结构又由若干要素组成；每一认识对象都自成系统，当认识范围扩大时，原来的系统在更大规模的系统中又成了要素或子系统。把认识对象划分为不同结构层次来研究，将使人们的认识更深化、更科学。

4. 功能结构性原则

系统的结构是系统内部各要素之间的空间和时间相互联系的方式和秩序，是系统保持整体性、具有一定功能的内在根据，是一个系统区别于另一系统的根本标志。功能是系统与外部环境之间实现物质、能量和信息交换的秩序和能力，是系统结构的外在表现。所以系统结构是系统内部各要素相互作用的秩序，是对系统的内部描述；而功能是系统对外界作用过程的秩序，是对系统的外部描述。据此，功能结构性原则强调，系统一定的结构相应具有一定的功能；结构不同，即便有相同的组成要素，也会导致系统性质的改变和整体功能的改变。

5. 动态性原则

任何系统都是一个动态系统，处于运动和变化发展之中。系统有相对稳定的一面，这是系统存在的根本条件；另一方面，系统又是动态的，即系统的状态随时间而发生变化。随着时间推移，系统的结构和功能都会发生变化，达到一定程度时就会导致旧系统的瓦解和新系统的产生。因此，系统分析必须考虑时间因子，考虑系统的动态变化。

以上关于系统的基本概念、系统的分类以及系统研究的基本原则，作为系统论的基础，不仅有助于从系统的角度认识自然地理环境的组成和结构，而且有助于运用系统理论分析自然地理环境的基本规律。它们将贯穿在有关章节里，结合在对自然地理规律的阐述中。

复习思考题

1. 如何认识自然地理环境的范围和边界？
2. 简述伊萨钦科对自然地理环境范围与边界的主要观点。
3. 分述自然地理环境的物质和能量组成。
4. 什么是自然地理环境的要素组成？试述它们之间的关系。
5. 试述自然地理环境的基本特征。
6. 自然地理环境结构有何特性？
7. 什么是自然地理环境的空间结构？
8. 简述系统的功能类型。
9. 什么是过程-响应系统？

第四章 外部因素对自然地理环境的影响

自然地理环境是地球的一部分，而地球又是宇宙的一部分。因此，无论是地球自身的运动（地球作为行星的运动及内部物质运动）或是宇宙中其他天体的运动，都必然对自然地理环境产生多方面的作用。这种来自自然地理环境范围以外的影响因素称为外部因素，它们推动了各种自然地理过程的演进，是自然地理环境形成和发展的必要条件。对自然地理环境影响的外部因素包括宇宙因素、行星因素和地球因素三个方面。

第一节 宇宙因素对自然地理环境的影响

一、太阳辐射的影响

太阳可视为理想的辐射体（黑体），其表面温度高达6 000K，不断地向宇宙空间辐射巨额能量。太阳的能量来自其内部的热核反应。当太阳内部的原子聚合时，原子质量转化为电磁场，便以电磁波的形式释放出能量来，到达地球外界的太阳能虽只占太阳辐射总量的二十二亿分之一，却也高达5.526×10^{24}焦耳/年，相当于1.885×10^{17}吨标准煤完全燃烧后所产生的全部能量。

输入地球的太阳能大部分为自然地理环境所得（图4.1）。把到达地球大气外界的太阳辐射视为100个单位，约有31%的太阳辐射因地球的反射而折回宇宙空间，有4%为平流层所吸收，其余65%则为自然地理环境的各种组成成分吸收、流通、转化，成为自然地理过程的根本动力。相对于太阳辐射，以其他形式进入地球表面的能量比例都很小，潮汐能为其几万分之一；其他天体的宇宙射线仅及亿分之一；对输入地表的地球内能估计不一，但从没超过太阳能的几百或几千分之一。可以认为，几乎所有的自然地理过程的能量都来自太阳辐射。

图4.1显示了全球辐射收支的一般状况。太阳短波辐射输入地球后最终以连续的长波辐射输出地球的外部空间。输入的能量等于输出的能量，两者达到平衡，遵循能量守恒的普遍定律。虽有很少一部分太阳能是被有机物和地壳中的矿物所保存下来，如木材、煤炭、石油等就是太阳能被固定的结果，但这些物质最终要被利用或以某种自然的形式释放出原来所固定的那部分能量，转化为辐射热返回宇宙空间，依然符合能量守恒定律。至于有关地球辐射收支平衡各个分量的估算，学者们提出了不同的方案，在数值上有某些差异，但其基本原理是一致的。

一定区域辐射能的输入与输出的差额称为辐射平衡。辐射平衡值表示了该地

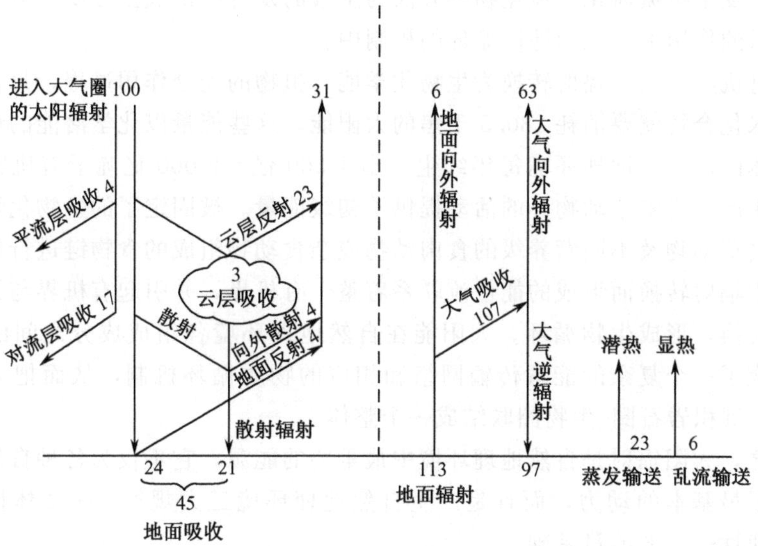

图 4.1　地球辐射平衡

太阳能的净收入。对于自然地理过程来说，辐射平衡是比太阳总辐射更为直接的动力基础。

辐射平衡的地理分布具有随纬度增加而减少的变化趋势。平均在纬度 40°处，全球辐射能的收支由低纬区域的盈余过渡到高纬区域的亏缺。全球辐射平衡的等值线基本上沿纬线呈带状伸展，但在陆地上存在偏离纬线的倾向。辐射平衡随时间有明显的日变化和年变化的节律周期。一日之内，白天收入大于支出，辐射平衡为正值；夜间相反，为负值。一年之内，夏季的辐射平衡因收入的太阳辐射增多而加大；冬季则相反，甚至出现负值。这种年变化状况因纬度而异。纬度愈高，辐射平衡为正值的月份愈少，在极圈范围内则大部分时间出现负值。显然，辐射平衡是产生自然地理环境结构的能量基础，其时空特性与自然地理环境空间结构及时间结构的特征完全吻合。

太阳辐射进入自然地理环境以后，发生了复杂的能量交换和转化。在无机界，太阳的短波辐射被转换为波长在 4～120 微米之间的热辐射。热能是无机环境自然地理过程的主要能量形式，起着多方面的地理作用，大气的热源主要来自地面，形成向上的热力梯度；低纬和高纬之间，由于辐射平衡地理分布不平衡，形成经向的热力梯度；海洋和陆地之间，也形成周期性转换方向的热力梯度。热力梯度转化为压力梯度驱使大气发生运动，便形成了不同尺度的大气环流。其中行星风系又引起了洋流。这两种大规模的大气和水分的物质循环机制对于全球能量调整和区域性热量平衡起着十分重要的作用。太阳辐射通过蒸发和蒸腾转化为汽化潜热，引起地球上的水经过相变而发生循环。太阳辐射引起地表层岩体的冷缩热胀，发生机械风化。风化物一方面为土壤的发育提供成土母质，另一方面在水流和风的作用下加入到地质循环的机制中。

在有机界，太阳辐射转换为生物化学能。植物的光合作用过程，每合成1摩尔的碳水化合物就要消耗280.5千焦的太阳能。这些能量以化学潜能的形式固定在植物体内。自然地理环境每年约生产出1 500亿～2 000亿吨干有机物。这是第一性生产，为整个动物界的活动提供了初级能量。被固定了的生物化学能，再经过由食草动物及不同营养级的食肉动物或杂食动物组成的食物链进行传输。这种由太阳辐射转换而形成的能量流联系着整个有机界，并引起有机界与无机界发生物质交换，形成生物循环。太阳能在自然地理环境各组成成分之间的交换转化，形成了一个复杂的能量传输网络和相应的物质循环机制，从而把大气对流圈-水圈-沉积岩石圈-生物圈联结成一个整体。

总之，太阳辐射是自然地理环境中最重要的能源，它不仅为各种自然地理过程提供了最基本的动力，而且是产生自然地理环境三大规律——整体性、差异性、节律性——的能量基础。

二、月球和太阳引力的影响

潮汐是在月球和太阳的引潮力作用下产生的。引潮力则是月球（或太阳）对地球的万有引力和因地球绕地月（或地日）公共质心运动所产生的惯性离心力的合力。在引潮力的作用下，地球便发生了潮汐变形。这种周期性的变形出现在海洋的叫海洋潮汐，出现在大气层的叫大气潮汐，出现在陆地上的叫固体潮汐。现在把这三种潮汐对自然地理环境的影响简述如下：

1. 海洋潮汐的影响

（1）海洋潮汐对地球自转具有阻碍作用。这实质是潮汐摩擦的效应。由于潮汐波移动方向与地球自转方向相反，海水与海底之间便产生摩擦作用阻碍着地球的自转运动。另外，这种摩擦作用加上海水内部由于其黏滞性引起的摩擦，使得潮汐高峰并不正对月球而是滞后一定时间，因此，月球对地球向月一面的潮汐隆起部分的引力就可以产生一个与地球自转方向相反的力矩，其结果也是阻碍地球的自转运动（图4.2）。由于潮汐摩擦效应的存在，地球极其缓慢地降低自转速率，导致一天的时间增长。

（2）海洋潮汐对生物的演化具有促进作用。由于海洋具有周期性升降的潮汐运动，从而使海岸地区出现高潮时被浸没，低潮时出露的潮间带。这个潮间带，在生物的演化过程中，可成为海洋生物挣脱水域束缚的跳板。原始海生生物首先在作为过渡环境的潮间带经历了锻炼，从而加快了海生生物向陆生生物的进化。如果没有海洋潮汐，没有因海洋潮汐而出现的潮间带，那么海洋生物的登陆过程就不知道要迟缓多少岁月。

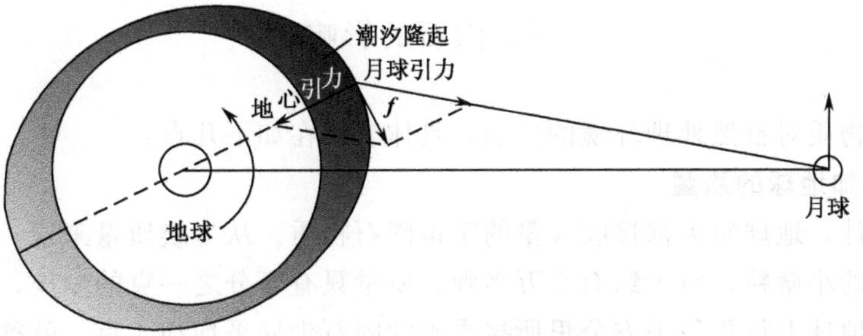

图 4.2 月球引力产生的潮汐摩擦作用

(3) 海洋潮汐具有巨大的能量。它是海岸及河口地貌发育的外营力之一，而且也是一种有待开发的、潜力很大的能源。

2. 大气潮汐的影响

大气潮汐的潮差很大，虽然它在自然地理环境中的作用不如海洋潮汐那样明显，但对一些天气现象却有着重要的影响。

(1) 大气潮汐会使地球表面的大气压力发生规律性的变化。这种变化在热带地区尤为明显。除偶尔的热带风暴之外，那里的气压是以太阴日为周期进行有规则的振荡，振荡的幅度在赤道地带为 1.2 百帕，最大可达 2～4 百帕。对于中纬地区，在天气晴和的日子也可观测到这种类似的变化，只是振荡幅值小些。由大气潮汐而引起的这种气压振动，在高层大气中可形成风速 50 米/秒以上的强风，并能波及到全球上空气流。

(2) 大气潮汐与降水有一定的相关关系。据统计，我国青岛在 3～10 月降水日数的可能性平均为 27%，而另外的统计表明，在当地连续 99 次朔、望日中，有 81 次出现降水，占朔、望日数的 82%。

(3) 大气潮汐对台风的影响与其对降水的影响相类似。有人通过对 1891～1968 年出现在大西洋和太平洋上 1 000 多个飓风和台风以及 2 000 多个热带风暴的分析，发现大西洋上的飓风、太平洋上的台风和热带风暴的生成多以朔望日为周期，其中以朔日前后生成的为最多，望日次之，上弦和下弦时生成的最少。

3. 固体潮汐的影响

固体潮汐的潮差可达 30～50 厘米。引潮力周期性地改变着地球的形状，再加上潮汐现象在地表各处影响不一，这就使得地球的重心发生周期性的摆动，地表各处的重力差异忽大忽小，破坏了地壳运动的平衡，进而有可能促使某些地区地震的酿成和发生。例如，我国的河北、云南等地的强震就与朔、望日发生联系。尤其是华北的京、津、唐、渤、张地区，自 1968 年到 1976 年期间，6 级以上的地震有 80%以上发生在朔、望日前后。当然，地震成因是复杂的，固体潮汐对地震的影响只是其中一个因素，它构成某些地区地震的触发条件。

三、陨石的影响

陨石物质对自然地理环境的影响，具体表现在如下几点：

1. 增加地球的质量

据统计，地球每天都接收大量的宇宙陨石物质。从尘埃质量来说，其中质量只有 1 克的小微粒，每天约有 2 万多颗。质量只有万分之一克的尘埃，每天约有两亿颗。地球上每年每平方公里所接受到的陨石尘埃平均约 4 克。就整个地球而言，每年约有 500 万吨陨石尘埃落到地面上。按这样计算，在过去的 30 亿年里，地球所接收的陨石尘埃总量可使地球增加 0.5 厘米的厚度；近 5 亿年以来地球的质量已增加了十万分之一。

2. 造成陨石坑和环形山

巨大的陨石与地球相撞，能改变地表形态，造成陨石坑和环形山。陨石坑是一种特殊的地形。其中央是一块平地或是稍微凸起的小丘；四周隆起成山，呈环状分布，故名环形山。据目前初步统计，地球上已经证明是陨石轰击而形成的陨石坑至少有 95 个。其中较著名的有：发现于南极洲威尔克斯兰德冰原之下的最大的陨石坑，直径达 241 公里，坑深约 0.8 公里，估计造成这个陨石坑的陨石直径为4～6 公里，重量达 130 亿吨；原苏联西伯利亚的波皮盖凹地是一个直径为 100 公里的陨石坑；在美国亚利桑那州沙漠中的巴林杰陨石坑，直径也有 1 220 米，深为 180 米；我国的太湖近年也被认为是陨石坑。根据我国学者傅成义于 1990 年的研究，这个面积达 2 300 多平方公里的陨石坑是距今 5 000 万年前，由一颗巨大陨石从东北侧方向撞击地面形成的。由他领导的研究小组在太湖洞庭西山附近的三山岛上发现了陨石撞击的证据——击变岩。这种特殊的岩石是陨石撞击地表瞬间产生的高温高压变质作用的特有产物。

3. 造成陨震

巨大而高速的陨石落到地表能造成地面震动。据研究，一块直径为 4 公里、以每秒 15 公里速度下冲的大陨石，当它撞击地壳时，能放出 3×10^{13} 焦耳的能量。而原苏联科学家甚至证实天空中的陨石爆炸也可以引起地震。1984 年 2 月 26 日晚上 8 时，西伯利亚地区上空飞过了一个巨大的陨石，这个陨石在托木斯克以东的高空突然燃烧起来，然后越过一定的距离，在楚雷姆河地区 2～4 公里高度上爆炸。大致在同一时间，在同一地区的统一地震观测网的 8 个观测站上记录到地壳振动。这次爆炸强度大约为 1 万吨 TNT 当量。

4. 形成新的矿床

当较大的陨石坠落在地球表面时，不仅可形成陨石坑，造成陨震，还能撞入地下深处，形成一些新矿床。如某些石油和天然气田，当陨石撞击地球时，在撞击区附近形成特殊的冲击构造，分散的石油和天然气沿着陨石撞击的地裂缝，运移集中到地下陨石坑中，聚集成油汽田。美国北达科他州纽波特油田就是陨石撞击到古老的前寒武系片麻岩上形成的。美国威利斯顿盆地视野油田，是陨石冲击在密西西比纪碳酸盐岩（相当于下石炭统）上形成的陨石坑油田。美国红翼河油田也是陨石坑油田，是陨石撞到三叠系和侏罗系地层中形成的环状凹坑油田。陨石撞击地球除形成良好的聚油盆地外，还可形成另外一些有经济价值的矿床。如世界著名的加拿大萨德伯铜、镍、硫矿就是一个直径 4 公里以上的大陨石撞击而成的陨石坑矿。乌克兰境内的一个油页岩矿也是陨石坑矿。

5. 造成沧海桑田变化

据西费特搜集世界各地许多陨石坑形成年代资料分析，发现陨石撞击地球有 10 个相对集中的时期，这些时期与地球造陆运动、造山运动相吻合，每一个集中撞击时期延续几百万年。最近，科学家们对太阳系内微小天体的研究，也发现在距今 5 000 万年至 1 亿年间，太阳系中直径 10 公里左右的天体撞击地球的概率相当高。例如，距今 7 000 万年前，是陨石撞击地球比较集中的时期之一，即相当于白垩纪末的燕山运动时期；另一陨石集中撞击地球的时期距今 200～300 万年，即相当于新近纪末喜马拉雅运动时期。可见，大规模的陨石袭击是自然地理环境沧桑巨变的外因之一。

四、其他宇宙因素的影响

另外，还存在以下几种宇宙因素对自然地理环境的影响。所有这些因素的作用效应，本质上都与太阳活动的关系极为密切，从这个意义上说，是太阳活动对自然地理环境的影响。

距离地面 15～35 公里高度的大气中，臭氧分子大量集中形成了臭氧层。臭氧层是太阳紫外线对空气中氧分子发生作用的产物。它强烈吸收太阳光谱中的紫外线部分，使波长小于 0.29 微米的紫外辐射不能通过。因而保护了地表的生物，使它们不致遭受到有致命危险的短波紫外线的伤害，从而也影响了与生物有关的各种过程。

太阳的紫外辐射还使空气分子发生电离，造成了地面以上 60～1 000 公里高空中的电离层。电离层的状态与地面无线电通信有密切关系。太阳活动加剧时，电离层底层的电子浓度增加，因而对无线电波吸收增加，这就导致短波无线电通信信号发生短暂衰退或中断。当太阳活动剧烈，太阳耀斑产生的高速粒子流大量进入地球上层时，整个电离层强烈骚动，发生电磁层磁爆；同时，也使地球发生磁爆，引起地球磁场的强度和方向出现急剧而不规则的骚动，这种状况历时可达数天。这时不仅短波无线电波受到严重干扰甚至中断，在两极地区还常伴有极光出现。

太阳向宇宙空间发出的带电微粒流称为太阳风。在太阳风作用下，地球磁场不能无限制地扩张，而被限制在一定的范围内，这个范围叫作地球磁层。由于地球磁层对太阳风及其他宇宙射线有屏障效应，因而阻碍了它们对自然地理环境中生物有机体的危害。但是少量高能的带电微粒仍能闯入地球磁层，并为地球磁场所捕获，形成了两道环抱地球磁赤道的辐射带（范·艾仑辐射带）。辐射带的存在，仍然危及进入其间的地球生物。

太阳的活动可以受到距离较近或质量较大的行星（如水、金、木、土星）的影响。当内行星在合的位置、外行星在冲的位置时，其对太阳的引潮力较大，使太阳大气发生扰动。而太阳大气扰动可影响地球的大气圈，使大气环境和低空大气状况发生变异。最近的研究表明，我国沿海地区在上述行星冲或合日之前，气温明显下降，其中以木星引起的降温幅度为最大。另外，木星对地球还会发生牵引作用，其结果使地球轨道发生变化，这种变化可能是地球上大冰期产生的原因之一。

第二节　行星因素对自然地理环境的影响

这里所讲的行星因素，是指作为太阳系中九大行星之一的地球，其形状和大小、自转和公转等行星特性。这些特性对自然地理环境的发展变化有直接的影响。

一、地球形状和大小的影响

严格地说，地球形状不是正球体，但为了研究问题的方便，我们可以把地球当作正球体看待。

地球的形状具有十分重要的地理意义。因为太阳与地球的平均距离远达14 960万公里，所以可把照射到地球上的太阳光线视为平行光线。如果地球是个平面，则太阳高度处处相等（图 4.3）。但由于地球为一球体，当平行光线照射到地球表面时，在同一时刻不同地点将具有不同的太阳高度（图 4.4）。太阳光线与地球自转轴的相对关系，决定了太阳高度有规律地从太阳直射的纬度，向南、向北随纬度递减。因此，太阳辐射使地球增温的程度也按同样的方向降低，从而造成地球上热量的带状分布和所有与热量状况有关的自然现象也具有纬向地带性分布特征。所以，纬向地带性的基本成因，可以归结到地球形状的影响上。同时，也与太阳辐射的季节变化有关。

相对于地表单位物体，地球是个巨大的球体，它的体积达 10 830 亿立方公里，平均密度 5.522 克/立方厘米，质量 5.976×10^{21} 吨。巨大的体积和质量，使地球具有足够的引力吸留周围的气体，保持着一个具有一定质量和厚度的大气圈。大气圈层的存在，改变了到达地表的太阳辐射，保存了地表的水分，并通过气流调节着地表热量和水分的分布状况，保护着生物有机体免受紫外线的有害影响。如果没有大气圈的存在，也就不可能存在生命和出现人类，地球的外貌将同死寂荒凉的月球相似。地球的大小，还对人类经济活动产生影响。一方面，远距离和广大空间，曾经是人类活动的障碍，为了克服这种障碍，就必须运用最完善的技术成就；另一方面，地球的广阔面积，给人类提供一个辽阔的活动场所。

此外，由于地球是一个不透明的圆球体，当它受到来自一个光源的照射时，就必然分为昼半球和夜半球两部分，从而产生昼夜现象。

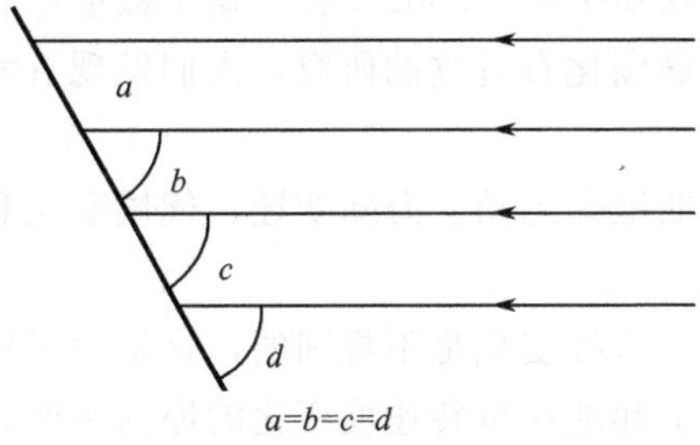

图 4.3　平面上的太阳高度处处相等

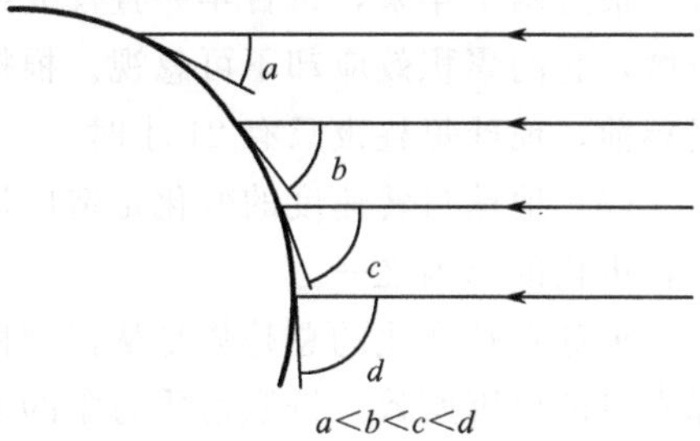

图 4.4　球面上的太阳高度随纬度变化

二、地球自转的影响

地球自转的重要地理意义表现为如下几个方面：

(1) 产生昼夜交替现象，从而引起自然地理环境的昼夜节律性变化。由于地球自转的速度相当快，白天和黑夜的时间都不太长，因而地表空气的增温和冷却都有一定的限度，不至于过度炎热或过度寒冷而引起生物的死亡。如果地球只有公转而没有自转，那么昼夜更替的周期将不会是一日而是一年，也就是说，半年为白昼半年为黑夜。在这种情况下，与地表热量平衡相联系的一切过程，包括气压、气流、蒸发、凝结以及有机界状况，都将发生与现在全然不同的变化。

(2) 地球绕地轴自转这一事实是确定地理坐标的基础。首先，自转轴决定了北极和南极，它们是固定的基准点，由此而引出经线。其次因为地表任何一点（极点除外）都随着地球旋转而运动，它的运动轨迹构成为纬圈。因此，我们可以建立确定地表水平位置和方向的地理坐标系统。而把地理坐标和昼夜更替联系起来，就成为划分时区的依据。总之，地球自转使自然地理环境中空间和时间的确定成为可能。

(3) 由于地球自转的结果，所有在北半球做水平运动的物体都要发生向右偏转的效应，在南半球情况相反。这种因地球自转而使运动物体偏离原方向的力叫科里奥利力，也叫地转偏向力。科里奥利力可用下式表示：

$$D=2v\omega\sin\psi$$

式中：D 为科里奥利力；v 为运动物体的速度；ω 为地球自转的角速度；ψ 为运动物体所处纬度。

科里奥利力只影响运动物体的方向，而不影响其速率。它对气团、洋流、流水的运动方向和其他许多自然地理现象有着明显的影响。例如，北半球河流多有冲刷右岸的倾向，结果右岸陡峻，左岸和缓，形成不对称的谷坡。

（4）由于地球的自转，使潮汐变为绕地球传播的潮汐波。如前所述，潮汐波传播的方向与地球自转方向相反，并对地球自转起着阻碍作用，致使昼夜逐渐变长。最近两千年来，每百年一昼夜大约增加 0.001 6～0.002 4 秒。这个数值尽管极微，它的累积效应却不可忽视。根据对古珊瑚化石日纹的研究，人们发现五六亿年前，地球每昼夜只有 21 小时。

（5）地球自转速度的变化是造成地质时期地壳运动、海陆变迁、气候变化和生物进化的原因之一。

地球自转变化的总趋势是从快到慢，但是这种变化是不规则的，这是由于地球本身的原因所致。按照地质力学的观点，引起地球自转速度变化的原因主要是地球内部物质的运动和变化。根据角动量守恒定律，重力促使密度较大的物质不断向地球内部集中，使地球的质量半径变小，从而引起地球自转加快；而地球自转加快，必然导致离心力增大，这样又使地球深处的物质向地表扩散，地球质量半径渐渐变大，从而使地球自转速度又自动减慢。所以，地球自转变快中包含着放慢的因素，变慢时又孕育着加快的趋势。地球正是这样由快到慢，又由慢到快地变化着。地球自转速度的变化导致了一系列复杂的地理后果：

第一，当地球自转加快时，海水从两极涌向赤道，大陆面积扩大，使全球气候由温暖潮湿转向干燥寒冷。自转减速时，海水从赤道向两极运动，则出现与上述相反的情况。

第二，由于地球自转加快，导致惯性离心力和惯性力的增大，便产生了自两极向赤道的经向水平力和自东（西）而西（东）的纬向水平力，使地壳表面形成了纬向构造带和经向构造带。

第三，地球自转速度变化引起海陆沧桑巨变，从而促使生物界从低级到高级的跃进。古生代以来，地球的自转速度有三个时期变化较大。一次在早、晚古生代之间，一次在古、中生代之间，一次在中、新生代之间。每一次变化都恰巧对应一次剧烈的地壳运动、大规模的海陆变迁以及自然界的进化。例如，第一次运动后，引起植物界一次重大跃进，并出现了鱼类和两栖类动物；第二次运动后，于中生代出现了巨大的爬行动物和裸子植物；第三次运动后，在新生代，被子植物代替了裸子植物，哺乳动物开始繁衍并且出现了人类。

（6）地球所具有的两极稍平，赤道凸出的椭球体形状，也是由于地球自转所产生的惯性离心力的水平分力长期作用的结果。

（7）地球自转速度变化使地球转动能发生变化。这是因为：地球转动能＝地球质量×地球自转速度^2×地球半径×π。可见，地球自转速度的微小变化，经过平方自乘，并乘以巨大的地球质量后，就可导致地球转动能的巨大变化。而地球自转运动和地球大气圈、海洋、岩石圈的运动关系相当密切，且决定着大气环流、洋流和板块运动的整体和局部变化。假如地球自转速度变化一年中超过5秒，地球上就会出现强烈地震、特大海啸和严重天气异常现象。

三、地球公转的影响

地球围绕太阳公转对自然地理环境的影响也是多方面的。主要表现为如下几点：

（1）因为地球公转的轨道与地球赤道平面具有一定的交角（黄赤交角），使地球上太阳直射点的位置发生周期性的变化，引起晨昏线在地球表面上位置的改变，从而产生昼夜长短的变化和春夏秋冬的季节更替，并使得自然地理环境中许多现象和过程都以年为周期而变化。

（2）根据地球公转过程中昼夜长短和正午太阳高度的变化及其分布，人们可以在地球表面划出一些具有典型意义的纬线（回归线和极圈）。这些特殊的纬线是划分自然地带的基础，也就是说，地球公转的效应涉及自然地带的性质及分布。

（3）黄赤交角并不是一成不变的。由于行星摄动的结果，黄赤交角也是在周期性地、极为缓慢地变化着。其变化范围为20.8°～24°，变化周期为41 000年。黄赤交角的大小，直接影响到太阳辐射量沿纬度的分布，若黄赤交角减少1°时，太阳辐射量在赤道区域就增加0.35%，在两极区域则减少4.02%。当黄赤交角增大时，其效应相反。此外，由于黄赤交角的变化引起回归线和极圈在地球表面上的移动，也就改变了不同类型热量带的范围。

（4）地球公转的轨道是一个椭圆，太阳位于这个椭圆的一个焦点上。根据开普勒的行星运动定律可知，地球在近日点附近公转的速度较快，在远日点公转速度则较慢，使得天文四季不等长：

春季：春分—夏至	92天
夏季：夏至—秋分	94天
秋季：秋分—冬至	90天
冬季：冬至—春分	89天

（5）地球轨道偏心率的大小，决定着地球轨道的形状。由于太阳系的其他行星对地球的摄动，使地球轨道偏心率发生周期性的变化，变化的范围为0.000～0.061，周期约为96 600年。当偏心率为0时，地球轨道是个圆；当偏心率变大时，地球轨道成椭圆；且偏心率越大，椭圆越扁。地球轨道偏心率的变化，一方面使地球在一年内接受到的太阳日辐射量随之改变；另一方面又使地球在近日点

和远日点获得辐射量的差异也发生变化。目前地球轨道的偏心率为0.016，地球在近日点接受的太阳辐射量比远日点多7％。如果偏心率为0.061时，这个差值可达30％。

第三节　地球因素对自然地理环境的影响

地球因素是指来自地球内部的影响因素，主要包括地球内部的物质状态和地球内能两大方面。其重要作用在于参与塑造地壳的外部形态，奠定自然地理环境的基本骨架。

一、地球内部物质状态的影响

我们知道，根据地震波的传播情况可以把地球内部划分出若干不同的层次，这些层次标志着地球内部的构造及其物质状态。一般认为地球内部结构具有三层模式：地壳、地幔和地核。在此基础上，进一步划出了岩石圈和软流圈。整个地壳和地幔上部（其下界约在地表以下60～70公里）的物质具有刚性，这部分为岩石圈；其下的地幔物质塑性较大，这部分为软流圈；在250公里左右的深度，地幔物质又恢复到较为刚性的状态；处于2 900公里深度以下的地核，其物理状态则仍是个有争议的问题。对于自然地理环境，上述诸圈层中岩石圈和软流圈具有较为重要的意义。

岩石圈的表层部分（沉积岩石圈）已直接加入到自然地理环境的组成中，关于这一点已在第三章讨论。这里侧重于分析岩石圈其余部分物质状态的地理意义，即把它作为外部影响因素来考虑。

坚硬的岩石圈具有刚性的特点，它被连续的地震活动带或活动构造带分割成大小不同的板块。这些板块支承着整个自然地理环境。

根据板块构造的理论，驱动岩石圈板块运动的动力机制是软流圈的对流。软流圈的岩体处于熔融或塑性状态。在长期应力作用下，它具有缓慢的流动性质，并构成了一系列对流体。软流圈物质的对流带动了板块运动。假定泛大陆存在，当对流体上升到泛大陆中央，并向左右两侧散开时，泛大陆就会向两侧裂开。这时，大陆板块被截在地幔对流体上面随之向两侧移动。板块移动的结果势必改变一地的水平位置和高度位置，致使到达该地的能量和物质在其移动和移动之后发生相应的改变，从而产生不同的自然地理效果和表现。

一般还认为，软流圈是岩浆的发源地。熔融状态的地幔物质可以通过岩石圈的脆弱部位进入到自然地理环境。它们构成各种各样的侵入岩、喷出岩加入到自然地理环境的物质组成中。在海洋板块上，涌出的地幔物质形成了大洋中脊，并不断更新海洋板块本身的物质组成。

二、地球内能的作用

从自然地理学的观点来看，具有显著地理意义的地球内能应该包括地热和重力。

地热是地球内部的热能。它是地球组成物质中各种放射性元素核反应所释放出的能量，以热的形式储存在地球内部。据估计，地球每年产生的核反应能可达 2.14×10^{21} 焦。

热传导的结果，一部分地热通过地球表面向外发散，使得地球表面每年每平方厘米得到 167～210 焦来自地球内部的热量。平均而论，这样的数值微不足道。但应该注意到地热田是地热对地表集中作用的地区。在那里，地热活动的地表显示必然对当地自然地理环境产生积极的作用。例如，地热使地下水变成热水或蒸汽，然后再沿断层或裂隙上升到地表，这样就会形成温泉或者喷气孔、冒汽地面等，有时还会形成热水湖，从而也能改变当地的小气候特征，最终导致地热田周围特殊的自然景观。

地热更重要的作用，在于它提供动力引起地球内部物质的运动、演化和调整，成为改变地壳状态的一个至为重要的因素。这是一种缓慢的、不易觉察的变化。但在地质时代中，通过间接的作用，即通过地球内部的构造运动，可以显著地改变地表状态的海陆分布，从而对自然地理环境的结构、功能施加影响。由于构造运动，地表产生了大规模的海陆变迁，从而对于气候的形成、大气环流、河流发育、生物演化等都有深刻的影响。构造运动导致地球表面的形状总是趋向于由简单变为复杂、由平坦变为凹凸，决定了地球表面的海陆分布和基本的地形骨架。

重力是地心吸引力和地球自转惯性离心力的合力。它使地球上的物质无一例外地被吸引向地心（附近）而附着在地表。重力实质上以一种潜在的位能作用于物体上，它总是力图使被作用的物体处于相对稳定的平衡状态，从而影响了地球物质的机械位移和分布。在重力的作用下，组成地球的物质按照密度的大小，从地心向外呈有序的同心圆状排列（包括大气圈、水圈和岩石圈）。

自然地理环境拥有很大的位能储藏量。海平面以上大陆部分计有 2.8×10^{24} 焦位能，相当于每年输入地球的太阳能的一半左右。这是地球演化过程依靠构造运动和太阳辐射转化而来的能量。地质时期的构造作用形成了地表的巨大起伏，在不同高度上具有不同的重力位能。当剥蚀作用发生时，重力位能转化为机械运动的动能，支配固体物质的移动。气团和水体（包括冰川）的运动则是凭借太阳辐射引起的大气上升提高其位能；在大气下沉、降水、径流过程和冰川移动时，位能转化为动能。重力在自然地理环境中的作用十分广泛，地形的改变、物质的搬运和堆积、气团的运动、水分的循环、生物的生长，乃至地球物质的调整等，都离不开重力的作用。可见，对于自然地理环境来说，重力（能）也是一种基础能量并具有重要的作用。

第四节 自然地理环境外部联系的本质

上述关于各种外部因素的讨论，实质上是为了揭示自然地理环境外部联系的本质。作为小结，我们归纳出以下几点：

（1）支配自然地理环境中各种基本过程的能量，几乎全部都从外部而来。这些能量的来源，可分为两大类：一类是以太阳辐射为代表的外能；一类是地球内部产生的内能。这两大类能源比较起来，内能对于自然地理环境的作用和影响，更多的是通过间接途径和方式来表现；而外能则是自然地理过程发生发展的直接动力和最基本的条件。这两大类能源给自然地理各要素的相互作用、相互制约和相互渗透提供了动力基础，从而推动着整个自然地理过程的发展，决定了演化的强度和方向。

（2）自然地理环境不断地与外界进行物质和能量交换，使自然地理环境形成稳定有序的结构（详见第五章第一节）。

（3）宇宙因素和行星因素合称为天文因素。天文因素给予自然地理环境以数学规则性的影响，使得自然地理过程在时间上具有周期性、在空间上具有地带性。而地球因素则破坏着这一数学规则性。两者共同作用，支配自然地理环境演化发展的基本格局和基本规律。

（4）自然地理环境附近的地圈对自然地理环境具有调节和保护作用。大气圈的高层大气减弱了宇宙物质的灾害性侵袭，使大部分进入地球的陨石在到达地表之前被烧毁。臭氧层则使紫外线不能大量到达地表，保障了生物的生存和发展。岩石圈坚硬的板块使岩浆不能大量地无规则地涌出地表。实际上，全球性的火山活动都很有规则地被限制于板块的交界处。正因为有了这些地圈的保护，人类才获得一个较为安宁的自然环境，繁衍生息。

复习思考题

1. 太阳辐射对自然地理环境有什么影响？
2. 海洋潮汐对自然地理环境有什么影响？
3. 地球的形状如何影响自然地理环境？
4. 简述地球的自转与公转对自然地理环境的作用。
5. 地球因素对自然地理环境有什么影响？
6. 试述自然地理环境外部联系的本质。

第五章 自然地理环境的内部联系

自然地理环境是一个有机的整体，其中的各种现象和过程不是孤立的、偶然的堆砌，而是相互联系、相互制约的。这一观念虽曾一度因部门自然地理学的发展而被忽视，但从洪堡至今的地理学史的发展雄辩地证明它是最基本的地理观念之一。自然地理环境的整体性是其内部组成物质运动的客观反映。因此，要确立自然地理环境的整体观念和阐明其整体规律性，就必须研究其内部的相互联系，即研究物质循环和能量转化的基本过程、表现形式及其作用。

第一节 自然地理环境的整体性

自然地理环境内部联系的实质是整体性。本书第一章第一节谈到，自然地理环境整体可视为自然综合体、自然地理系统或地理耗散结构。相应地，对自然地理环境整体性的认识，经历了自然综合体观点、系统论观点、耗散结构理论三个由浅入深的发展阶段。

一、自然综合体观点阶段

自然综合体阶段的特点，是从自然地理环境具相互联系性质的角度来认识整体性的。

自然地理环境内部的各组成要素以及各组成部分（各自然综合体）之间存在着复杂的相互联系。这种内部的联系是物质运动的必然结果。组成自然地理环境的各种物质成分存在着自身固有的运动，而且任何一个成分的运动都必然与其他成分的运动发生联系，并相互制约。因此，自然地理环境既可以划分出不同的组成要素和组成部分，又总是作为一个统一的整体而存在和发展的。

自然地理环境各组成要素或各组成部分相互联系、相互作用，构成一个有机整体；其中某一要素会影响其他要素，某一部分会影响其他部分。其整体性如此严密和具有如此的普遍性，以致“牵一发动全身”，一旦某一环节发生变化，其他所有环节必将随之发生变化。例如，第四纪冰后期以来，气候转暖、冰川退却，从而引起各大洋海面的升高和海岸的变化，在陆地上引起风化方式和成土作用的变化，以及植被带与相应的动物群向极地移动等。所有环节相互联系、相互制约，最终改变了全球的地理结构。

二、系统论观点阶段

系统论观点阶段的特点，是从自然地理环境的结构和功能的角度来认识其整体性的。

作为一个有机整体，自然地理环境具有各单独组成要素或各单独组成部分所不具备的统一的结构和功能。因此，不能把个别成分各自特征的组合代替整体的特征，把个别成分各自作用的叠加作为整体的作用。这些个别的成分由于统一在一个相互作用的网络中，已构成为一个系统。按照系统理论，组成系统的各部分（子系统）之间的相互作用是非线性的，即作用与结果之间不成正比数量关系，而是指数关系，具有一种放大（或缩小）效应，使系统整体大于（或小于）部分之和，这就叫系统的整体效应。因此，处在相互作用关系中的自然要素，某些过程可以得到加强而产生突变，或者遭到削弱而衰减，从而产生了只有作为一个整体才具有的某些性质和特点。我们知道，自然地理环境具有生产有机物和形成土壤的功能，但是任何一个要素的单独作用都不具备这种功能，只有在各组成要素相互作用着的自然机制内，岩石才可能发育出土壤，裸地才可能滋养出生物。这是整体性的一个突出表现。

强调整体不是部分的总和，并不否定部分对整体的作用。事实上，各自然要素的特征在一定程度上是自然环境整体特征的反映。因为各自然要素的性质和作用是隶属于整体的，同类要素在不同性质的整体中具有相应不同的性质和作用。例如，在不同地带有不同类型的植被，同类型的植被在山脊和谷地不同环境中有不同生物产量等。因此，要揭示自然地理环境的整体特征，首先要研究各组成要素在整体制约中所有的性质特点，这是对整体组成的认识，但不是完整的认识，还必须把各要素的联系网络和作用过程加以研究，以期得到对整体组成结构的认识。需要进一步通过对自然地理系统之间相互联系、相互作用的研究认识地域结构。还要通过对各自然要素以及自然地理系统本身在时间上的节律研究认识时间结构。唯其如此，才能在整体上把握自然地理环境。

三、耗散结构理论阶段

耗散结构理论阶段的特点，是从自然地理环境是一个非平衡有序开放系统的角度来认识其整体性的。

自然地理环境不断地与外界进行物质和能量交换，这种无休止的物质、能量交换过程，使得自然地理环境从简单到复杂、从低级到高级、从无序到有序地不断进化发展，并形成稳定有序的结构（空间结构和时间结构）。

热力学第二定律告诉我们：孤立系统中，热量是由高温物体自动地传向低温物体，直至热量平衡为止。亦即，孤立系统中的自发过程总是使系统的熵增加。熵是一个描述系统无序性（即混乱度）的物理量[1]。引入熵这一物理量，热力学第二定律就有了一个普遍的判据。因此，这一定律也称作熵定律或熵增定律。熵的增加表示系统向无序状态发展，最终达到远离平衡态时，系统的熵为最大值。与热力学第一定律一样，熵定律是宇宙万物普遍遵循的规律。

根据宇宙大爆炸的理论，宇宙正不断膨胀，向着熵增加（即无序的、能量均布的平衡态）的方向发展。而地球表层与此相反，它的熵并没有增大，反而减小，无论自然界或人类本身一直都处于不断的进化和发展之中，从简单到复杂、从低级到高级、从无序到有序地进化发展，在远离平衡的情况下，通过涨落形成了相对稳定有序的结构。比利时物理学家普利高津（I. Prigogine）把这种有序结构称为耗散结构。他指出：一个远离平衡的开放系统，只要通过不断与外界交换物质与能量，在外界条件的变化达到一定阈值时，可以从原有的混乱无序状态自发地转变为一种在时间上、空间上或功能上的有序状态。这种在远离平衡情况下形成的有序结构依靠不断地耗散外界的物质和能量才能维持，故称耗散结构。普利高津把开放系统的熵分为两部分：一部分是系统本身按熵定律不可避免的熵的增加，称熵产生（$\mathrm{di}S$）；另一部分是系统与外界交换能量与物质引起的熵的变化，称熵流（$\mathrm{de}S$）。开放系统的总熵变（$\mathrm{d}S$）为熵产生与熵流之和，即

$$\mathrm{d}S = \mathrm{di}S + \mathrm{de}S$$

根据熵定律，$\mathrm{di}S \geqslant 0$，而 $\mathrm{de}S$ 可以为负数。只要输入开放系统的能量与物质熵低，而输出时高，输入与输出的熵的差就为负数。这样开放系统与外界交换能量与物质时形成负熵流，即 $\mathrm{de}S \leqslant 0$。只要负熵流足够强，开放系统的总熵变也为负数，即

$$\mathrm{d}S = \mathrm{di}S + \mathrm{de}S \leqslant 0$$

这样开放系统的总熵就会减少。

地球表层是一个开放系统，它与宇宙空间和地球内部有着能量与物质的交换。其中太阳辐射是主要的能源，占输入总能量的 99.98%。进入地球表层的太阳辐射是短波辐射，由于量子的能量值与波长成反比，因此光量子的能量高，也就是熵低。太阳辐射进入地球表层后启动了自然地理环境的物质循环，不断做功，最后以热辐射的形式逸出地球表层。热辐射是长波辐射，热量子的能量低，也就是熵高。因此，太阳辐射在自然地理环境内形成了负熵流，使自然地理系统的总熵变降低。正是自然地理系统与外部环境不断进行着能量与物质交换，构成了强大的负熵流，使自然地理系统内部形成了既具有整体组织，又存在地域差异

1）熵是物理学家克劳修斯（R. Clausius）于 1865 年提出的一个物理量。他定义一个物体的绝对温度为 T 时，若加进热量 ΔQ，则 $\Delta Q/T$ 就是该物体熵的增量（ΔS）。熵是个状态函数，反映该物体所处的状态是否稳定，是否发生变化，以及向哪个方向变化。

的空间有序性；既具有周期重复，又不断旋回前进的时间有序性；既进行能量、物质流通，又保持着稳定动态的功能有序性。耗散结构理论为我们揭示了自然地理环境进化发展的本质原因。

自然地理环境的整体性，是现代自然地理学根据自然地理环境的组成和结构特征及空间差异和时间变化的规律性，总结出来的重要基本原理，是综合自然地理学研究的基本出发点。

第二节 自然地理环境的物质循环

自然地理环境各组成成分之间以及各自然综合体之间的相互联系、相互作用是通过物质循环和能量转换实现的。从系统论的角度看，这就是系统的功能。由于它们的存在，才可能把各种组成成分融合为自然综合体以及把一定等级的不同综合体融合为高一级的自然综合体，从而决定了自然地理环境的整体性，使自然地理环境成为地球上一个相对独立的物质系统。因此，自然地理环境物质循环和能量转换过程的总和称为整体功能。这是整体性研究的核心。

物质循环必须以能量作为动力。没有能量，物质循环就不可能进行。而物质和能量是一个统一体，任何质量本身都包含着一定的能量，能量又一般都以一定的物质为载体。因此，在物质循环的过程中，能量必然伴随着在物质之间发生传递和转换。

自然地理环境中物质循环（蕴含着能量转换）的方式可以归纳为四种类型，即大气循环、水分循环、地质循环和生物循环。从大规模和大范围着眼，自然地理环境中一切物质运动和能量转化均可由这四大循环加以阐释。因为它们代表了固、液、气三种相态，代表了有机与无机两大物质类型，代表了势能与动能、显热与潜热等不同能量形式在全球范围内的流通过程。

一、大气循环

大气循环是以大气环流的形式进行的，包括行星风系（环流）、季风环流和局地环流三种不同尺度的模式。其中行星风系支配着全球性的大气循环（图5.1）。

大气循环的原动力是太阳辐射。高低纬度间因获得的太阳辐射不等而产生的热力差异驱使大气不断运动，从而输送着物质与能量。

由于气体是极易运动的流体，可以达到较高的流动速度；它又是极易相互渗透的物质，具有较强的交换能力；同时行星风系具有全球性规模。因此，大气循环成为自然地理环境中传输物质和能量的有效途径之一。

大气循环最显著的作用是重新分配地表的热量和水分。直接的作用是通过输

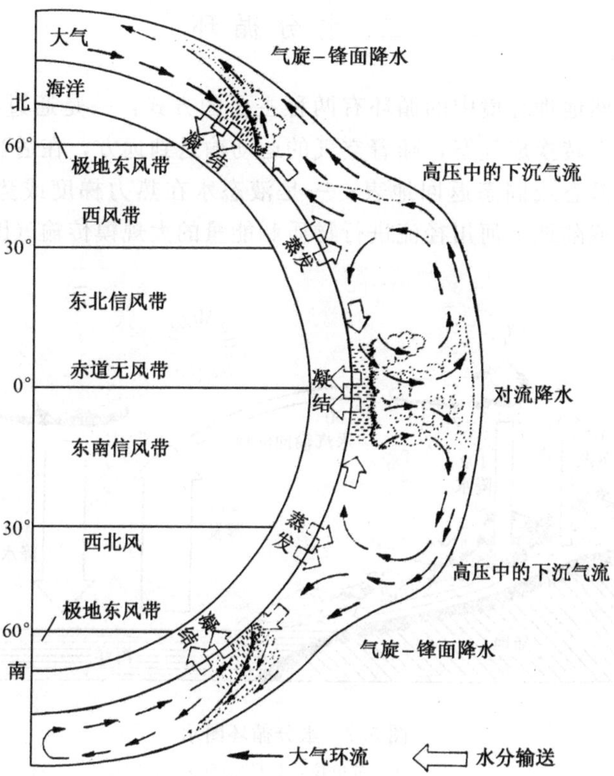

图 5.1 大气循环图示

送储存在大气环流中的热能和水汽实现的。低纬地区存在的信风环流平均每秒可以流动 2×10^8 吨空气，赤道地区的大量热能就是通过这一环流机制不断地向中、高纬地区输送；海陆间的环流系统则使海洋水分输送到大陆内部。间接的作用是通过驱动大规模的洋流运动而实现。由于这样的作用，大气环流也就成为气候形成的主要因子之一。

大气环流还积极地搬运地表松散的固体物质。就局部而言，这一作用是相当显著的。突出的例子可以例举美国发生的“黑风暴”。1953 年 5 月 12 日，加拿大的西段边界与美国西部大草原邻近的几个州刮起了一股黑色尘雾，它以每小时 60～100 公里的速度向东推进。据估计，这股黑风暴携带了这个干旱地区的 3 亿吨尘土，跨越美国三分之一的领土，一直到达东部海岸，最后倾泻在离岸几百公里的大西洋之中。这次黑风暴平均刮走了 5～30 厘米厚的表土层，毁坏了大量农田。在原苏联也曾发生过类似的事件。大气搬运地表松散物质的过程也就是塑造地表形态的过程，因此，大气环流也可作为地貌形成的外力条件之一。

二、水分循环

水分在自然地理环境中的循环有两种主要的方式：一是通过水本身的相变，即从液态或固态转换成气态，随着空气的运动输送到远方，在适当的条件下，再由气态转换成液态或固态返回地表；一是液态水在热力梯度或势能梯度的作用下，通过洋流或陆地上河川径流进行物质和能量的大规模传输（图 5.2）。

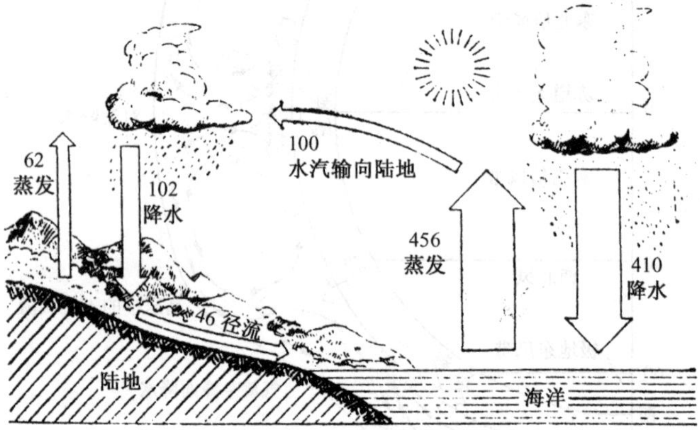

图 5.2 水分循环图示

（流量单位：10^{12}吨/年）

在实际过程，这两种形式的水分循环是不可分割的。水分通过蒸发—凝结—输送—降水—径流等相互联系的环节，不断地在海洋—大气—陆地之间循环往复。显然，水分的循环不可能是孤立的。在第一种循环形式中，水分循环加入到大气循环的某些过程中；在第二种形式中，水分循环又参加了地质循环的某些过程。

水分既然处于连续的循环运动过程中，各种水体也就不断地进行着自然更新。据估计，大气中的水汽 9 天可更换一次；河流水约需 10～20 天；土壤水约需 280 年；淡水湖湖水约需 1～100 年；地下水约需 300 年；盐湖和内陆海水的更新，因其规模不同而有较大的差别，时间约 10～1 000 年；高山冰川约需数十年至数百年；极地冰盖则需 16 000 年；海洋中的水全部更新需时最长，要37 000年。

水分循环对于全球性水分和热量的再分配起着重大的作用，这种作用与大气循环相互联系而发生，从而影响了一地气候的主要方面——降水与气温。水分循环具有物质“传输带”的作用，而且又是岩石圈表层机械搬运作用以及自然地理环境中无机成分和有机成分化学元素迁移的强大动力。在水分循环过程中伴随产生了各种常态地貌和河流、地下水、湖泊等。水分循环也是生物有机体维持生命活动和整个生物圈构成复杂的水胶体系统的基本条件，起着有机界和无机界联系的纽带作用。总之，水分循环有如自然地理环境的“血液循环”，它沟通了各基本圈层的物质交换，促使各种联系的发生。水分循环过程同时起着水文过程、气候过程、地形过程、土壤过程、生物过程以及地球化学过程等作用。

三、地 质 循 环

地质循环由四个基本过程所构成。第一是风化过程：裸露地表的岩石在各种破坏营力的作用下，其内部性质发生机械的和化学的改造和变化。风化作用的结果，使坚硬的岩石成为松散的物质，增强了透水性和通气性，矿质养分元素以可溶性盐的形式被释放出来，并形成一些次生的黏土矿物，为土壤的形成准备了必要的物质基础。第二是输运过程：风化作用的产物，在太阳能和重力能提供动力的前提下，通过各种渠道，运输到远离产生这些物质的地方，实现地表物质的重新分配。第三是沉积过程：被运输并聚集在海洋底部和陆地下陷部位的松散沉积物，在改变深度、温度和压力等条件下逐渐密实，改变了原来的结构和成分，并通过岩化作用形成岩石。最后为构造过程：由于地球内能的作用，产生地壳的抬升、下陷、断裂、褶曲、火山、地震等现象，同时也发生大规模的水平运动。构造过程有时剧烈，有时缓慢，或者此处剧烈而彼处平静，主要决定于地球内能的输入状况。在构造过程抬升到地表的物质，又重新经历风化、输运、沉积等过程，形成一个不间断的循环。地壳物质沿着这条“传送带”也不断地从地表到地下，又从地下到地表进行着往复的运动（图 5.3）。

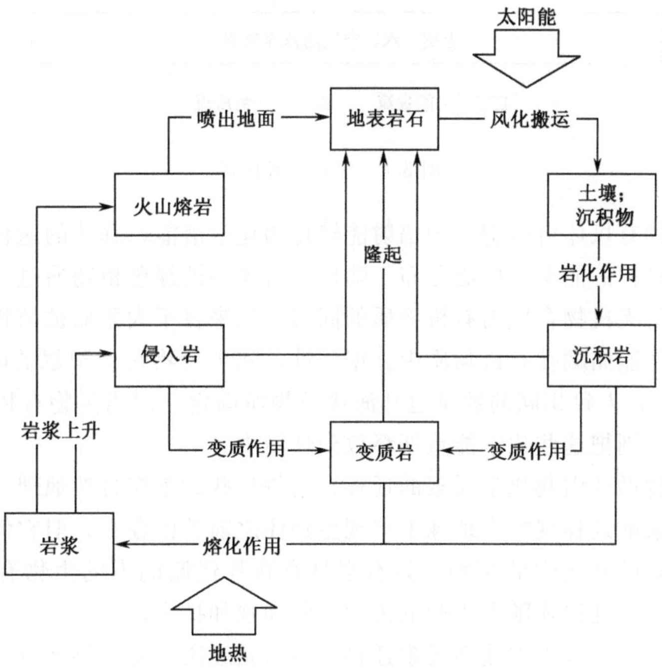

图 5.3　地质循环图示

四、生物循环

生物循环即生态系统中的物质循环（图 5.4）。在自然地理环境中，生物循环包含着两个基本的意义：一是生物作为土壤-植物-大气之间的一个联系环节，从而使它成为整个自然地理环境中物质能量交换的一个基本通道；二是实现了有机界与无机界之间的互相转化，这是生物循环的最本质的体现。生物循环对于能量的储存和消耗，对于化学元素的迁移和积累，对于碳循环、氮循环、氧循环和其他有关成分的循环等，都具有明显的作用。具体作用包括如下几点：

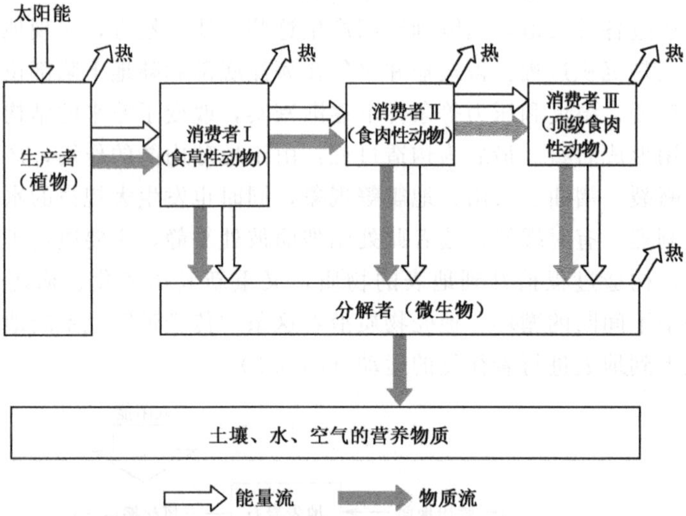

图 5.4　生物循环图示

（1）生物有机体可以把太阳辐射能转化为化学潜能。释放的这种能量，便成为地球化学过程的能源。广泛分布于陆地和海洋中的绿色植物通过光合作用，把周围环境中的无机物合成为有机物质的同时，把来自于太阳而被植物所截获的能量转化为化学能储藏在有机物质中。据估计，陆生植物每年积累的能量约 8.9×10^{20}焦耳之巨，大致相同的数量也被海洋植物所固定。而当生物有机体进行新陈代谢作用时，则把这些化学能重新释放到环境中。

（2）生物循环引起化学元素的迁移，使得这些元素在自然地理环境中重新分配。化学元素的迁移现象在地球上出现生物体之前就已存在，但它们迁移的方式仅仅限于物理的和化学的两种。只有当具有新陈代谢能力的生物有机体出现之后，元素的生物迁移才随着生命的进化逐渐加强和扩大。

在生物循环过程中的化学元素迁移的特点是经历了无机物→有机物→无机物的反复转化过程。绿色植物在大气中吸收无机化学元素，也从地壳和水圈中吸收无机化学元素，使许多元素离开原来位置进入到生物体内，并改变了它们原来的存在形式。根据对生命物质的分析，发现几乎在自然地理环境中存在的元素都可以在不同的生物体内找到，但含量则有很大的不同。例如植物体中氮的平均含量比岩石圈高 30 倍，碳则高 180 倍。被生物有机体所吸收的元素在有机体被异养微生物分解而发生矿化的过程中，又以无机物的形式归还到周围环境中去，并且使这些元素在自然地理环境中重新分布。

(3) 生物循环可以改变大气的组成成分，并保持大气圈中气体的相对平衡。在生命有机体出现之前，大气的主要成分是二氧化碳、甲烷、氮和氨，而缺乏氧气。绿色植物出现后，大气中的氧才逐渐丰富起来。地球上的游离氧共计有 10^{15} 吨，这些氧都是生命的产物，是光合作用的结果。

氧是非常活泼的元素，经常积极参加到化合物中，同时又由于植物光合作用中释放出的氧弥补了大气游离氧的损失，才保持了大气中氧的平衡。

又如植物每年要从大气中吸取 1/35 的二氧化碳作为养料，如果没有二氧化碳返回大气的过程，那么大气中的二氧化碳只需 35 年便消耗殆尽。

正是由于火山爆发、人类活动（燃烧木柴、煤和石油等），特别是生物呼吸以及有机残体的腐烂和矿质化过程，大气中的二氧化碳才得以补偿。

(4) 生物循环影响并改造水圈中的化学成分。地面水和地下水的化学成分在很大程度上受生物循环的制约。例如，有机残体的矿化过程把二氧化物、腐殖质和重碳酸盐离子以及铝、镁、磷、硫等元素运送到水中，并从水中获得游离氧。目前海水富含氯盐类物质，这与海洋的生物活动是分不开的。

(5) 生物循环还把太阳能引进成土过程，使分散在岩石风化壳、水圈和大气中的营养元素在地表积聚，有机体本身则是土壤中有机成分的来源，从而使土层产生肥力，促进土壤的形成和发展。

(6) 生物循环参与了某些岩石和矿物的形成。目前分布广泛的石灰岩和富含煤和石油的有机岩层，都是由有机残体及有机体活动产物组成的。许多有机体是一定元素的富集者。例如，铁细菌在自己的细胞中或周围可富集氢氧化铁，硫细菌可富集硫，当有机体死亡后，这些聚集的元素就地沉积起来。

因此，铁矿、锰矿和硫矿等的形成与这些富集元素的微生物有关。动物的成矿作用也有很好的例子。如智利和秘鲁的海岛以及我国南海诸岛上沉积的磷矿床就是由海鸟长期排泄的粪便形成的。

第三节　自然地理环境的地球化学作用

一、元素的地球化学迁移

从微观来看，自然地理环境的组成成分均由化学元素所组成。无论是水、空气、岩石或有机体都只是在一定的理化条件下，其组成元素呈相对稳定、相对静止的存在形式。随着自然地理环境中物质运动和介质环境的变化，原有的组成元素就会失去稳定状态，发生转移和重新分配，然后又在新的理化条件下以新的形式暂时固定下来。随着时间发展，新质又转化为旧质，平衡又失去稳定，元素又重新进行一轮新的转移，并再次重新组合和固定。自然地理环境中化学元素的这种由一种存在形式转变为另一种存在形式，并伴随着一定的空间位移的运动过程，属于元素的地球化学迁移。这种过程通常会引起元素的分散或富集。元素的地球化学迁移规律，在地球表层自然形成物化学组成的形成过程中起着主导作用。

化学元素的迁移包括空间上元素的位移（表现为元素的分布特征）和时间上从物质分解到元素搬运再到重新固定的整个过程（表现为元素迁移的阶段性）。

由于元素迁移，化学元素在自然地理环境的不同部位和不同组成成分之间进行重新分配。这些过程是与前述自然地理环境中的大气循环、水分循环、地质循环和生物循环等四个基本的物质循环过程相一致的。化学元素的迁移是微观的物质循环，它作为地表自然界物质运动的重要形式，贯穿于各组成成分之间，并使之建立紧密的相互联系和相互制约的关系。由此可见，自然地理环境中的地球化学作用就是通过化学元素迁移，沟通了各组成成分之间的联系。

二、元素的地球化学迁移因素

1. 迁移的内在因素

化学元素迁移的内在因素取决于它的物理和化学性质，其中主要是指原子的热力性质（键性）、原子和离子的引力性质以及原子的化学性质和放射性质等。

（1）化学键。化学元素的迁移与单质或化合物硬度、溶解度、熔点和沸点等性质有关，而这些性质又受到化学键的影响。在自然地理环境的常温条件下，极大多数元素都呈化合物状态。由于形成了化合物，受化学键作用，元素的性质便有了改变，也就引起元素迁移能力的变化。例如，由游离态 C 构成的金刚石、石墨很难挥发，迁移能力弱；而 C 的化合物 CO_2 容易挥发，迁移能力大大增强。

（2）重力性质。原子和离子的重力性质决定着它们在地球重力场中的迁移特点。在地圈形成过程中、在物质的风化—搬运—沉积过程中以及岩浆融体结晶形成岩石等过程中，都由于元素的重力性质不同而发生分异作用。

（3）化学性质。以化合物状态存在的元素其迁移性受到化合物化学性质的影响。化合物的化学性质越稳定，迁移能力越弱；反之则越强。化合物化学性质稳定性与化合物形成时的生成热有关，生成热大的化合物化学稳定性大于生成热小的化合物。一般地，氧化物生成热大于硫化物及卤化物，因而在地表条件下，氧化物比硫化物稳定，其迁移能力也就不如硫化物。

（4）晶格性质。固体化合物在环境中的稳定性也与晶格能有关，凡晶格能高的化合物（如 Sn^{4+}，La^{3+}，Ce^{3+} 等形成的化合物）不易分解，迁移力弱；而晶格能低的化合物（如 Na^{+}，K^{+} 等形成的化合物）易分解，迁移力强。

（5）放射性质。铀、钍、钾及某些其他元素的放射性同位素具有放射作用。在地球物质演化过程中，放射作用对于这些元素原子数目的减少和放射衰变产物（即 Pb，He，Ar，Sr 等）原子数目的相应增加具有明显的作用。同时，放射作用所释放的能量可以作为其他元素迁移的一个重要的外界因素。

2. 迁移的外界因素

这类因素主要指迁移介质的热力学、化学以及生物学环境。

（1）温度。温度对化学元素迁移的作用首先表现在对化合物的活动性影响上。例如，H_2O 在不同温度范围呈三态变化：固态水中的化学元素不易迁移；液态水中的化学元素迁移能力增加；气态水中的化学元素的迁移能力最强。温度在地表呈地带性分布，越向高纬，温度越低。在高纬永久冻土带地球化学作用极其微弱，元素迁移能力也弱；而在热带地区，只要水分条件适宜，地球化学作用强盛，元素迁移能力也强。这是因为温度影响着化合物在水中的溶解度、生物生理活动、土壤溶液的运动、水的蒸发、水的离解等，从而影响了地球化学元素的迁移。

（2）压力。自然地理环境中压力的变化一般介于 1～20 个大气压，在深海底最高可达 1000 个大气压。自然界压力的改变可引起化学元素的迁移。当压力减小，气体可从岩浆熔体或溶液中析出，并使熔体或汽液沿断裂上升，引起化学元素迁移；当压力增大，地壳中可发生重结晶作用，可改变地球化学作用的方向和速度。

（3）浓度。元素的浓度是由环境中该元素的数量与其他组分的数量之比而定。地质过程的各种化学反应，往往引起元素浓度的变化。如岩浆的同化作用、热液的蚀变作用可使岩浆、热液中围岩组分元素的浓度增高，而自身的某些组分元素却因此而浓度减小。岩石对溶液的过滤效应，也能引起组分元素浓度的变化。当溶液流经岩石时，溶剂易于通过，而溶质在某种程度上滞留下来，从而使未透过岩石的溶液的溶质浓度增高，元素富集，而已透过的溶液中溶质浓度相对减小。

根据质量作用定律，在一定的温度和压力下，当化学反应系统处于平衡状态时，反应物质的浓度乘积和反应生成物的浓度乘积之比为一常数。因此，如果反应系统中某一物质浓度增大，则反应生成物的浓度也必然相应地增大。如果组分的浓度达到饱和，则视饱和程度的高低而引起多余组分的结晶或发生胶体沉淀。反之，如果某一反应物质的浓度减小，则将引起反应物的溶解。

组分元素浓度变化的主要影响，还表现为元素的扩散作用。如果某种元素在不同部分的浓度不同，则该元素将自动从高浓度部分向低浓度部分移动，直到各处浓度相当为止。

(4) 酸碱度。环境酸碱度的变化对于地球化学元素迁移作用的影响，主要表现在化学元素及其化合物的溶解和沉淀过程中。在pH不同的环境中，元素迁移状况不同。例如，各种金属氢氧化物的沉淀与水溶液的pH有着密切的关系（表5.1）。

表5.1 各种金属氢氧化物沉淀与介质pH的关系（A. A. 别乌斯，1982）

pH	介质环境	氢氧化物	氢氧化物沉淀的pH
11.0～9.0	碱土	$Mg(OH)_2$	9.4～10.9
8.5～8.0	海水	$Cd(OH)_2$	8.0～9.5
		$Mn(OH)_2$	7.9～9.4
8.0～7.5	碳酸盐岩石发育地区的河流和湖泊淡水	$Fe(OH)_2$	7.4～8.8
7.0	含H_2S的海水	$Pb(OH)_2$	7.2～8.7
		$Co(OH)_2$	7.2～8.7
7.0～6.5	河流和湖泊淡水	$Zn(OH)_2$	6.8～8.3
		$Ni(OH)_2$	6.7～8.2
6.0～5.0	雨水	$Cu(OH)_2$	5.4～6.9
		$Cr(OH)_3$	4.6～5.6
		$Bi(OH)_3$	4.5～5.5
4.5～4.0	泥炭沼泽水	$Al(OH)_3$	3.8～4.8
3.5	硫化物矿床地球化学异常水	$Sn(OH)_3$	2.3～3.2
3.0	矿坑水	$Fe(OH)_3$	2.2～3.2
2.5～1.0	热泉水	$Sb(OH)_3$	0.9～1.9

(5) 氧化还原电位。氧化-还原电位值（E_h）是任何一种天然溶液的重要地球化学参数。了解迁移环境的氧化-还原电位，就可以判断微量元素迁移的大概形式，并能对任何金属在具体地球化学环境中的迁移或沉淀的可能性得出可靠结论。例如，在沼泽的还原环境中，铁可以低价形式存在和转移，低价铁化合物比Fe^{3+}的化合物更易于溶解。当酸性沼泽水注入相对富含氧的河水时，它的酸度不仅会由于稀释而急剧下降，而且溶液的氧化电位也要急剧升高，结果Fe^{2+}转变为Fe^{3+}，从而促进了三价铁氢氧化物的沉淀。

(6) 胶体吸附。元素迁移的胶体形式和吸附现象，在铁、铝、锰以及其他多种元素的迁移和富集过程中起主要的作用。元素迁移的胶体形式在潮湿的气候条件下具有特殊意义。在富含有机质的酸性水中，大多数两性元素是以胶体形式进行迁移的。在地表水和地下水中可以成为元素吸着剂的有细小分散的黏土矿物悬浮物、腐殖有机胶体、氢氧化铁、氢氧化铝、氢氧化锰、二氧化硅等各种物质，因此，在水迁移途径中，化学元素的沉淀析出很少取决于它的溶解度或在溶液中的含量，而主要取决于这种元素吸着剂的沉淀。

(7) 生物活动。在生物过程中，生命有机体通过同化作用和异化作用，在植物-动物-微生物之间构成极有秩序的食物链，从而实现了化学元素的生物迁移。生物地球化学迁移是物质循环的重要组成部分，通常划分三个主要的阶段：①在生物因素影响下，岩石分解，同时形成若干元素的可溶性化合物；②从空气和水溶液获中得生命元素以及微量元素混杂物，并积聚在生物体中；③死亡的有机残体聚积、分解和矿化。上述每一个阶段都各有独特的化学元素迁移、富集和分散特点。

第四节　自然地理环境的水热作用

一、自然地理环境的水热关系

自然地理环境中的热和水在各级自然综合体形成和发展过程中起着极为重要的作用，因为自然地理环境各组成成分之间物质循环这个错综复杂的过程是以热运动和水运动为基础的。

热、水之间存在着对立统一的关系。热可以制约水的运动及其形态（固、液、气态），而水也反过来影响热的运动，二者构成一对矛盾。在自然地理环境中，热水矛盾关系的改变以及两者在自然综合体中量与质的变化，能够直接或间接地制约各组成成分的运动及其表现形式，从而给自然地理环境的结构及面貌施以极大的影响。因为，岩石的风化过程，风化壳中的地球化学过程，土壤的形成过程，生物的生理过程，水体的运动与性质以及近地面气候的变化等，无不与热和水这对矛盾有着相关关系。因此，人们认为，热和水这对矛盾是推动自然综合体演化的基本矛盾。

一般来说，地表自然界中具有相同的热、水特性的地方就可以形成相同的自然综合体。由于陆地表面上各地区热和水的量及其时间分配差别很大，它们的对比关系、季节动态等迥然不同，因此就形成了区域特征各不相同的自然综合体。这里需要特别注意的是，热水矛盾的主要方面随地域而转变的这一事实。在一些区域，自然综合体的形成和发展主要与热量有关，热成为矛盾的主要方面，如我国的东部地区；而在另一些区域，水成为矛盾的主要方面，如我国的西北部地区。

二、水热关系与自然地理环境的水平结构

自然地理环境内部各个彼此紧密联系的组成成分之间的物质循环使自然地理环境形成一个统一的、不可分割的、同时具有地域差异的整体。自然地理环境这种地域差异性，突出地表现为它具有一定演替规律的水平结构，即水平自然地带的分布规律。地理学研究这种地域分异的水平结构时，特别注意有关水平地域分

异的制约因素。正如上述，由于热水矛盾是推动自然综合体形成和发展的基本矛盾。因此，在寻找这个因素时，常把一些水热指标与实际水平地带加以对比，检验这些指标的等值线与地带分布的符合情况，其中最常用的指标是水热系数。

水热系数实际是确定地面热量平衡和水量平衡相对数值的参数，它表示地面热量交换和水分交换总的特征，因而它的数值大小也就影响自然地理过程的动态变化及自然综合体的水平结构。所以，不少地理学者尝试利用水热系数来揭示水平地带性规律。其中最突出的是 20 世纪 60 年代初，苏联地理学家 A. A. 格里哥里耶夫和著名学者 M. И. 布迪科共同创立的辐射干燥指数。

$$辐射干燥指数=\frac{R}{Lr}$$

式中：R 为年辐射平衡；L 为蒸发潜热；r 为年降水总量。这一指数是一地的年辐射平衡（热量收入）与用热量单位表示的年降水量（即蒸发该地年降水总量所需的热量）之比，可视为蒸发力与降水量之比。本质上这是一个反映干燥度的指标。对于不同纬度，R 与 r 为一相关变量，因此在同一经线方向可以出现辐射干燥指数相同的地区。对于一定的（R 值相同的）纬度带，由于大陆西岸、内陆及东岸的 r 值不同，因此在同一纬线方向又可出现辐射干燥指数不同的地区。这样，根据地面辐射平衡 R 值可以确定纬向自然地带，根据辐射干燥指数R/Lr可以确定经向自然地带，整个地表便可以组成一个由 R 值与 R/Lr 值构成的水平网络结构。这个水平网络结构较理想地反映出实际的水平地带结构。

为了揭示水平地带与水热条件的关系，布迪科曾对地球上 1 600 个大致均匀分布的点进行辐射干燥指数 R/Lr 的计算，并作出了辐射干燥指数的世界分布图。将这个确定热量平衡和水量平衡关系的参数 R/Lr 的图与实际水平自然带相比较，证实两者的配置颇为一致：R/Lr 值小于 0.35 与冻原相当；0.35～1.1 与森林相当；1.1～2.3 与草原相当；2.3～3.4 与半荒漠相当；大于 3.4 与荒漠相当。如果把辐射平衡 R 与辐射干燥指数 R/Lr 结合起来，就可获得全球水平地带的分布规律（图 5.5）。格里哥里耶夫和布迪科把这种随辐射平衡与辐射干燥指

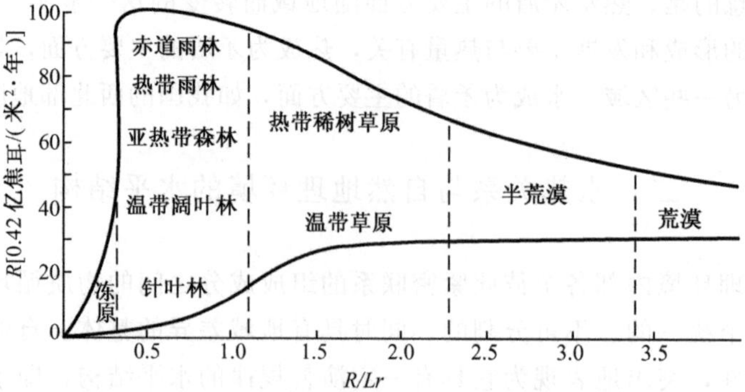

图 5.5 自然地带与水热条件的关系

数发生有规律的地表景观变化现象，概括为地带性周期律（表 5.2）。

表 5.2　地理地带周期律

$\frac{R}{Lr}$	Ⅰ列	Ⅱ列					Ⅲ列	Ⅳ列	Ⅴ列
	<0	0～1/5	1/5～2/5	2/5～3/5	3/5～4/5	4/5～1	1～2	2～3	3～4
R/[0.42亿焦耳/(米^2·年)]	极其过度湿润	过于湿润				湿润适中	湿润稍有不足	湿润不足	湿润极其不足
<0	万年积雪	—	—	—	—	—	—	—	—
0～210（北极、亚北极、中纬度）		Ⅱa 北极荒漠	Ⅱb 苔原	Ⅱc 北泰加和中泰加林	Ⅱd 南泰加和混交林	Ⅱe 阔叶林和森林草原	Ⅲ 草原	Ⅳ 温带半荒漠	Ⅴ 温带荒漠
210～315（亚热带）	—	—	Ⅳa 有大量沼泽的亚热带森林	Ⅳb 亚热带雨林			Ⅶb 亚热带草原 / Ⅶa 亚热带硬叶灌木林和灌木	Ⅷ 亚热带半荒漠	Ⅸ 亚热带荒漠
>315（热带）			Ⅹa 沼泽占绝对优势的赤道森林	Ⅹb 强沼泽化的赤道森林	Ⅹc 中沼泽化的赤道森林	Ⅹd 向稀树干草原过渡的赤道森林	Ⅺ 热带稀树干草原	Ⅻ 热带半荒漠	ⅩⅢ 热带荒漠

第五节　自然地理环境内部联系的基本特点

以上几节，我们分别就自然地理环境内部联系的若干基本方面展开了讨论。在本章结束之前，有必要对这些问题进行扼要的归纳：

（1）在自然地理环境中存在着由各组成要素和各组成部分所建立起来的一定结构，并完成一定的功能和形成一个整体效应。物质循环和能量转化是实现自然地理环境整体功能和整体效应的重要过程。在这个过程中，由于各组成要素或各组成部分中的物质流、能量流以及信息流串联起来，在整体中循环和转化，而各不同形式的循环过程在空间和时间上相互交织、相互重叠，从而产生了在原来各组分中所没有的而为整体所特有的性质和功能，给外部环境施予一定的影响。这样就使自然地理环境体现出整体的特性。

（2）物质循环必然伴随着能量转换与传输。在物质循环过程中经常存在着从一种状态转变为另一种状态，以及该物质的能量从一种形式转化为另一种形式并随着物质的运动而被输送的运动状况。最常见的例子就是水的循环。水变为水汽输送到数千公里之外的地方又冷凝降落。粗看起来，这似乎只是水这种物质的传输过程，水从一种状态（物态及位置）转变为另一种状态。然而，在这一交换过程中，伴随着水的蒸发，太阳能转化为水汽的潜热而被卷入水分循环之中，当水汽重新凝结为液态水时，这部分潜热就要被释放出来。因而水的循环过程又是能量的传输过程。像这样的例子，在自然地理环境中是不难见到的。

（3）在自然地理环境中，物质循环与物质平衡是不可分割的。因为物质是不灭的，某个地方以某种形态失去的物质，必然会在别的地方以别的形态出现，自然界的物质处于永恒的发展变化之中，平衡只是相对的，不平衡是绝对的。由于不平衡，便引起了物质和能量在空间上的再分配，于是出现物质的循环和能量的传输，其结果达到了相对的平衡。例如海水在太阳能的作用下不断被蒸发，假若没有水分的循环，海洋就会干涸，但事实上海洋通过水分循环得到了降水和径流的补充，从而实现了水分的平衡。在生态系统中的各种物质元素的平衡也是通过循环来实现。由于循环与平衡的相互联系，自然界才得以有限的物质进行无限的运动。

（4）自然地理环境中的物质循环不是简单的往复运动，而是旋回发展的复杂过程。所谓循环，只是发展过程的阶段性表现。物质循环的最后阶段比最初级阶段是更进一步的发展，它不可能复原初始的状况。正如我们在生物循环中所看到的那样，植物还给土壤的物质，要比它从土壤中吸取得多。因为植物在有机合成过程中既吸收了大气中的二氧化碳，也利用了土壤中的水和其他物质。有机体通过不断的物质循环不断地成长着和发展着。同一道理，整个自然地理环境亦在成长着和发展着。

复习思考题

1. 人们对自然环境整体性的认识经历了哪三个阶段？各个阶段的特点是什么？
2. 简述能量在自然地理环境中转换和传输的过程。
3. 简述自然地理环境中四种物质循环类型。
4. 试述化学元素迁移对自然地理环境的影响。
5. 什么是辐射干燥指数？它有什么地理意义？
6. 试述自然地理环境内部联系的基本特点。

第六章　自然地理环境的时间演化规律

自然地理环境的现代结构是长期演化的结果。在自然地理环境发生和发展的整个历史时期中，各组成成分和它们之间相互作用的性质随着时间推移也在不断地发生变化。如果脱离整个历史发展过程来考察，那就不可能对此有彻底的认识。因此，本章将从历史的角度，以发展的观点阐明自然地理环境的时间演化规律。

应当指出，目前有关自然地理环境的历史还研究不足，存在许多空白点和不完善之处，本书所引用的一些材料或某些结论仍带有假定性的色彩。但是，关于自然地理环境随时间演化的规律性，目前已经在一定程度上被人们所揭示。

第一节　自然地理环境发展的方向性

自然地理环境沿着一定方向而发展，它的发展依赖于整个地球的发展。自然地理环境是地球演化进程中某一阶段的产物，它的形成与地球物质分异成地圈有关。各个地圈的发展，与自然地理环境的演化一样，是不可逆的，总是沿着“时间之矢”前进。

一、岩石圈发展的方向性

现代的岩石圈是地球几十亿年演化的结果。从整体上看，在这漫长的演化过程中，原始地球由一个接近均质的球体，分化为具有复杂圈层结构的现代地球。作为地球圈层之一的岩石圈也随着地球演化而不断变得复杂化和越来越丰富起来。岩石圈的发展客观上也体现了自然地理环境发展的方向性。

(1) 地球的发展和它的起源有直接关系。旧的假说认为，地球曾经由一个炽热的液体状态凝结成固体，但这与观测到的地球化学事实不符合。现在大多数人相信地球是由固体的冷物质积聚而成的。在积聚过程中，由于放射性元素的蜕变放热，以及原始地球的重力收缩不断使地球增温。地球热能积累到一定程度就可以使地球内部的物质由刚性改变为可塑性，从而为重力分异创造了有利条件。在重力作用下，较重的铁、镍物质缓慢下沉，向地球内部集中；较轻的硅酸盐类物质则缓慢地向上移动，向地表集中。物质的对流导致了物质的分异，最后形成现代地球内部的三个组成部分：地核、地幔、地壳。原始的地壳也分化出花岗岩类型的硅铝层和玄武岩类型的硅镁层。

在大气圈、水圈形成的初期，岩石圈的岩石以火成岩及其机械风化产物占绝对优势，沉积岩极为罕见。大约在太古代，地球表面逐渐开始发生沉积作用。那时，除了火山之外还有广袤的海洋。在太古代早期（34 亿年前），海洋里沉积了条带状的铁矿、砂岩和泥质岩。到了太古代晚期，开始出现碳酸盐岩，如白云岩、白云质石灰岩等。但那个时候的沉积作用没有有机体参加，只能形成化学沉积物。到了元古代，有机体开始参与沉积岩的形成过程。在元古界的岩层中，已经发现有细菌和藻类等有机体的化石。如厚度很大的元古界石英岩层就含有铁细菌化石。随着有机界的发展、生物地球化学作用的加强，生物化学沉积岩也越来越丰富。在晚古生代的泥盆纪，海洋中的腕足类动物遗骸已形成了巨厚的碳酸钙质沉积层。在石炭-二叠纪，世界许多地方都发生了煤的堆积。

总之，组成岩石圈的岩石，随着自然地理环境发展而不断地进化，由原来火成岩占优势的单调圈层逐渐演化成具有种类繁多的岩石组成的圈层。尤其是沉积岩层的出现更标志着岩石圈发展的高级阶段，因为它是自然地理环境各圈层相互作用的产物。

（2）地壳的演化具有明显的方向性。根据陈国达创立的地洼学说，地壳演化是多阶段的，已知的有三个阶段，即地槽区（活动区）→地台区（相对稳定区）→地洼区（新的活动区）。地壳构造的演化过程是活动区和稳定区互相交替更迭的过程。这种交替更迭并非地壳构造单元的简单重复，而是递进的。因为地洼区比地槽区或地台区具有更复杂的结构，体现了地壳发展过程是由简单趋向复杂，由低级趋向高级，螺旋式升进的过程（图 6.1）。依此规律，地壳发展除已知的地槽、地台及地洼三个阶段之外，在地槽阶段之前和地洼阶段之后，还可能有其他未被认识的发展阶段，如图 6.1 中 x，y 所示。

（3）与大地构造的发展相联系，随着地槽向地台的演化，大陆的面积也有逐

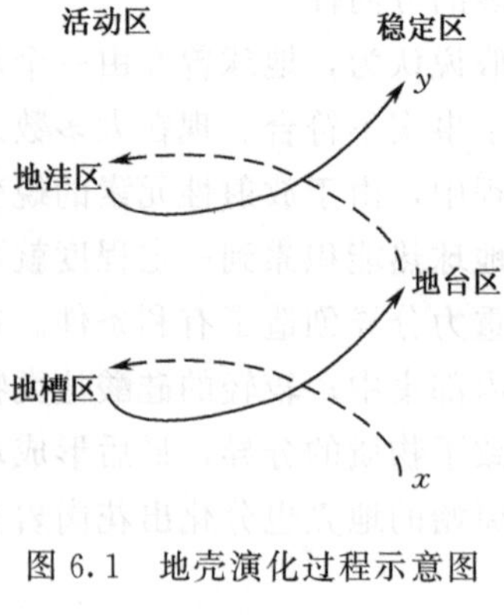

图 6.1　地壳演化过程示意图

图 6.2　北美陆壳的增长（陈之荣，1983）

渐扩大的趋势，尽管海侵和海退是交替地出现，但发展的总方向是海洋面积不断缩小，而大陆面积日益增长。图 6.2 是大陆增长的一个例子。在距今 25 亿年前，北美大陆还比较小，直到最近的地质历史时期，它才具有现在的规模。对我国南方大陆的研究也表明，我国陆地从西北分阶段向东南扩展。在日本列岛也有类似的现象。

(4) 风化壳的发育以及土壤的形成过程也都具有方向性。在风化作用初期，以物理风化为主，粗岩屑的残积层便是风化壳发育初期的代表。当化学风化作用刚开始时，主要是氯化物和硫酸盐被淋失，碳酸盐淋失较少而碳酸钙相对富集，为富钙阶段。随着化学风化作用的加强，不仅氯化物和硫酸盐类大量迁移，而且碳酸盐类也大量淋失，硅和铝相对富集，便进入了富硅铝阶段。最后，二氧化硅和氧化铝分离，硅被淋失，铝相对富集，到达了富铝阶段。

二、大气圈发展的方向性

原始的大气圈大约在 45 亿年前与原始地壳差不多同时出现。蕴藏在地球内部的各种气体元素随着火山爆发大量逸出地表，并被地球重力吸附，形成了原始的大气圈。从现代火山喷发出来的气体成分分析，推测地球的原始大气圈主要由水汽、一氧化碳、二氧化碳、氮气、氨气和甲烷等组成。由于没有游离氧，原始大气处于还原态，与现代大气有本质区别。

原始大气在大气圈发展史上占据了漫长的时间，与此同时它的组成成分也在逐渐发生变化。开始是以二氧化碳和氮的增加为主要标志。原始绿色植物出现以后，植物光合作用中释放的游离氧对原始大气发生缓慢的氧化作用，从而使大气中的一氧化碳经氧化而成二氧化碳，甲烷经氧化而成水汽和二氧化碳，氨气经氧化而成水汽和氮气。于是大气圈中的二氧化碳和氮气不断增加。随着生物的进化和增多，大气中的游离氧也逐渐增多，这对于含有大量一氧化碳和甲烷的大气来说，也就意味着二氧化碳的增多。因此，随着时间的推移，大气中的二氧化碳越来越多，到了距今19 亿～10 亿年前，它在大气组成中取得优势地位，从而使原始大气转变成二氧化碳大气。

由于生物继续发展，尤其是陆生植物大量出现，光合作用广泛而持续进行，氧气不断从二氧化碳中分解出来，使得大气中的氧越来越多，而二氧化碳逐渐稀释，有人推测，大气中的游离氧在距今 30 亿年前约为现代游离氧水平的 0.1%，20 亿年前增加到 1%，10 亿年前增加到 10%，此后，大气中的游离氧又经过多次变动，然后达到现代的水平。大气中氧含量的增加导致了一个对生物进化极有意义的事件，那就是大气臭氧层的出现。

大气中氮气的增加除与氨的不断氧化有关，还直接取决于生物的发展。生物在其生存期间要吸收环境中的氮化合物，供体内合成蛋白质等复杂有机物。当动植物及动物粪便腐烂时，蛋白质一部分直接转化为氮，另一部分转变为氨和铵盐；氨在游离氧的作用下又会转变为氮。氮是一种化学性质极不活泼的气体，在常温下不与其他元素化合，因此它就在大气中越积越多，成为大气圈的主要成分。

总之，大气圈的发展沿着这样一种方向：原始大气→二氧化碳大气→现代大气。地球现代大气就是氮、氧大气。

三、水圈发展的方向性

在地球形成的初期，地球上的水绝大部分以结晶水的形式储存于地球内部。后来地内温度逐渐升高，结晶水转化为水汽，这些水汽通过火山活动等方式逸出地表。但由于当时逸出地表的水汽不多，而地表温度又很高，所以这些水汽不能以液体形式降至地面，地表没有形成任何水体。随着时间的推移，大气中水汽增多而地表温度降低。大约在太古代初期，地表温度降至水的沸点以下时，一部分水汽就凝结成液态水，降落到地面，汇集于原始的洼地之中，形成最早的江河湖海，也即原始的水圈。以后，由于水量逐渐增加以及地壳沧桑巨变，原始水圈就逐渐发展为今天这样具有汪洋大海和各种湖河沼泽的生机勃勃的现代水圈了。

在原始水圈中，刚形成的海洋水量很少，含盐量很低，组成也与现代海水大相径庭。只是在后期漫长的演化过程中，随着陆地表面的风化作用和径流作用发展，陆地上各种无机盐类矿物元素不断经由河流注入海洋，才使海水含盐量逐渐增加。据估计，元古代后期世界海水的盐度达到10‰～25‰。而现代海水平均的盐度已达35‰。另一方面，海洋生物在海水的演化过程中起了积极的作用，它改造了海水的组成成分，因为海洋生物大量吸收和利用海水中碳酸钙一类的碳酸盐矿物质来建造自己的骨骼和外壳，使得原始海水的碳酸盐含量大为减少；而氯化物（主要是氯化钠）却积存下来，久而久之，海水中氯化物含量就越来越高，形成了今天海水的盐分以氯化钠和氯化镁为主的组成特点（表6.1）。

表6.1 海水的主要盐分含量

盐类组成成分	每千克海水中的克数	所占比例/%
氯化钠	27.2	77.7
氯化镁	3.8	10.9
硫酸镁	1.7	4.7
硫酸钙	1.2	3.6
硫酸钾	0.9	2.5
碳酸钙	0.1	0.3
溴化镁及其他	0.1	0.3
总计	35.0	100.0

四、生物圈发展的方向性

1. 生命的起源

在地球发展的最初阶段，地球上本没有任何生命现象。只是在大气圈和水圈出现之后，地球上物质进一步演化，才导致了生命的出现。考察生命起源的全过程，大体可分为三个主要阶段：

（1）从无机物到简单有机物。地壳刚形成时，地球内部深处的碳化物喷出地表后与当时基本上由过热水汽所组成的地球大气相互作用，并形成了各种碳氢化合物。随后这类碳氢化合物在水中和大气里进一步与水分子结合，再跟空气中的氨分子化合，产生含有碳、氢、氧、氮等元素的简单有机物。这些简单有机物质的出现，为生命的诞生准备了必要的物质基础。

（2）从简单有机物到复杂有机物。简单的碳氢化合物继续向前发展，借助于当时地球上的各种能源（如紫外线、闪电、放射线、局部地区的热能）和原始大气中的水蒸气、氢、氨、二氧化碳、氮、硫化氢等发生作用，形成一些低分子的有机物（如氨基酸、脂肪酸、单糖、核苷酸等）。这些低分子有机化合物又经过复杂的演化过程合成为高分子有机化合物（如蛋白质、核酸、多糖等），它们的出现，标志着化学演化过程中一次重大的质变。

（3）从复杂有机物到原始生命。在原始水域中，高分子有机物发生凝聚作用，形成以蛋白质和核酸为基础的多分子体系。这种体系与周围的水溶液之间有明显的界面，它从周围环境中吸收物质作为养料，扩充并改造自己，同时也将一些废物排出体系外。继续演进，终于有一些多分子体系产生了生命的基本特征——新陈代谢。原始生命就这样诞生了。

原始生命体产生之后，生命演化就从化学演化阶段进入到生物进化阶段，自然地理环境便从无机界的寂寞处所发展为有机界的繁盛世界了。

2. 生物从海向陆发展的方向性

原始地球上的海水具有原始生物繁衍的良好环境，因为：

（1）海水对于原始生物具有保护作用，鉴于高能紫外辐射对有机体的危害，原始生命只能在5米以下水深处发育；

（2）海水提供了大量从陆地源源流入的各种生物所必需的营养物质；

（3）海水的理化条件比较稳定，保证有机体在有利环境中进行经常的新陈代谢作用，并使静止或消极漂浮的有机物得以广泛分布。

所以，原始生物首先出现在海洋中，以后才扩展到陆地上，并占领了海洋、陆地和低层大气的每一个角落，形成了生物圈。生物圈的出现标志着自然地理环境的发展进入了一个新的更加高级的阶段。

3. 植物演化的方向性

远在距今30亿年前，作为低等植物的蓝绿藻就出现了。到了元古代，不仅蓝绿藻类大量繁殖，而且出现了绿藻等其他藻类。到寒武纪，陆地上首次出现原始的蕨类植物——裸蕨。在志留纪，裸蕨目植物空前发展。裸蕨的生态结构非常简单，一般都很低矮，在匍匐的地下茎上长有二个分叉的直立茎，但茎上没有叶子，只有很少的刺。到了石炭-二叠纪，植被演变成真蕨植物。蕨类植物主要是靠孢子进行繁殖，对水的依赖性仍然很大。到了中生代，则成为裸子植物时代，裸子植物是以种子进行繁殖的，能适应于复杂多变的气候条件。最后到新生代，被子植物繁殖，并且出现了各种植被类型。

总之，植物是在地质历史上不断进化的。其发展演化的总趋势是：藻类→蕨类→裸子植物→被子植物。

4. 动物发展的方向性

20 亿年以前，即太古代时期，开始出现单细胞动物，这些动物主要是一些嫌气性微生物和化能营养微生物。到了元古代，在海洋中开始出现无脊椎动物。当进入早古生代，便是无脊椎动物时代了。到晚古生代，在志留纪出现了鱼类，泥盆纪出现了两栖类动物和陆生爬行动物。在中生代，爬行动物空前繁盛，并且开始出现原始鸟类和原始哺乳动物。到了新生代爬行动物的盛世被哺乳动物所取代。在第四纪，出现了地球生物史一次重大的飞跃：人类由猿类分化出来。

可见，动物的发展趋势也是从低级向高级不断进化的，经历了从单细胞动物→无脊椎动物→鱼类→两栖类→爬行类→哺乳动物→人类的进化过程。

五、自然地理环境的进化发展

根据耗散结构理论，自然地理环境的进化发展可看作三大类型耗散结构——原始自然地理系统、天然生态系统和人类生态系统的发展演替过程。

46 亿年前，地球起初是一些相互靠近的宇宙物质——星云，这些星云由宇宙大爆炸产生。这个阶段被称为天文期。

46 亿年后，称为地质时期。这时由于地球内部放射性热的生成率比今天高出许多倍，所以地球内能是当时地球表层演化的主要能源。由于地球内部热量大量聚积，导致地球物质熔融，喷溢大量岩浆、气体和水蒸气。于是形成了原始的岩石圈、水圈和大气圈。

作为原始自然地理系统的要素，岩石圈、水圈和大气圈的生成，标志着原始自然地理系统开始形成。但由于此时地球内能占优势，所以原始大气以甲烷、氮气、水汽、氨气和二氧化碳等为主。原始海洋和海水为低盐、高钙型，且水少，因此物质、能量的交换受到一定的限制。

约 37～20 亿年前，地壳不断增厚（表 6.2）。由于地壳增厚，地球内能对地表的作用减弱，太阳辐射能逐渐成为地球表层的主要能源。

表 6.2 地壳厚度变化阶段（陈之荣，1983）

阶　段	1	2	3	4
年龄/亿年	37	37～27	27～20	20
地壳厚度/公里	10	20	40	40

太阳能取代地球内能，成为地球表层演化的主要能源以后，在三大无机圈层中不断转换、耗散，并促成三大无机圈中的物质交换，使三大圈层紧密联结成统一的整体，联结成一个新的物质系统。这就是原始自然地理系统。另外，由于原始大气对太阳的短波辐射基本透明，因此，在强烈的紫外辐射照射下，环境中的小分子和元素，在原始的海洋中合成高分子化合物，如碳水化合物。这为地球生物的诞生，准备了充足的物质基础。

原始自然地理系统是具有耗散结构的物质系统，它还要继续进化。根据浦汉昕的研究，大约在 30 亿年前，地壳增厚到 20 公里，地球内能对地表的作用再减弱，相对于地球内能而言，太阳辐射能对地表的作用进一步增强。同时，海洋里的有机化合物大量积聚，这些物质在太阳能的作用下，终于合成了生命。这是因为海洋环境受到水体的保护，免除了紫外线杀伤的缘故。

这些生命的形成，最初是异养的细菌，靠海洋中的有机物和积聚能量为生。在达到与环境的动态平衡时，异养细菌感到食物匮乏，于是出现突破，产生自养生物。这些生物具有叶绿素，称为蓝藻，能进行光合作用，自身固定太阳能，制造有机物。于是产生了原始的生态系统，这是自然地理环境的一次重大飞跃，在很大程度上改变了自然地理环境的物理、化学过程和元素迁移过程，从而改变了自然地理环境的组成和结构，逐渐形成生物圈。由于含有叶绿素的生物不断增多，因而固定太阳能的数量也随之增加。

由于光合作用的不断加强，原始大气中的二氧化碳减少，其中的碳以碳酸盐岩类固定在沉积岩中。而大气圈中的氧气不断增加，并在大气圈中出现臭氧层，吸收了对生物体有害的紫外辐射（波长小于 0.29 微米的紫外光），为生物在自然地理环境中的繁衍创造了有利条件。由于大气圈中的氧含量不断增加，导致喜氧生物大量产生。当大气中氧含量达到现代大气的千分之一时，厌氧生物逐渐被喜氧生物取代。而由于有氧呼吸，自然地理环境中的能量转换效率提高了大约 19 倍。

大约在距今 4 亿年前，生物从海洋登陆，接受太阳辐射更为充分，结果导致生物种类和数量大增，水陆都形成了由生产者（植物）、消费者（动物）和分解者（细菌）组成的复杂、完善的生态系统，这就是天然生态系统。

大约在距今二三百万年前，人类从动物界中分化出来。人类的出现，是自然地理环境进化史上又一次重大飞跃，也是人类生态系统形成的标志。人类从天然生态系统取得食物，实际上是取得太阳能的固定形式。又从自然地理系统中取得低熵物质（水、矿物、水电），还利用地质时期的一些潜能（煤、石油、天然气、油页岩），形成人类生态系统。

人类社会的生产方式在不断演化：从狩猎、采集—农耕放牧—农业—工业—后工业阶段等，不断改变着太阳能在天然生态系统中的流通与转换，不断增加能量的投入。时至今日，人类生态系统已受到人口、粮食、资源、能源、环境污染等问题的滋扰。

综上所述，自然地理环境的进化发展，实质上是三大系统，即自然地理系统—天然生态系统—人类生态系统，既相互联结，又彼此有别的三大耗散结构的进化。自然地理系统是太阳能进入地球形成负熵流，在三个圈层中流通而形成无机的自然地理系统。天然生态系统是在自然地理系统中孕育出来的，绿色植物通过光合作用，固定太阳能，使天然生态系统获得的负熵流，较之自然地理系统多得多，作用更大，形成更复杂、更有序的耗散结构。人类从天然生态系统中的动物群类中脱颖而出，成为支配物种，形成人类生态系统。

可见，自然地理环境的发展，是一个从低级到高级、从简单到复杂、从无机到有机、从比较无序到有序的不可逆过程。

第二节　自然地理环境的节律性

自然地理环境随时间的推移不断向前发展着，这一点已毋庸置疑了。然而，在这一发展的过程中，我们又看到许多重复发生的过程和现象，比如昼夜的更替、季节的更替、冰川的进退、海陆的升降，以及生物的生死、物种的盛衰等。我们把自然地理过程（及其现象）随时间重复出现的变化规律称为自然地理环境的节律性，简称节律性或节奏性、韵律性。节律性是自然界一种特殊的（时间）循环。显然，它是在发展背景上的重复，是递进中的循环。

自然地理环境的节律性可概括为三类型：一是周期性节律，二是旋回性节律；三是阶段性节律。

一、周期性节律

周期性节律是自然地理过程按严格的时间间隔重复的变化规律，其发生基础是地球自转和公转及地表光、热、水的周期性变化。具体而言，周期性节律主要发生在一定地区的昼夜更替日周期和季节更替年周期基础之上，前者称昼夜节律，后者称季节节律。

1. 昼夜节律

人类感觉最深刻的自然节律是昼夜的循环更替。地球绕地轴自转，使地表大部分地区在每天 24 小时中都经历一段光明和一段黑暗，以及相应的一段加热和一段冷却的时间。自然地理环境的各种成分对此产生积极的反响，许多自然地理过程及其现象都随着昼夜更替而重复出现。例如：气候要素的日变化是大家熟知的，一日之内一地气温、气压、云量、风等都存在着一定的日变化。光的性质也存在日变化，晨昏长波光占优势，中午短波光相对增加。地表水体的温度在白天升高，在夜间降低。冰川补给的河流白天融冰量大，河流水位上涨；晚间融冰量小，河流水位下降。岩石的机械风化在白天为热胀，在夜间为冷缩。植物在白天主要进行以积累自身物质为主的光合作用，在晚上则进行以消耗自身物质为主的呼吸作用。植物含水量也有日变化，白天蒸腾作用强，植物充水度低；晚上蒸腾减弱，植物充水度大。无论在海水或淡水水体中，每天都可以见到浮游生物在白天潜入水下，而晚上升向水面。昼行性动物“日出而作，日落而息”，夜行性动物则相反。类似的例子，在自然界中是不胜枚举的。

值得注意的是，极地地区由于出现极昼现象，使那里昼夜的节律性复杂化了。

2. 季节节律

如果说昼夜节律是地球自转对自然地理环境产生的效应，则季节节律则是地球公转的效应。由于公转，地球产生了季节更替，许多自然地理过程和现象随之而出现以季节（年）为周期的节律变化。例如：气候的夏热冬冷，夏雨冬雪，季风进退；冰川运动夏快冬慢；河流水情冬封春解或夏洪冬枯；岩石热季膨胀，冷季收缩；植物季相变化，春华秋实；动物季节移栖和冬眠（动）夏动（眠）等。这样的事例在自然界中是不可胜数的。

自然地理环境的周期性节律并不限于昼夜节律和季节节律。潮汐的周日变化也是一种周期性节律。海洋中很多动物觅食的时间安排同潮汐的节律是一致的。如蛤蜊、藤壶、蝎牛、牡蛎等生物，涨潮时积极地寻找食物，而落潮时就躲在紧闭的硬壳内。另外也有以周月为基础的月节律变化。海洋生物似乎都以某种方式对月相变化或月球引力变化作出反应。例如，每当夏日月圆之夜，大量的大西洋萤火虫就聚集在百慕大群岛附近；蝼蛄满月前后群集飞在特定的海域，以利繁殖和存活；鱼类洄游和繁殖也常以月周期进行。

本书第三章曾阐明了周期性节律是自然地理环境不可缺少的结构部分。每一自然综合体区别于其他自然综合体，不仅在于地貌、气候、水文、植物、土壤等组成要素相结合的性质和特征，而且也在于其周期性节律的性质和特征。因为自然综合体各组成要素的相互作用随着时间的推移而发生变化，在一定时间内有一定的形式，并有一定的连贯性，从而形成一定的时间结构。可见，所谓时间结构实质上是自然综合体的动态结构。当我们确定自然综合体的稳定性时，绝不能因此否定它的动态性，这种动态就是空间结构稳定的自然综合体的周期性节律变化。

周期性节律在不同区域具有不同的性质和特点。一般地说，季节节奏的显著程度是随纬度的增加而增加的，而昼夜节奏却是随纬度的增加而减少的。所以在两极地区的节律表现特殊，这里的昼夜节律可以和季节节律相重叠，两者既相互制约又相互加强。在赤道地区则基本不存在季节节律，而昼夜节律却十分突出。在纬度相同的情况下，一般内陆区域的节律振幅和频率大于沿海及海洋区域，且相时也不同。

自然地理过程和现象的昼夜节律和季节节律主要根源于地球的自转和公转运动，以及由此而引起的能量输入与转换的节律性变化。虽然节律变化的不同成因和结果之间的因果关系是复杂的，但结果基本反映过程的特点，这方面的研究将为地理预报工作提供理论基础。

二、旋回性节律

旋回性节律是以不等长的时间间隔为重复周期的自然演化规律。比较于周期性节律，这是更高一级、更为复杂的自然节律。在自然界中，地质旋回和气候旋回是旋回性节律的典型范例。

1. 地质旋回

顾名思义，地质旋回具有旋回性节律。岩层的沉积层序非常鲜明地反映了地质旋回的节律性。例如在地层剖面上见到的由老渐新反复出现砾岩→砂岩→页岩→石灰岩的岩相更迭演化，就反映了从海退到海侵又到海退的旋回性节律。

地质旋回不仅历程漫长，而且周期长短变化很大。地壳的演化可分为太古代、元古代、早古生代、晚古生代、中生代和新生代等若干个时期，这些时期实际上就是地质旋回的周期。各个地质时期的时间长度是不等的，如早古生代经历了2亿年。晚古生代持续了约1.75亿年，中生代持续的时间约1.55亿年。在每一个时期里，我们都可以看到地壳运动仿佛重复着上一时期运动过程的特点。例如，每一个地质时代的首末总是以大规模的地壳上升、强烈的褶皱和造山运动、大陆广泛扩展以及气候的变异等为其特征，而在每一地质时期其间都以地壳长期的相对稳定、持续的剥蚀夷平和沉积作用、稳定的气候等为其特征。

地质旋回具有级别不同的周期，它们对应于相当的地质年代单位。如4 000万年左右的周期相当于地质纪的长度，1 000万～2 000万年左右的周期相当于地质世的长度等。

天文地质学的研究成果显示，地质旋回的周期基本决定于天文因素。周期为4 000万年以上的地质旋回，作用相当广泛，可作全球性对比，其共同特点是均与太阳系在银河系中的运动状况有关。太阳系参与银河系的整体运动，绕银心运行一周的时间（银河年）约2.5亿年，相当地质代的长度。其间太阳系处在银河系的不同位置，在银河系的旋臂间穿行。同时太阳系还相对于银道面做上下往返运动，其往返周期约为8 000万年，在银道一侧约4 000万年，相当地质纪的长度。蒋志（1981）把关于地球地质历史上一些重要界限的经验关系与银河系密度波理论联系起来。他指出，由于银河系旋臂是螺旋扰动引力场所处的位置，地球通过银河旋臂时，扰动引力场将对地球产生引潮效应，破坏地球的能量平衡，而使地球发生一幕幕的造山运动。星系的旋臂有级次之分，不同级次的旋臂对应不同级别的地质年代单位。另外，综合多位学者的研究结果可知，周期为1 000万～2 000万年的地质旋回与太阳演化大周期关系密切，太阳内部物质成分的长期变化可能有1 200万年的周期；而1万～10万年的地质旋回则与地球公转轨道参数的变化有关。

2. 气候旋回

气候的变迁也呈现一种旋回性节律。6亿多年来的地球气候史是以温暖时期和寒冷时期交替演变为其基本特点的。气候旋回又可分为世纪内旋回、超世纪旋回和冰期-间冰期旋回三种。

(1) 世纪内旋回。是波动周期较短的气候旋回，其旋回周期在几年至几十年的范围内。王绍武研究了我国20世纪气候波动的资料，他把本世纪以来我国的冷暖干湿演变情况列成下表（表6.3），即大致按：干暖—湿冷—干冷—湿暖—干暖的顺序变化，从干到湿以10年为周期，从暖到冷以20年为周期，两者结合起来从干暖再到干暖的周期是40年。张家诚等人分析了长江中下游五站（上海、南京、芜湖、九江、汉口）1885～1972年5～8月降水的多年变化以及北方五站（北京、天津、保定、石家庄、营口）1891～1972年7～8月降水的多年变化，也发现有明显的以35年为周期的3个少雨期，其中北方对应的3个少雨期比南方落后7～8年。何大章于1977年在研究广东省的干旱问题时认为，广东省的干旱周期为35年，但近期有变短的趋势，其周期缩短到30年，其间还存在小的波动周期，这些小周期为10～11年。以上所举的都是世纪内旋回的实例。

表6.3　20世纪我国气候趋势

年代	1901～1910	1911～1920	1921～1930	1931～1940	1941～1950	1951～1960	1961～1970	1971～1980	1981～1990	1991～2000
降水气温	干暖	湿冷	干冷	湿暖	干暖	湿冷	干冷	(湿)(暖)	(干)(暖)	(湿)(冷)

注：表中括号内的内容是预报结果。

(2) 超世纪旋回。其旋回周期为100～10 000年。目前在世界上已被确定的世界范围内的超世纪旋回是1 800～1 900年为周期的气候旋回。这种旋回有两个阶段：一是寒湿气候阶段，长约300～500年，其间冰川扩展，河流水量增加，湖泊水位上升；二是干热气候阶段，长在1 000年以上，其间冰川退缩，河流变浅，湖泊水位下降。竺可桢曾根据我国古代文献和一些考古发现，研究了我国历史时期的气候变迁，他指出5 000年来我国气候变迁规律具有400年、800年、1 200年和1 700年四种不等的周期，段万倜等于1978年在研究我国第四纪气候变迁时指出，我国自从进入冰后期的1万年时间以来，曾出现了三次寒冷期与两次温暖期：泄湖寒冷期—仰韶温暖期—周汉寒冷期—普兰店温暖期—现代小冰期。这些都属于超世纪的气候旋回。

（3）冰期-间冰期旋回：这是波动周期在 1 万年以上，甚至超过 100 万年的气候旋回。最长的周期可达 4 000 万～8 000 万年之久。近 7 亿年来地球表面曾有几个时期广泛分布了冰川，气候明显变冷，出现大量冰碛物，这些时期称为冰期。在两个冰期之间的间冰期，冰川面积退缩，气候转暖。目前已经清楚的，这 7 亿年中出现过三次大冰期：震旦纪大冰期（强度为 6 级）、石炭-二叠纪大冰期（强度为 4～5 级）和第四纪大冰期（强度为 4～5 级）。此外，在奥陶-志留纪有一个规模小一些的冰期（强度为 3 级），在侏罗纪尚有一个小寒冷期（强度为 1 级）。上述冰期的强度是寒冷程度的一个相对定性指标，用级来表示寒冷程度。

震旦纪大冰期的冰川分布很广，延续达 1 500 公里以上，甚至可延伸到低纬地区。在南半球这个时期的冰川所占面积比北半球还要广泛。

第二次大冰期出现在晚石炭和早二叠世期间，冰川广泛分布在南美、非洲、印度、澳大利亚和南极等地区。这些地区在当时组成冈瓦纳大陆。

第四纪大冰期距今最近，研究得较为详尽。新生代以来的古气候约在 3 800 万年前开始变冷，逐渐形成北极海冰，极区温度降低了 5℃，到约 200 万年前开始了第三次大冰期。这次大冰期冰川主要分布在北美、欧洲大陆和西伯利亚西北部。对第四纪大冰期的研究表明，大冰期中存在不同级别的小冰期和小间冰期，一般认为有 4～5 次亚冰期，它们在全球范围是可对比的。在欧洲，第四纪大冰期的亚冰期-亚间冰期划分为：

①群兹亚冰期 …………………………………………………… 寒冷
　　群兹-明德亚间冰期………………………………………… 温暖
②明德亚冰期 …………………………………………………… 寒冷
　　明德-里斯亚间冰期………………………………………… 温暖
③里斯亚冰期 …………………………………………………… 寒冷
　　里斯-武木亚间冰期………………………………………… 温暖
④武木亚冰期 …………………………………………………… 寒冷
　　冰后期（延至现代） ……………………………………… 温暖

我国第四纪冰川虽不如西欧、北美那样声势浩大，但冰期-间冰期旋回节律同样存在。

气候旋回的形成是多种因素的综合结果。世纪内旋回与太阳黑子活动和火山活动有关；超世纪旋回受太阳黑子活动长期变化和九大行星运行轨道影响。九星会合的地心张角大小与我国气候冷暖期相对应，说明两者之间有联系（任振球和李致森，1980）。地球围绕太阳的公转轨道参数变化是气候发生几万至十几万年变化的重要因素。几百万年的旋回周期变化可能与太阳的长期变化有关。太阳长期变化表现在太阳核反应性质和强度的变化、太阳与地球距离的变化、行星际空间密度的变化以及太阳系内部结构的重大变化等。太阳的长期变化不会是孤立的，有可能与太阳在银河系中所处环境有关。太阳系在银河系中的位置变化，则与上千万年的冰期-间冰期旋回有关。麦克利（徐道一等，1983）指出，太阳系经过银河系的一个旋臂时遇到密度较大的星际物质云，可以使地球上产生类似冰期的气候突变。这是因为当太阳系进入一个相当稠密的星云区时，天体间的星际物质可以阻止太阳风吹临地球，而使地球大气中宇宙尘埃增加，提高了地球行星反射率，输入地球的太阳辐射减少，气候变冷，导致冰期形成。对于冰期的成因还有多种解释，但20世纪80年代以来发表的有关文章，大部分是天文因素控制冰期的论点；主要涉及的天文因素包括银河系、太阳和地球轨道参数等方面。

三、阶段性节律

生物自身特性所形成的节律具有阶段性的特点。这是指生物类群在周期性或旋回性变化的背景上，以一定阶段为周期表现出的突变性的重复。按节律的性质可划分为以下两类：

1. 生物生长节律

每种生物的生命运动，无论是单细胞生物的、高等动植物的或是人类的，其生长过程总是经历着个体的出生、成长和衰亡，而子代个体又重复这一类似的过程。这样，一定区域的生物类群便遵循着各自的生命长短呈阶段性的节律变化。例如一年生植物的生长节律。每一个生长期内，其生长过程符合罗吉斯蒂曲线，即S形曲线（图6.3）。多年的记录就反映出阶段性的节律重复。

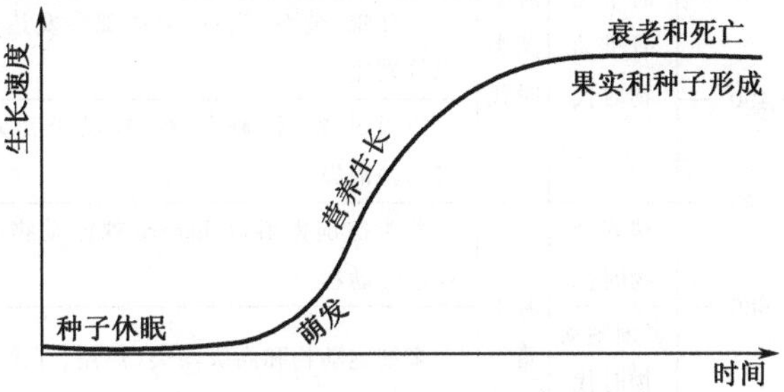

图6.3　一年生植物生长节律曲线图

种类不同的生物其生长节律周期的差异很大，有一年生，也有多年生；有的寿命非常短暂，也有的可逾千年。但同种生物的生命周期则大致相同。不论生命周期长短如何，它们无一不遵循着生物生长的阶段性节律。

2. 生物进化节律

地球生物界的进化不是匀速渐变的，而是表现为阶段性的突变和跃升。表6.4显示了地球生物进化的过程。生物各门类从诞生、发展、繁荣到灭绝或衰退具有明显的阶段性节律。

表 6.4 地质时代生物进化阶段表

地质年代			距今年龄/百万年	进化阶段 动物	进化阶段 植物	代表性事件
显生宙	新生代	第四纪	2.6	人类时代	被子植物时代	古人类出现，被子植物繁盛，某些哺乳类动物大量(60%)灭绝
		新近纪*	23.3			
		古近纪*	65	哺乳类时代		食草哺乳类动物迅速发展和进化；高等哺乳类动物出现，被子植物占优势
	中生代	白垩纪	137	爬行类时代	裸子植物时代	恐龙、菊石、箭石等灭绝，被子植物出现
		侏罗纪	205			巨型爬行动物、裸子植物繁盛，鸟类、哺乳类出现
		三叠纪	250			爬行类动物、裸子植物繁盛，腕足类开始衰落
	古生代	二叠纪	295	两栖类时代	蕨类时代	三叶虫、笔石、 等灭绝，两栖类、腕足类繁盛，裸子植物出现
		石炭纪	354			两栖类出现，种子蕨、科达类繁盛，大量昆虫出现， 出现
		泥盆纪	410	鱼类时代	裸蕨时代	以裸蕨为代表的陆生植物繁盛；鱼类进化，肺鱼、光鳞鱼繁盛；两栖类、蕨类出现；造礁生物消失 50%
		志留纪	438	海生无脊椎动物时代	海生藻类时代	腕足类、笔石繁盛、三叶虫衰退，甲胄鱼和半陆生植物出现
		奥陶纪	490			三叶虫、菊石、笔石、鹦鹉螺等发达，腹足类、海胆、介形虫等繁盛
		寒武纪	543			三叶虫繁盛，腕足类、腹足类出现，藻类、菌类大量(70%)消失
隐生宙	元古代	震旦纪	680	裸露动物时代	海生藻类时代	藻类空前繁盛，Ediacara 裸露动物群广泛发育，晚期出现小壳动物
			1 000	多细胞动物时代		多细胞动物和高级藻类(褐藻、红藻)出现
			1 800	单细胞动物时代		14 亿年前真核生物(绿藻)出现；随后动物植物开始分化
			2 600	原始菌藻类时代		藻类发展
	太古代		3 800			32 亿年前原核生物(古杆菌、巴贝通球藻)出现
	冥古代		4 500	无生命时代		化学进化开始

*：2004 年国际地层委员会公布最新的“国际地层表”，将上第三纪改为新近纪，下第三纪改为古近纪。

近6亿年来古生物发展经历了6个大阶段，间有5次大灭绝。古生代开始是地球生物发展的一个很重要的阶段。在5.7亿年前的寒武纪涌现了大量的、门类众多的和较高级的动物。已发现的这一时期的动物化石有2 500多种，除脊椎动物外，几乎所有的门类都已出现，其中最多的是节肢动物中的三叶虫。这些在分类学上互不相关的动物门类（如节肢动物、腕足动物、软体动物、海绵动物和棘皮动物等）都具有了硬骨骼组织。在此之前数十亿年演化过程中留下的动物化石非常贫乏，而寒武纪一开始就出现了如此繁盛和相当高级的生物群，这表明了生物进化的突然爆发。在晚古生代的泥盆纪地球生物又发生突发性进化，出现了相当繁盛的以鱼类为代表的脊椎动物群类和以裸蕨为代表的陆生植物群类。泥盆纪陆生植物的迅速繁殖是很突然的。裸蕨到泥盆纪晚期完全灭绝，原始的甲胄鱼类也消失了。到了石炭-二叠纪又成了两栖类和蕨类的天下。二叠纪末期，在古生代曾盛极一时的多种生物门类又一次出现大灭绝。在晚二叠世初露头角的裸子植物，到了中生代突然迅速地发展起来，统领了中生代的植物界。爬行动物的高度发展也取代了两栖类成为中生代动物界的代表。在晚白垩世发生了被子植物的突然爆发性变化和巨型爬行动物完全绝迹，植物界进入了被子植物时代，动物界则以哺乳类动物的空前发展为特征。紧接着在第四纪又进入了人类时代。概括而言，生物进化的阶段性节律表现为短期内某些生物门类突发性地迅速繁殖，然后进入鼎盛时期；这一时代结束时，大量不同生物门类和不同生态位的动植物发生死亡，甚至灭绝；接着又是新物种大量涌现，高级取代低级，强者淘汰弱者，如此多次反复地发生，阶段性跃进地发展。

地球生物进化这种阶段性节律仅从地球环境生态变化难以解释。罗普（Raup）于1971年指出了生物大灭绝与生态条件是无关的。如有孔虫中 类、腕足动物的长身贝、菊石及恐龙都发展了可适应多种生态条件的类别。但是所有这些生物都按门类突然消失。这表明生物大灭绝的决定性因素可能是对遗传机理发生作用，而不是对生态的适应特性起作用。此外，气候剧烈变化的冰期与生物灭绝事件并不相对应。前述几项大的生物灭绝时期与地质历史上大冰期的时间是不同步的。地球生态环境变化（如火山爆发、海平面变动、海水成分改变等）故然可以破坏生物生境，而导致生物大量死亡，但这些因素都难以说明生物进化的突然飞跃为什么是阶段性地发生，并且对各种不同生态位的生物同时发生作用。因此，很多学者倾向于从宇宙环境的变化寻找生物突变的根本原因。由于从宇宙角度易于说明全球性的周期变化，并具有可导致地球生物变化的高能物质来源，霍伊尔（Hoyle）于1981年提出了地球上的基因物质有可能是由彗星等天体带到地球的假说。按此假说，大量生物的新种属的发生，有可能与地球在银河系中的运动和宇宙空间的有机物质有关。当来到地球上的新基因物质增加时，对形成多种新的生物自然会起到重要的促进作用。徐道一等（1983）认为，生物变革时期与太阳系在银河系的运行轨道可能有一定联系。由于地球在星际空间所处位置不同、空间微粒密度不同、宇宙线强度不同，因此对太阳活动、地球大气的二氧化碳和氧气含量比例、生物变异等都会产生明显的影响，从而造成一个时期某些生物的大量繁殖。而对于全球性生物灭绝的成因假说很多，也没有定论，讨论最多的是超新星爆发假说、小行星撞击假说、彗星撞击假说、太阳耀斑爆发假说、高密度星云假说等。这些均属于"灾变说"，在天文地质学已有专论，这里不再详述。

第三节　自然地理环境的稳定性

如果比较周期性（包括生物生长节律）与旋回性（包括生物进化节律）两类节律现象，不难看出二者的本质区别在于：周期性节律过程中，每一个节律重复，自然地理环境保持着稳定的空间结构；而在旋回性节律过程，每一个节律重复，自然地理环境的空间结构会发生巨大的改组。也就是说，自然地理环境不断向前演化的历史进程中，在一段相当长的阶段内维持着相对的稳定状态。在这样的阶段内，各自然地理要素之间有着平稳的联系，物质及能量的输入和输出处于动态平衡，自然地理环境的结构与功能保持着稳定的状态；外界变动或人为干扰所致的不稳定影响受到自然地理环境自我调节机制的制约，使得自然地理环境总是力图恢复原态，维持稳定。

自然地理环境是具有复杂反馈回路的控制系统，因此它有自我调节能力。所谓反馈是指信息反馈，就是将输出又回输到原系统中去。反馈分为负反馈和正反馈。如果反馈的结果是抑制系统偏离原状态的就是负反馈。控制系统有一理想状态或调整点，在这个点的附近，系统保持着稳定状态。负反馈能制止或扭转某种脱离调整点的趋势，使系统回到调整点来。图 6.4 表示了河谷坡面与河道系统中坡面侵蚀的负反馈回路。如果谷底河道侵蚀增加，则谷坡角度增大，坡面侵蚀随之加强，导致更多的坡面组成物质进入河床，河床的堆积加强使河道侵蚀受到抑制，这样系统便回复到稳定状态。正反馈与之相反，反馈的结果加剧了系统偏离调整点的趋势，使其脱离原状态。正反馈可以引起"雪球效应"，最终使原系统瓦解。例如坡面侵蚀过程中，土壤渗透能力减小能引起坡面径流增加，进而加强

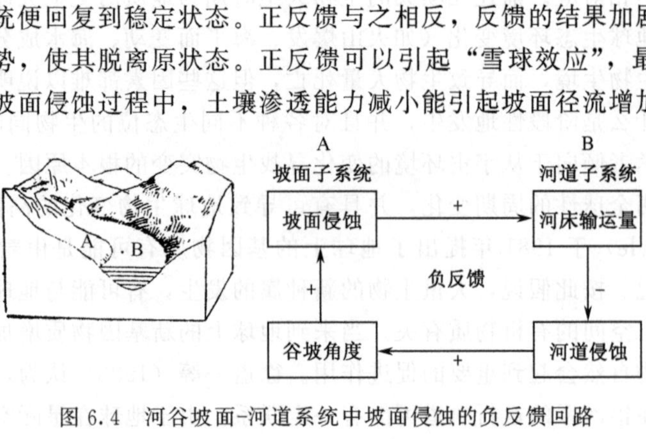

图 6.4　河谷坡面-河道系统中坡面侵蚀的负反馈回路

了对土壤疏松表层的侵蚀，使得土壤渗透能力进一步减小。这种雪球效应使坡面土壤渗透能力不断下降，很快就把土壤渗透能力和坡面侵蚀之间的联系破坏了，系统也不复存在（图 6.5）。

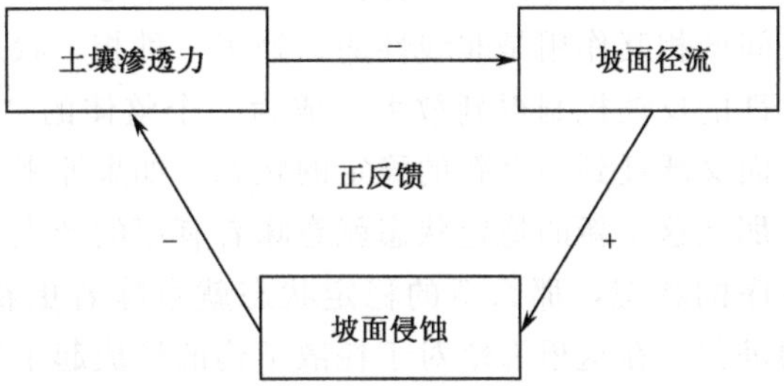

图 6.5　坡面侵蚀与土壤渗透力之间的正反馈关系

具有自我调节机制的复杂系统包含大量复杂的反馈回路。使系统处于稳定状态的负反馈往往只在一定的阈值内起作用。超过这个限度，正反馈就发挥作用，这样系统就无可挽回地脱离调整点。自然地理系统内部包含了众多由负反馈子系统（开环系统）和正反馈子系统（闭环系统）耦合而成的控制系统。系统的稳定性由二者的对比关系所决定。当负反馈的自我控制作用强于正反馈的自我增强作用时，系统趋于稳定；当正反馈的自我增强作用超过负反馈的自我控制作用时，系统趋于不稳定。

系统的稳定性还与系统结构的复杂程度有关。越复杂的系统，负反馈作用的阈值范围越大，也就越稳定。因为一个系统的组成越复杂，各组成要素的关系越复杂，就意味着系统的网络化程度越高，能量、物质和信息流通的渠道纵横交错，畅通无阻。如果个别调节子系统遭到破坏，可以由另外的调节来补偿。一个系统会因多种子系统之间的相生相克、相互补偿和替代而保证能量流、物质流和信息流的正常运转，使系统结构被破坏的部分恢复原有稳定态，或形成新的稳定态。自然地理环境是一个复杂的巨系统，不仅子系统数量巨大，而且种类繁多，关系复杂。因此全球自然环境能维持相当稳定的状态。但内部的子系统则依其复杂程度而有不同的稳定水平。例如，北极的苔原带结构比较简单，苔藓、地衣是主要的第一生产者，一旦它们受到破坏，整个系统就面临崩溃。因为那里的其他生物都直接或间接依靠它们来生存，不像温带和热带系统中，有多种食物可供利用，个别组分的破坏，也不致危及整个系统。

虽然稳定性是很大一部分自然地理环境的特征，但是自然地理环境的稳定是相对的稳定，而不是绝对稳定状态。绝对稳定状态只在熵为极大值时才可以出现，其本质就是热寂。地球自然历史的发展过程，表明自然地理环境是不断从简单到复杂、从低级向高级不断进化演变的。所谓稳定只是代表整个演化过程的一定阶段。自我调节机制不会引起自然环境演化的终止，某些不断增强的不稳定因素终会打破原有的相对稳定态，使自然环境跨入到一个新的自然旋回中，自然环境在整体进化的基础上出现新的稳定状态。系统论把系统的不稳定状态称为涨落。耗散结构理论对涨落进行了深入的分析，认为一个远离平衡的开放系统的各个要素或子系统之间的相互作用是非线性的，处于一种相干状态；某种随机的小涨落可以通过非线性的反馈机制得到放大，成为一个整体的“巨涨落”，使系统进入不稳定态，从而又跃迁到一个新的稳定的状态。如果原来的稳定状态是一个无序的稳定状态，那么这个新的稳定状态就意味着有序的产生；如果原来的稳定状态已经是一个有序的状态，那么新的稳定状态就意味着更新的有序状态的出现，意味着系统的进化。在这里涨落对于耗散结构的形成起了触发作用。因此系统的涨落、不稳定性就不再是一个干扰的因素，而是耗散结构形成的杠杆。由此可见，系统的稳定和非稳定是对立统一的，在自然地理环境的演化过程中，明显地表现为节律性的发展。

第四节　自然地理环境时间演化的基本特点

通过以上分析，可以归纳出自然地理环境随时间演化的以下三个基本特点：

一、演化是不可逆的前进过程

自然地理环境的演化是不可逆的前进过程，从简单到复杂，从比较无序到比较有序地不断向前发展。自然地理环境每取得一个大的飞跃，必然发生质的变化，即产生新的组成，形成新的结构，具备新的功能和出现新的特征。在每一个新的演化阶段，自然地理环境都变得更为复杂和更为高级。正如前述，地球表层随着演化发展逐渐以同心圆的形式分异，最初形成岩石圈、大气圈，继而为水圈，随后又从无机环境发展为有机环境，形成生物圈。另一方面，在地球地质年代的初期，地球内能是支配地球演化的主要能量。地壳增厚后，地球内能的直接作用减弱，太阳辐射能则逐渐成为地球表层演化的基本动力。并且，太阳能在自然地理环境中流通转化的途径日趋复杂。最初，太阳能只是通过大气循环、水循环、岩石的非生物风化等在无机环境中传输，其在地表的积聚量不多。以后由于有机体的固定和转化功能，大大增加了太阳能在地表的存储量。从而使自然地理环境（作为一个开放系统）的负熵流不断增强，推动了系统的进化。结果地球表层从混沌无序状态向着越来越复杂的有序状态发展，形成了原始自然地理系统、天然生态系统和人类生态系统的进化发展过程。这种由简单到复杂、由低级到高级的非可逆发展是自然地理环境演化的总的方向。

二、演化是不断重复的节律过程

与自然地理环境演化的前进过程相辅相成的是节律过程。节律性是物质运动的普遍特性，它在自然界的发展过程是普遍存在的。大到天体运行，小如电子运动，无论无机物还是有机体，都不同程度地表现出节律性的变化。自然地理环境的节律，在岩石圈、水圈、大气圈和生物圈中都有明显表现，是自然地理环境演化过程中普遍存在的一个基本特性。

自然地理环境节律性的根本成因与天文因素关系密切。这是因为大多数天文因素具有明显的周期变化。最明显的天文周期是地球自转和公转，它们具有较严格的周期。相对于地球运动，银河系的运动复杂得多。太阳系在银河系中旋转一周的时间尺度达2亿多年。此期间，除了太阳系在银河系中的复杂运动外，银河系内部的物质分布也在演变着。结果太阳系在不同银河年的同一时刻所经过的空间位置不同，所处的宇宙环境也发生变化。也就是说，在银河年变化的相同相位上，地球表层所受到的天文因素影响不可能出现机械式的完全重复。因此，大尺度的自然节律没有严格的周期。

根据自然节律周期的尺度大小，可划分出不同的节律等级。不同等级的自然节律主要反映了不同尺度天文因素的作用效应。

虽然不同性质和不同尺度的天文因素相互叠加作用于自然地理环境，但是不同的自然地理成分或不同的自然地域对天文周期的响应（共振）特性并不一致。因而，对于某种成分或某个地区，只能表现出相应的某些节律现象，而不会全部都反映出来。这就是为什么在相同的天文因素作用下，自然地理成分有的与太阳日合拍，有的与月相同步，呈现出如此多样节律现象的原因。如果成分的结构越复杂，那么其表现出的节律就越丰富。例如生物既有明显的昼夜变化和季节变化，又受气候旋回和地质旋回影响；生物本身的生命过程还有生长节律以及随着地球生物门类发展的进化节律。所有这些节律以不同形式、不同强度和不同相位进行组合，相互干涉，在生物体上得到了丰富的反映。

应该指出，自然地理环境中某些节律现象并不受外部因素所制约，而是内部负反馈自动调节的结果。例如冰盾会引起气候变冷、海平面下降和蒸发减弱。经过一个时期，由于降水补给不足造成了冰川后退。冰川退缩后，海洋面积扩大，蒸发和降水增强，这又促使冰川发展。如此在冰盾-大气圈-海洋系统中发生节律性的变化。这种变化并不与外部因素发生直接联系，虽然外部因素有可能促使内部调节过程的加强或削弱。这类由内部调节引起的节律在生态系统中更为常见。

三、演化是前进与节律的统一过程

自然地理环境的演化是不可逆的前进过程，同时又伴随着节律的不断重复，二者是对立统一的。我们知道，自然地理过程的节律不是该过程的完全重复。节律周期越长，自然要素或自然过程超离初始状态越远。随后的新周期是在新的起点、新的基础上开始的。任何自然节律都不会是封闭的，节律性过程本身包含着向前发展的方向性。节律的时间累积便体现出方向性。生物进化阶段性节律的长期累积，就反映为地球生物演化的方向性。反过来，方向性过程本身也包含着节律性，演化方向的局部波动便是节律的体现。小尺度的方向性过程相对于大尺度过程而言，只是其中的一个节律波动。海退是具方向性的，但它又是海侵的前奏。

总之，自然地理环境随时间的演化是一个不规则的螺旋状发展过程。它一方面不断地由简单向复杂、由低级向高级地向前进化；另一方面又不断地重演着相似的事件和过程。其间在周期性节律和生物生长节律过程中，自然地理环境维持稳定的组成、结构和功能；而在旋回性节律和生物进化节律的始末，自然地理环境发生大规模的改组，出现“巨涨落”，原有的稳定系统遭到破坏，而重新自我组织出新的稳定系统，实现系统的进化。这就是自然地理环境演化的基本特点。

复习思考题

1. 简述岩石圈、水圈、大气圈和生物圈发展的方向性。
2. 试用耗散结构理论分析自然地理环境的进化发展。
3. 什么是自然地理环境的节律性？周期性节律与旋回性节律有什么不同？
4. 昼夜节奏和季节节奏产生的原因是什么？地质旋回与气候旋回有什么不同？
5. 什么是自然地理环境的稳定性？
6. 什么是正负反馈？试举例说明。
7. 简述自然地理环境随时间演化的基本特点。

第七章 自然地理环境的地域分异规律

全球范围的自然地理环境是一个整体，但是它的各个部分又存在着地域上的分异。研究自然地理环境的地域分异，揭示地域分异的一般规律性，是综合自然地理学的基本内容之一，而且正是对这一自然规律的揭示和研究才促成了本学科的诞生和发展。自从19世纪A. 洪堡及其后B.B. 道库恰耶夫最初揭示植物和土壤的地带性特征以来，有关地域分异规律的研究，已由局部到整体、由现象到本质不断地深化。然而，关于地域分异规律的理论概括，在目前依然是众说纷纭、各抒己见的。当然存在的分歧主要是术语之争，对本质问题的认识则基本上趋于一致。

第一节 概 述

一、自然地理环境的地域性

自然地理环境除具有整体性外，与之相对应的还具有地域性，即地域分异规律。所谓地域分异，是指自然地理环境各组成要素或自然综合体沿地表按确定方向有规律地发生分化所引起的差异。支配这种分化现象的客观规律也就称为地域分异规律。

自然界中地域分异的现象是非常显著的。从赤道到两极，从沿海到内陆，从山麓到高山顶部，甚至在局部地段（如山坡和谷底）都可以观察到不同属性的自然环境的规律性变化。毫无疑问，地域分异规律应该反映整个自然环境各个部分的空间分化。然而，近百年来人们对陆表地域分异的研究一直占有重要地位。这是因为陆地上的自然地理要素或自然综合体的差异性具有更典型的表现，因而也被研究得最为清楚。因此，本章着重讨论陆地表面的地域分异规律。

二、地域分异的规模

自然地理环境是具有范围大小、等级高低的自然综合体，这是地域分异的客观事实。它表明地域分异具有相对性，即具有大小不同的规模。对于不同规模的地域分异，往往采用大小不同的尺度加以衡量（表7.1）。

表 7.1 地域分异的规模

规模	层次	范围	厚度	内部联系的基础	更新速率
大尺度	大陆层次	一个大陆或一个洲	对流层至沉积岩层	全球性大气环流、水分循环和地质循环	缓慢
中尺度	区域层次	约100万平方公里	摩擦层至风化层	地区性大气环流及大流域的物质迁移	居中
小尺度	局地层次	小于几百平方公里	林冠层至土壤层	群落的生物循环	较快

注：据（潘树荣，1985）修改。

不同尺度的地域分异各有具体的成因和具体的表现，但并非彼此孤立，而是相互联系的。一般来说，次级的地域分异总是在较高级分异的背景上发生，因而总是带着高级分异规律的烙印，并受到高级分异规律所制约。反过来，低级的地域分异特性的逐级综合也将把高级分异反映出来，从而构成高级分异的基础。

三、地域分异的基本因素与基本规律

自然地理环境在各种不同规模的地域分异规律作用下，分异出大小不等、属性有别的众多的自然区域。这些自然区域构成一个多级次、多类别的复杂的镶嵌系统，在空间上呈现一定的分布规律性。

形成地域分异的基本因素有两种：一是太阳辐射，一是地球内能。它们在自然地理环境中空间上或时间上的作用都是不平衡的，其作用的效应呈现出显著的矛盾性。两者在地表自然界中的异质的特殊作用，决定了地域分异的两个最基本、最普遍的规律性，即地带性与非地带性。地带性和非地带性是地域分异规律本质成因的概括，而其他的地域分异规律则是基本规律的具体体现或派生出来的。

1. 地带性

地球作为一个行星所具有的形状和运动特性，以及它在宇宙中的位置，致使太阳辐射在地表分布不均而引起的地域分异，称为地带性。

地带性的典型表现是地球表面的热量分带。因为热量分带是地球球形引起的太阳辐射呈东西延伸、南北更替的分异，因此它最能反映地带性的本质特点。

地球表面获得的太阳辐射是随纬度的增加而减少的（表 7.2）。

表 7.2 地球表面太阳辐射的纬度分布

纬度/(°)	90	80	70	60	50	40	30	20	10	0
太阳辐射/[亿焦耳/(米^2·年)]	55.8	57.6	63.7	76.5	91.9	106.0	118.4	127.0	135.6	135.1

地球上的辐射平衡是随纬度的增加而由热量的盈余转变为热量不足的（表

7.3）。

表 7.3　地球上辐射平衡的纬度分布

纬度/（°）	90	80	70	60	50	40	30	20	10	0
辐射平衡/［焦耳/（米^2·分）］	−0.46	−0.46	−0.42	−0.33	−0.21	−0.042	+0.042	+0.17	+0.21	+0.29

人们通常根据辐射平衡把地球表面分成热带、亚热带、温带和寒带等几个热量带（表 7.4）。

表 7.4　热量分带

热量带	寒带	温带	亚热带	热带
辐射平衡/［亿焦耳/（米^2·年）］	<1.47	1.47～1.9	1.9～3.1	>3.1

热量分带决定了其他要素的地带性分异。

2. 非地带性

由于地球内能作用而产生的海陆分布、地势起伏、构造活动等区域性分异，称为非地带性。

非地带性的典型表现是地表的构造区域性。由于区域地质发展史的差别，不同地区有不同的地质构造组合，从而得出一系列大地构造分区。每一大地构造分区，不仅具有区域地质发展史和地质构造组合的共同性，而且具有岩性组合的共同性以及共同的地貌表现特点，即表现为相应的大山系、大平原或大高原地貌，或表现为山脉、平原、高原等的中小级别的有规律的组合。在大地构造-地貌分异的基础上，可形成其他自然要素或自然综合体的非地带性分异。大地构造的空间分布格局不存在热量带那种近乎完美的数学规则性，相反常表现为使地带性发生畸变的破坏作用，使得地表热量和水分重新分配。在我国，非地带性的典型表现就是分异出这样的三大区域：东部隆陷区、西北差异上升区和青藏高原新褶皱高隆区。在这三大区域内分别发展着迥然不同的自然景观，成为我国自然地理环境结构的基本特色。

地带性的能量来自太阳辐射，非地带性的能量来自地球内能，因此地带性因素和非地带性因素互不从属，两者具有矛盾性；但它们又共同作用于自然地理环境中，两者存在着互相制约的联系，具有统一性。正是这两种基本的地域分异规律的矛盾统一性在不同规模的地域上发生作用，才使得自然地理环境产生复杂的空间分化。

第二节　纬向地带性和经向地带性

热量分带和构造分区都是基本地域分异规律的典型表现，它们构成了不同形式的地域分异的基础。在地球表面，基本地域分异规律具体表现为纬向地带性和经向地带性。

一、纬向地带性

纬向地带性是地带性规律在地球表面的具体表现，它表现为自然地理要素或自然综合体大致沿纬线延伸，按纬度发生有规律的排列，而产生南北向的分化。

在热量分带的基础上，各自然要素表现出明显的纬向地带性。对应于一定的热量带，气候、水文、风化壳和土壤、生物群落，乃至外动力所形成地貌都具有相应于该热量带热力特征的性质（表 7.5）。于是产生了各自然要素或自然综合体沿纬度的地域分化。

纬向地带性首先反映在大气过程中。热量带影响气压带和风带的分布，不同气压带和风带的降水量及降水季节不同。可见，气温与降水都与纬度相关（其中起主导作用的是气温），因而地球表面就存在自赤道到两极的东西向延伸、南北向更替的气候带。气候的纬向地带性分异往往成为导致其他自然要素纬向地带性分异的主导因素。

大气降水是地表水来源的主要形式。由于不同气候带内降水量和降水季节不同，因而地表水资源分布及水文过程具有地带性特征。诸如径流的补给形式，流量的大小，流量的年变化；湖泊的热力状况，沉积类型，化学成分；沼泽的沼泽化程度，泥炭堆积程度，沼泽类型等，都具有明显的纬向地带分异。值得指出的是，沼泽以及草甸、盐碱地等自然综合体的空间分布还受到非地带性因素的影响，它们的地带性仿佛被隐藏起来，所以沼泽、草甸和盐碱地的分布规律性被称为隐域性。

地貌纬向地带性往往被人们所忽视。但是由于地貌的外营力因素具有纬向地带性，因此决定于外力作用的地貌特征都具有一定的纬向地带性。地貌的纬向地带性分异尤其与气候带相适应。在不同气候带内有不同的水热组合，促使外力作用的性质和强度发生变化。例如，寒冷气候以融冻风化为主，冰川作用突出；干旱气候以物理风化为主，风力作用、间歇性流水作用强烈，等等。因此一些外力地貌，如高纬地区的冰川和冰缘地貌、冻土地貌等也表现出一定的纬向地带性。

生物（首先是植物）和土壤的纬向地带性更是地带分异的集中表现和具体反映。不同地域的特定水热组合长期与地表物质作用就形成该地域中有代表性的植被和土壤类型。

植物的纬向地带性最为鲜明，不同地带具有显著不同的植被外貌和典型植被型。植被的种类、组成、群落构造、生物质储量、生产率等也都受到地带性规律的制约。

表 7.5 主要景观地带的定量特征

地带	年辐射平衡/(亿焦耳/米²)	昼夜温度超过10℃期间的积温/℃	年降水量/毫米	年蒸发率/毫米	潮湿系数	辐射干燥指数	年蒸发量/毫米	年径流量/毫米	径流系数	植物群体/(吨/公顷)	植物群体年产量/(吨/公顷)	灰分元素和氮素年需要量/(吨/公顷)
苔原带	5.44～8.40	<600	300～500	150～300	>1.5	0.7～0.8	100～250	200～300	0.4～0.6	28	2.5	100
泰加林带	10.5～12.6	1 000～1 800	300～800	300～500	1.0～1.5	0.7～1.0	250～500	100～350	0.2～0.5	260	7	200
亚泰加林带	12.6～14.7	1 800～2 400	500～800	500～600	1.0～1.2	1.0～1.1	400～500	100～300	0.2～0.4	300	8	350
阔叶林带	14.7～23.0	2 400～4 000	600～1 000	500～1000	1.0～1.2	0.4～1.0	400～600	150～400	0.2～0.4	400	13	500
森林草原带	23.0～16.8	2 000～3 000	450～700	500～750	0.7～1.0	1.2～2.0	400～550	50～150	0.1～0.2	400(25)*	13(8)*	680(340)*
草原带	23.0～21.0	3 000～3 500	400～500	600～900	0.5～0.8	2.0～2.5	350～500	10～50	0.05～0.10	20	8	480
半荒漠带	16.8～21.0	3 000～4 000	250～400	900～1200	0.2～0.5	2.5～3.0	250～400	1～10	0.01～0.05	12	4	250
温带荒漠带	18.8～23.0	3 500～5 000	<250	1 000～2 200	<0.2	5.0～10.0	<250	<5	<0.02	4.5	1.5	60
亚热带常绿林带	27.2～29.3	4 500～7 000	1 000～1 600	750～1 200	1.0～1.5	0.8～1.0	500～900	300～800	0.3～0.6	450	20	1 000
地中海地带	25.1～27.2	5 000～7 500	500～800	1 000～1 500	0.5～0.8	1.5～2.5	400～600	50～200	0.1～0.3	170	16	500
亚热带荒漠带	23.0～29.3	6 000～9 000	<100	2 000～3 600	<0.05	>10	<100	<1	<0.01	2	1	40
热带荒漠带	29.3～31.4	9 000～10 000	<50	3 600～5 200	<0.02	>10	<50	<1	<0.01	1.5	1	?
荒漠萨旺纳群落带	31.4～33.5	10 000～11 000	200～500	3 500～4 200	0.02～0.20	2.0～5.0	200～500	1～10	<0.05	15	4	300
典型萨旺纳群落带	31.4	10 000	500～1 000	2 400～3 800	0.2～0.4	1.5～2.0	500～900	10～100	0.05～0.10	40	12	600
湿萨旺纳带	29.3	9 500～10 000	1 000～1 500	1 500～2 400	0.4～1.0	1.0～1.5	800～1 200	100～400	0.1～0.2	?	?	?
热带季雨林带	27.2～29.3	9 000～9 500	1 200～1 600	1 200～1 400	1.0～1.2	0.7～1.0	600～1 000	400～800	0.2～0.5	500	16	1 600
赤道雨林带	25.1～27.2	9 000～9 700	1 500～2 000	700～1 200	1.5～3.0	0.4～0.6	900～1 250	500～1 000	0.3～0.6	650	40	2 000

* 对于森林草原地带，无括号数字属于森林，括号内数字属于草甸草原。

不同的植物带内有相应的动物生活着。热带森林的猩猩、河马，亚热带森林的猕猴、灵鼠，温带森林的松鼠、黑熊，寒带森林的麋鹿、紫貂，以及极地冰原带的北极熊、海豹等都具有鲜明的纬向地带性差异。

土壤的纬向地带性表现在土壤的水热和盐分状况、淋溶程度、腐殖质含量、种类和组成等方面。风化过程和风化壳类型也具有明显的地带性差别。

各自然要素的地带性决定了自然综合体的地带性，因为后者是前者相互作用的结果。因而在地表上就产生一系列的纬向自然带。

不仅陆地表面存在着纬向自然带，在海洋表面，由于水温、盐度以及海洋生物、洋流等都具有纬向地带性差别，因此在海洋上也可分出一系列纬向自然带。

二、经向地带性

经向地带性是非地带性规律在地表的具体表现。它表现为自然地理要素或自然综合体大致沿经线方向延伸，按经度由海向陆发生有规律的东西向分化。

产生经向地带性的具体因素主要是海洋和大陆两大体系对太阳辐射的不同反响，从而导致大陆东西两岸与内陆水热条件及其组合的不同。在本质上，这种差异可以归结到干湿程度的差异，通过干湿差异而影响其他因素分异。一般来说，大陆降水由沿海向内陆递减，气候也就由湿润向干旱递变。与海岸平行的高亢地形，由于其对水汽输送的屏障作用，往往加深了这种分异。而大陆东西两岸所处大气环流位置不同，更会引起气候的极大差异，形成不同的气候类型。

从全球范围看，世界海陆基本上是东西相间排列的。在同一热量带内大陆东西两岸及内陆水分条件不同，自然地理环境便发生明显的经向地带性分化。在赤道带和寒带这方面的分化是不大的；在热带则形成了西岸信风气候和东岸季风气候的差别；在温带形成了西岸西风湿润气候、大陆荒漠草原气候和东岸干湿季分明的季风气候的差别。相应于气候的东西分异，自然要素以及自然综合体也发生了东西向的分异，表现出诸如森林—森林草原—草原—半荒漠—荒漠等不同景观的规律性更替。

必须指出，经向地带性的名称没有从本质上反映上述规律的实质，因为经向地带性实际上与经线（度）没有本质的联系。我们不要被这表面的字眼所束缚而忽视了它的本质内容。

此外，并非所有经向地带性因素都必然导致东西向的地域分异。在局部地段它可能加剧了纬向地带性的作用。例如，在我国华南（南岭以南的区域）的地域分异中，纬向地带性分异是鲜明的。其原因除了纬向地带性因素起着巨大的作用外，诸如地势的北高南低、山脉多为东北—西南或西北—东南走向、东部及南部濒海等非地带性因素不仅没有减弱或消除地带性因素，反而起着促进作用，加强了该地域的南北分异。

三、水平地带分布图式

纬向地带性和经向地带性结合为水平地带性，它有两种表现形式，即带段性和省性。带段性是指非地带性单位内的地带性分异。省性是指地带性单位内的非地带性分异。例如，我国东亚季风大区（非地带性单位）内出现南北方向更替的各自然地带差异就是一种带段性。其中每一自然地带（地带性单位）内都有明显的省性分异。如中亚热带自然地带内部由沿海到内陆存在这样的差异：东部（浙、闽）沿岸是台风侵袭的范围，暴雨影响很大；中部（湘、赣）是伏旱控制的地区，受寒潮影响较大，春季常出现倒春寒；西部（川、贵）降水比较均匀，降水强度不大，多云雾，形成比较阴湿的气候。总之，水平地带性是地带性因素和非地带性因素共同作用的产物，它支配了水平方向的地域分异，产生了地表水平地带。

水平地带在空间上呈现一定的分布图式。这种图式的形成，取决于纬向地带性因素和经向地带性因素在不同地域中的表现强度和组合方式。当纬向地带性占优势时，水平地带大体上沿纬线方向伸展，如欧亚大陆内部的南北分异；当经向地带性占优势时，水平地带基本上沿经线伸展，如北美西部的东西分异；当纬向地带性与经向地带性两者作用相当时，水平地带明显地与纬线斜交伸展，如我国华北和东北地区气温的南北差异和干湿度的东西差异共同起作用，两者势均力敌，致使这里的水平地带呈与纬线方向斜交的排列。

水平地带的交替方式称为地带谱。研究世界大陆地带谱，需要把复杂的陆地自然地带的分布模式化。通常是用一个假定的理想大陆的图式来概括各种形式的水平地带的交替方式。

图 7.1 把欧亚大陆、非洲和美洲合并成为一个超大陆。此图有意忽略影响地域分异的其他因素，而集中反映纬度因素和海陆因素对自然地带分布的影响，表示了自然地带排列在一个理想大陆上的一般模式，刻画出大陆大尺度地域分异的一般特征。

四、陆地自然地带

纬向地带性和经向地带性共同作用的结果，在大陆上产生了水平自然地带。由于每一陆地自然地带的典型的和最富有表现力的特征是植被类型，因此，通常自然地带就以该地带中的典型植被型的名称命名。

本书把陆地自然地带划分为：

(1) 赤道雨林地带。本地带分布于赤道带的湿润大陆地区和岛屿上，如南美的亚马孙平原、非洲的刚果盆地和南洋群岛。气候终年炎热潮湿，降水量超过可

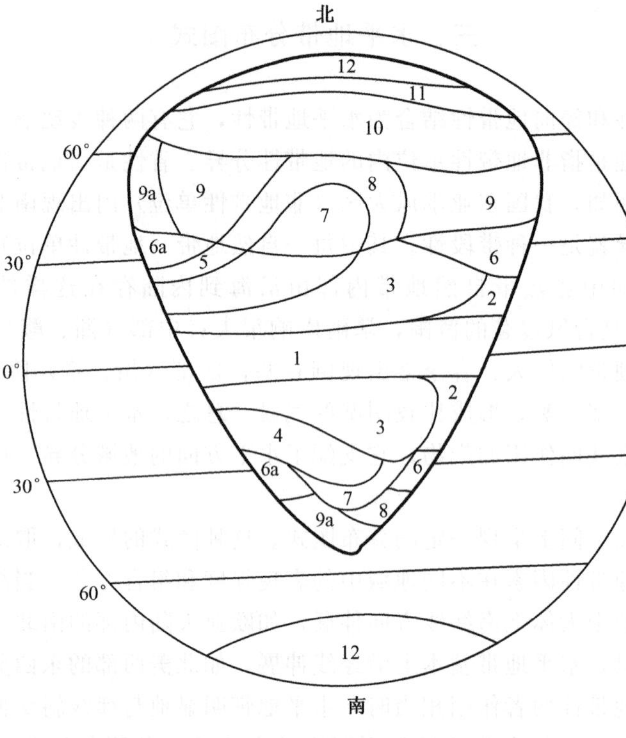

图 7.1　理想大陆水平地带分布图式

1. 赤道雨林地带；2. 热带季雨林地带；3. 热带稀树草原地带；4. 热带荒漠地带；5. 亚热带荒漠草原地带；6. 亚热带森林地带；6a. 地中海地带；7. 温带荒漠地带；8. 温带草原地带；9. 温带阔叶林地带；9a. 温带海洋性森林地带；10. 寒温带针叶林地带；11. 苔原地带；12. 冰原地带

能蒸发量，呈现出过度湿润状态，引起稠密而经常满水的水文网发育，沼泽众多。典型植被赤道雨林树种繁多，层次复杂，乔木高大，常绿浓密，四时常花，林内藤本植物纵横交错，附生植物随处可见。森林动物种类丰富多样，但茂密的森林使动物行走不便，因而地面上几乎没有善于奔走和长跑的动物；却给营巢树栖、攀缘生活的动物提供了丰富的食物和居所，因而此类动物特别繁盛，各种猿猴和鸟类常年喧闹，使森林活跃起来。风化过程进行迅速，风化层厚，淋溶过程非常强烈，铁、铝氧化物相对累积，发育着砖红壤。

（2）热带季雨林地带。主要分布在印度半岛、中南半岛及我国云南南部等地区，大致与热带季风气候区相当。这里降水量略次于赤道雨林带，且有明显干湿季，气温年较差也较大。因此热带季雨林季相分明：雨季时林相颇似赤道雨林，树种也相当复杂；干季时则多数树种都要落叶。本地带土壤主要为砖红壤性红壤和红壤。

（3）热带稀树草原地带。在非洲和南美洲有广泛分布，在澳大利亚、中美和亚洲的相应地带也有局部出现。气候属于热带干湿季分明的类型，年中有长达 4

个月的干季。这里草本植被植株很高，在广阔的草原上，点缀着散生的乔木，它们具有能储存大量水分的旱生构造。热带稀树草原季相非常分明：雨季草木欣欣向荣，百花吐艳；干季草原死气沉沉，一派黄褐色调。广阔的草原，茂盛的草本植物，使善于疾驰的食草动物，如长颈鹿、羚羊等，在这里得到很大的发展；食草动物的繁盛，又给食肉动物创造了良好条件，所以食肉动物也很丰富，常见狮、豹等动物。季节性的干湿交替有利于土壤有机质和氮的累积，形成燥红土。

(4) 热带荒漠地带。本地带位于副热带高压带和信风带的背风侧，在北非的撒哈拉、西南亚的阿拉伯、北美的西南部、澳大利亚中部和西部、南非和南美部分地区表现明显。气候属于全年干燥少雨的热带干旱与半干旱类型，可能蒸发量大大超过降水量，所以没有地方性水文网，只有少数“外来河”。植被贫乏，存在着大面积表土裸露地段，植物以稀疏的旱生灌木和少数草本植物以及一些雨后生长的短生植物为主。动物的种类和数量都很贫乏，占优势的是那些能迅速越过长距离的动物，以及一些爬虫类和啮齿类动物。成土过程进行得十分微弱，形成荒漠土。

(5) 亚热带荒漠草原地带。本地带位于热带荒漠和亚热带森林地带之间。在北半球很清楚地出现于热带荒漠地带的北缘，在南半球则出现于澳大利亚南部、南非和南美南部的部分地区。气候属于亚热带干旱与半干旱类型。随着由热带荒漠向纬度较高地区的推进，年降水量有所增加，但最大降水量常在低温时期，夏季的高温和干旱促使强烈的蒸发，故本地带仍是一个缺水地区。植被类型属于荒漠草原，通常生长有旱生灌木及禾本科植物，在较湿润的季节里有短生植物生长。土壤属于半荒漠的淡棕色土。

(6) 亚热带森林地带。亚热带森林地带被大陆内部的荒漠草原所隔开，分成大陆东岸和大陆西岸两种类型。大陆东岸的亚热带森林带，在北半球主要分布在我国的长江流域、日本的南部和美国的东部，在南半球主要分布在澳大利亚的东南部、非洲东南部以及南美的东南部。亚热带大陆东岸的气候属于亚热带季风气候和亚热带湿润气候，这里主要形成常绿阔叶林，又称照叶林，发育着亚热带的黄壤和红壤。大陆西岸的亚热带森林地带又名地中海地带，在北半球主要分布在地中海地区和北美洲加利福尼亚沿海地区；在南半球主要分布在澳大利亚的西南部、非洲的西南端以及南美洲西岸的智利中部。亚热带大陆西岸的气候属于亚热带夏干型，又名地中海式气候，这里主要形成常绿硬叶林地带，发育着褐色土。

(7) 温带荒漠地带。此地带主要分布在亚欧大陆中部和北美大陆西部的一些山间高原上，在南美大陆南部也有所出现。气候属于温带大陆性干旱类型，这里植被贫乏，只有非常稀疏的草本植物和个别灌木。在温带荒漠的外围和温带草原之间有一个过渡带叫温带荒漠草原地带，主要是蒿属草原，还可见到旱生禾本科植物。温带荒漠带和荒漠草原带的土壤主要是荒漠土、棕钙土和淡栗钙土，在它们中间还有成斑状分布的一些碱土及盐土。

(8) 温带草原地带。本地带在欧亚大陆中纬地区占有相当面积，从东欧平原南部起呈连续的带状往东延伸，经西伯利亚平原南部、蒙古高原南部，直达我国境内，构成世界最宽广的草原带。在北美洲，温带草原地带呈南北向带状分布形式，也有典型的表现。与北半球相比，南半球草原面积要小得多，在南美、非洲南部等地有局部分布。温带草原地带的气候属于温带大陆性半干旱类型。地方性补给的河流夏季水位低，甚至干涸，变成一串湖泊；春季积雪融化，河流满水。植被以禾本科植物为主。动物多穴居洞中，啮齿类动物、有蹄类动物和一些草原肉食动物是温带草原的主要动物。土壤主要是黑钙土及暗栗钙土。

温带森林草原地带是温带草原向温带森林过渡的地带，它在欧亚大陆中部和北美大陆中部都有分布，其过渡性质反映在气候、土壤、植被及动物界诸方面。本带温度适中，在原始森林草原中，杂草草原景观与森林景观相互更替，森林主要是阔叶林、小叶林及松林。动物界也具有从森林到草原带动物的混合型。灰色森林土是本带的代表土壤。

(9) 温带阔叶林地带。本地带也称夏绿阔叶林地带。主要分布在欧洲西部、亚洲东部、北美洲东部，在南半球仅分布在南美洲的巴塔哥尼亚。欧洲西部的夏绿林受温带海洋性气候的影响，往往形成由单一树种组成的纯林，如山毛榉林、栎林等。亚洲东部夏绿林受温带季风气候的影响，这里阔叶树种类成分较欧洲丰富，有蒙古栎林、辽东栎林以及槭属、椴属、桦属、杨属等组成的杂木林。北美洲夏绿林受温带大陆性湿润气候影响，植被主要是美洲山毛榉和糖槭组成的山毛榉林。动物种类比热带森林为少，但个体数量较多，主要有蹄类、鸟类、啮齿类和一些食肉动物最为活跃。温带阔叶林地带的土壤主要为棕色森林土、灰棕壤和褐色土。

(10) 寒温带针叶林地带。本地带属于整个温带森林带的北部亚带，它沿欧亚大陆北部及北美大陆北部连成非常广阔的自然地带。这里气候属于寒温带大陆性气候，冬季十分寒冷，夏季温暖潮湿，形成了由云杉、银松、落叶松、冷杉、西伯利亚松等针叶树种构成的针叶林带，活跃着松鼠、雪兔、狐、貂、麋、熊、猞猁等耐寒动物，发育着森林灰化土。

针叶林地带以南，气候较温暖湿润，渐渐出现阔叶树种，形成针、阔叶混交林，是针叶林地带与阔叶林地带之间的过渡带。

(11) 苔原地带。苔原地带也称冻原地带。它占据着欧亚大陆及北美大陆的最北部以及邻近岛屿的广大地区。苔原气候严寒而湿润，土壤冻结，沼泽化现象普遍，这样的环境条件极不利于树木生长，因而形成以苔藓和地衣占优势的、无林的地带。动物种类不多，特有驯鹿和北极狐等，夏季有大量鸟类在陡峭的海岸上栖息，形成“鸟市”。在针叶林地带和苔原地带之间，有一个比较狭窄的过渡带，称森林苔原地带。本地带土壤属于冰沼土。

（12）冰原地带。冰原地带亦称冰漠地带，几乎占有南极大陆的全部、格陵兰岛的大部以及极地的许多岛屿。本地带终年被冰原覆盖，环境条件极为严酷，没有水文网和土壤，植被罕见，仅在突出于冰雪之外的岩崖上有某些藻类和地衣生长。冰原地带动物种类极为单一而贫乏，在南极大陆没有陆生哺乳动物，仅在沿岸地区分布着特有的企鹅一类海鸟，在北极诸岛上主要有白熊。

五、海洋自然带

与陆地相比，海洋的性质较为均一。因而海洋自然带较为单调，自然带的类型少，界限模糊。海洋自然带存在于大洋表层，约为海面以下200米深的范围。在这个范围内，海洋与大气对流圈、岩石圈之间进行着能量交换和物质循环，海洋生物也主要集中在这里活动。由于太阳辐射按纬度方向分布不均引起了大洋表层的温度、盐度以及含氧量的纬向分异，海洋生物种群也相应产生分异，形成了海洋自然带。全球海洋自然带基本是南北对称的，但由于北冰洋与南极大陆对立，导致海洋自然带分布呈现出某些非对称性。和陆地自然带划分一样，生物种群的分布是划分海洋自然带的主要标志。

结合多位学者的意见，本书在世界海洋中划分出以下8个自然带：

（1）北极带。本带以北极为中心，分布着常年存在的北极冰丛，气温和上层水温均在0℃以下，气流下沉无风，生物非常贫乏。

（2）亚北极带。即北冰洋边缘的近陆海域。这里水面冰层发生季节性变化，冬季冰封，夏季冰层逐渐融化形成浮冰。由于近岸，海陆物理性质不同，常有明显的“季风”变化，而且风速很大。生命在短促的夏季很快发展起来，沿岸有相当丰富的浮游生物，吸引了鱼类及其他动物。虽然动物的数量不少，种类却不多，主要的有北极鳕、白海鲱等鱼类和北极鲸、鳁鲸、海象、海豹、白熊等哺乳类动物以及一些形成“鸟市”的海鸟。

（3）北温带。包括北半球中纬度的辽阔水域，终年受极地气团影响，大气活动非常强烈，经常发生大气旋和狂风暴雨，降水量和云量都很大。水温为5～15℃，盐度小，含氧量多，水团垂直交换强，水中饱含营养盐类，因而浮游生物很丰富（可达2 000～3 000毫克/立方米），鱼类大量繁殖，种类丰富，世界著名的鱼场都集中在此带。主要鱼类有太平洋鲱鱼、鳕鱼、大马哈鱼等，还有一些哺乳类动物繁殖，如海狗、海獭、日本鲸、灰鲸、海豚等。

（4）北热带。本带基本上与副热带高压带相吻合，强大而稳定的高压是这里天气变化和气候形成的基础。在多数情况下，风力微弱，风向不定，或者风平浪静，空气下沉，降水量小，蒸发量大，水面温度在18℃以上，含盐量高。由于本带受高压控制，广大海域水体垂直交换微弱，因此深层水的营养盐类不易上涌，加上含氧量少，故本带浮游生物以及有经济价值的鱼类很少。海水清澈明净，色彩蔚蓝。

(5) 赤道带。这里气温很高，一般达 27～30℃；气温变幅很小，不大于 2℃；盐分不高。年中大部分时间浓云密布、雨量充沛、风平浪静。由于本带南北有赤道逆流，引起海水的垂直交换，使水中营养盐类和氧气相当丰富，因此赤道带生物的种数极多，但一定种的个体数量和热带一样都小于温带。赤道带鲨目和鲟目鱼类特别多，飞鱼也很典型。温暖的海水使珊瑚礁得以大量发育。

(6) 南热带。本带特征和成因与北热带基本相似，但在非洲大陆西南和南美洲的秘鲁沿海都有上升流，海水的垂直交换较北热带明显，因此这两个海区的浮游生物大量繁殖，使上层鱼类，如南非沙丁鱼和秘鲁 鱼，也随之大量生长，形成南半球的重要渔场。

(7) 南温带。该带位于从南亚热带辐合线以南一直伸展到南极辐合线(40°～60°S) 的广大海洋，形成了一个完整的环形水域。这里天气多变，风暴和巨浪频密；洋流全年受西风漂流控制，没有暖流影响；水温稍低于北温带。但海洋生物的基本生态条件与北温带很相似，植物繁茂，巨藻生长极好，浮游生物丰富，是南半球海洋生物最多的海区，具有与北温带同种或相邻几种的巨大类群。这种两极性分布在哺乳动物（如海豹、海狗、鲸等）、鱼类（如刀鱼、小鳀鱼、淺鱼、鲨鱼等）以及无脊椎动物和植物中都有典型的表现。

(8) 南极带。本带从南极辐合线伸展到南极大陆边缘，也是一个完整的环形水域。风向及洋流也自西向东。全年水温很低，冬季基本冰封，夏季短暂解冻。动植物种类组成普遍贫乏，除个别种（如硅藻、磷虾）外，缺乏广泛分布的种群，但浮游生物很丰富。哺乳动物中鲸类相当丰富，其中南极鲸和侏儒鲸为特有种。海豹也占有重要地位。南极海狗和长鬃海驴是这里的特有种。南极鸟类最著名的是王企鹅和白眶企鹅。南极带鱼类特别少，特殊的有南极杜父鱼。南极大陆架海域全年冰封，部分水域为冰川占据，形成广阔的陆缘冰和高大的冰障。

第三节 垂直地带性

一、垂直地带性的概念

垂直地带性是指自然地理要素及自然综合体大致沿等高线方向延伸，随地势高度发生垂直更替的规律。它同时受到两种基本地域分异因素作用，是叠加了地带性影响的非地带性在地表垂直方向的具体表现，即垂直地带性与纬向地带性及经向地带性相互作用共同支配着自然地理环境三度空间地域分异，被合称为“三维地带性”。

构造隆起和山地地形是产生垂直地带的前提条件。隆起的山地达到一定高度以后，就可分化出不同的垂直地带。而垂直更替的直接原因则是山地热量及其与水分的组合随地势高度的变化。首先从热量分析，随着海拔增高，大气对太阳辐射的损耗相应减少，使到达山地的太阳总辐射随高度递增。而有效辐射随山地高度的变化，受到两个相反因素的影响。一方面主要因大气柱中水汽含量减少和气温降低，使到达地面的大气逆辐射急剧减弱；而另一方面却因地面温度降低而减少地面向上辐射的长波辐射。所以有效辐射随海拔高度的变化，取决于何种因素占主导地位。这导致山地辐射平衡随高度的变化无一致的趋势。无论如何，根据太阳总辐射随山地高度递增、土温随高度变化不大的观测事实，可以推断，山地与同高度自由大气间的感热交换和潜热交换是山地热量损失的主要因素。

可见，山地气温随海拔高度的变化除受地表辐射平衡状况影响外，在很大程度上还要受到与周围自由大气热交换的影响，其总趋势是递减的。

有的学者认为，山地温度随高度减低是由于远离作为大气热源的地面引起的。这显然是一种误解，因为山地本身就是一个大气热源。再来分析水分的变化，由于山地的抬升作用，降水量在某一高度以下是随高度而增加的。超过这一高度以后，由于水汽含量大为减少，降水量随高度的变化转为递减。因此山体中部出现一个最大降水带。在高山的峰脊，地表温度长期保持在0℃以下，固体降水被长期滞留形成冰雪带。综合起来，一方面是热量和温度随高度的递减，另一方面是水分随高度递增而后转为递减，两者结合起来形成了制约植被和相应土壤发育的气候条件随高度的变化，也就产生了山地自然带的垂直更替。

二、垂直地带谱

垂直地带谱是山地垂直带的更替方式。它反映了自然综合体在山地的空间分布格局，是地域结构的一种特殊形式。垂直地带谱中的每一垂直地带都不是孤立的地段，而是通过普遍存在的能量传输和物质循环联系起来的整体。垂直地带谱的起始带为基带[1)]。在整个垂直地带谱中，基带担当了十分重要的角色。基带与所处的水平地带的水热条件是相适应的，自基带往上各垂直地带的组合类型和排列次序也表现出与所在水平地带往高纬方向的更替方式存在极大的相似性。基带类型决定了整个带谱的性质，也决定了一个完整带谱可能出现的结构。图7.2表示了两种不同性质垂直地带谱的差异。

森林上限是垂直地带谱中一条重要的生态界线，常称为树线。这条界线以下发育着以乔木为主的郁闭的森林带；而界线以上则是无林带，发育着灌丛或草甸，常形成垫状植物带，在海洋性条件下有的可发育成高山苔原带。树线对环境

1）基带通常指山地最下部的自然带，但也有人在研究青藏高原边缘的垂直地带性时把最上部的自然带作为基带，其理由是那里沟谷中的植被和土壤是随沟谷的下切而不断发展的，这样的垂直带被称作负向垂直带。反之，则为正向垂直带。

临界条件变化的反应十分敏锐，其分布高度主要取决于温度和降水，强风的影响也很显著。树线通常与最热月平均气温10℃的等值线相吻合。在干旱区，树线受水分条件影响较大，林带高度与最大降水带高度相当。一些低纬山地的顶部，其海拔高度和水热条件远未达到寒温性针叶林的极限，仍然出现森林上限，这是山顶部经常受到强风作用的结果。如我国粤北南岭山地海拔高度不超过2 000米，树线出现在1 800米处，其下是已明显矮化的常绿阔叶林，其上为灌丛草甸植被。

垂直地带谱中另一条重要界线是雪线。雪线是永久冰雪带的下界。其海拔高度受气温与降水的共同影响，一般气温高的山地雪线也高，而降水多的山地雪线又低。因此，雪线高度是山地水热组合的综合反映。例如，喜马拉雅山南坡虽然日照高于北坡，但有丰富的降水，所以雪线低于北坡。

顶带是某一山地垂直地带谱中最高的垂直地带。它是垂直地带谱完整程度的标志。一个完整的带谱，顶带应是永久冰雪带。如果山地没有足够的高度，顶带则为与其高度及生态环境相应的其他垂直地带所代替。

垂直地带的类型差异是通过带谱比较进行研究的。在比较研究时，应着重上述重要的垂直地带、界线以及不同带谱中同类型垂直地带的比较，并研究形成这种差异的原因。比较不同区域垂直地带的差异可以把水平分异与垂直分异联系起来，取得自然地理环境地域分异更全面的认识。

三、影响垂直地带谱的基本因素

垂直地带的形成取决于山地热量及其与水分的组合。对水热组合状况起着深刻影响的山地位置和山体性质是决定垂直地带谱性质和结构的基本因素。

首先，不同纬度位置具有不同的垂直地带谱类型。因为水平自然带的纬度变化导致了基带的纬度变化，以致整个带谱性质和结构的纬度变化。垂直地带谱的热力性质是与山地所处的纬向自然带热力性质相一致的，并有相应的结构特征。在低纬的高山具有比高纬的高山更复杂的带谱。如处在热带的喜马拉雅山南坡，基带是低山热带季雨林，由此往上为山地亚热带常绿阔叶林带—山地暖温带针阔叶混交林带—山地寒温带暗针叶林带—高山寒带灌丛草甸带—高山寒冻风化带、高山冰雪带。山地位置每向高纬跨越一个纬向地带就失去低纬带谱的基带，原低纬基带以上的垂直地带就可能成为高纬带谱的基带。如亚热带南岭的基带为常绿阔叶林带，温带长白山的基带为针阔叶混交林带，寒温带大兴安岭北部的基带则是落叶针叶林带。山地针叶林的分布高度也由喜马拉雅山的2 900～3 800米下降到长白山的1 100～1 800米，再往北，山地针叶林带与纬向地带性的寒温带针叶林灰化土地带已结合在一起。一般来说，随着山地位置的纬度增加，除了带谱性质发生变化外，垂直自然带的数目也由低纬向高纬减少，垂直自然带的结构随之由复杂变简单，同类型垂直带的分布高度也逐渐下降。在冰原地带，垂直带谱与水平带谱已融为一体了。

山地的距海度（指距水汽源地的远近）不同，垂直地带谱的性质和结构也有区别。这是由沿海向内陆湿润状况的变化造成的。地处海洋性水平自然带的山地产生海洋性森林型垂直地带谱（图 7.2A），而大陆内部产生大陆性草原荒漠型垂直地带谱（图 7.2B）。森林型带谱以多种山地森林带为主体，雪线较低，如喜马拉雅山南坡。草原荒漠型带谱以草原或荒漠占优势，常以荒漠或草原为基带，向上由于降水增多，局部出现森林垂直地带。天山的垂直地带是典型的大陆性草原荒漠型带谱。以中段北坡（玛纳斯山区）为例，自基带山地荒漠草原带开始，往上依次为山地草原带—山地针叶林带—亚高山草甸带—高山草甸带—永久积雪带，形成一套十分完整的温带大陆草原荒漠型带谱，在其他生态条件满足的前提下，水分充足的山地可以形成更为复杂的垂直地带结构。一般地，随着距海度增加，带谱的性质由湿润趋向干旱，带谱的结构由复杂趋向简单，同类型垂直分带的分布高度则有上升的趋势。

山麓的海拔高度，决定了山地水热组合的初始状况，也决定了基带的性质。处于同一水平带的不同山地可因山麓海拔高度不同而有不同的基带，这在高原上的山地表现最为明显（图 7.3）。一般随着山麓海拔增加，基带改变，带数减少，带谱结构也趋于简单。

影响垂直地带谱的山体性质主要指山体高度、山脉坡向与走向以及局部地形等。山体高度是垂直地带谱完备性的先决条件。高逾雪线的山体才可能产生完整的垂直地带谱。像喜马拉雅山、天山这样一些高耸的山体，我们可以观察到由山麓基带一直到高山冰雪带渐次更替的壮丽景观。

山地坡向存在阳坡与阴坡、迎风坡与背风坡的差别。一般同一山体阳坡拥有较多的热量，迎风坡得到较多的降水。因此，山坡的性质可以改变山地不同坡向的水热组合状况。甚至同一山体不同坡向也可形成性质迥然不同的带谱类型。例如，喜马拉雅山南坡向阳，有较充足的热量，又与来自印度洋的西南气流相交，承受大量降水，形成海洋性森林型垂直地带谱；北坡截然相反，背阳，面向干冷的高原寒漠，西南气流受山脉屏蔽无能为力，故北坡形成大陆性草原荒漠型垂直地带谱。两者形成鲜明对比（图 7.4）。

山脉的走向和排列方式与大气环流系统相互作用引起水热分布的改变。如地处西风带的天山，来自大西洋和北冰洋的湿润气流，一方面沿山地北坡爬升，形成降水；另一方面顺山脉走向向东运移，使降水逐渐分散，形成天山北坡由西往东逐渐变干的湿润状况。在垂直地带谱上表现为大陆性由西向东增强，垂直地带高度由西向东逐渐升高的特征。而地处天山山系西段内部的伊犁河谷，因为山地向西开口并呈喇叭形排列，西来湿润气流受阻于盆地南北两侧及东部山地，产生了大量降水，降水量向东递增，形成了以森林和草原为特征的湿润结构类型。

上述各种因素共同作用影响山地垂直地带正常谱式的形成。但山地的局部地

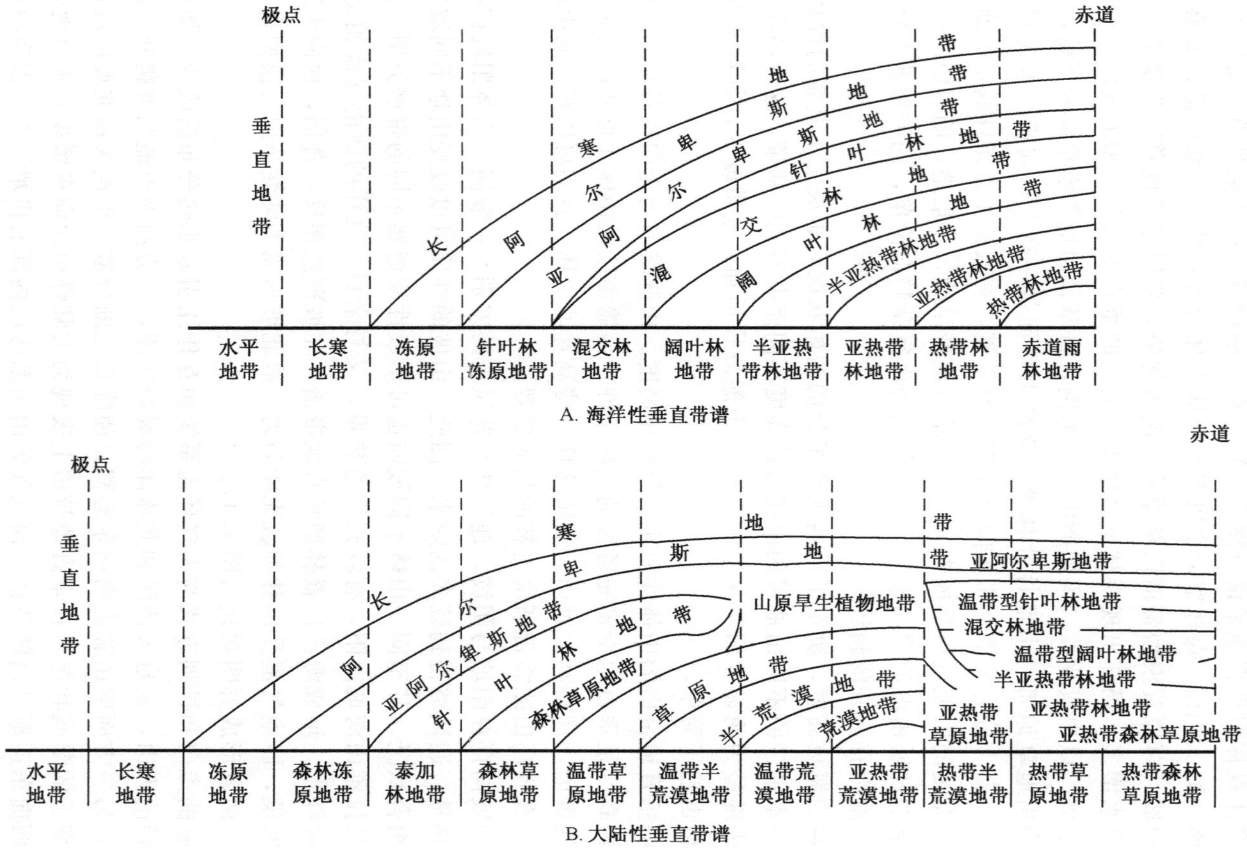

图 7.2　垂直地带分布图式

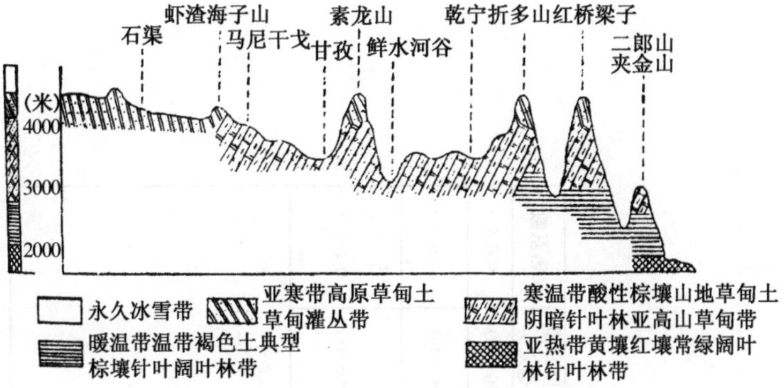

图 7.3　青藏高原东南的垂直地带与水平地带变化（姜恕，1964）

形（如山间盆地、沟谷地等）可以改变垂直地带谱的结构，引起带序倒置或界线混乱等现象。这属于山地内部的地方性分异。

四、垂直地带的特征

在外貌上垂直地带与水平地带有不少相似之处。例如，在热带或亚热带地区的高山常可见在水平距离不足 100 公里的范围内，从基带向上的几千米高度上，重现从低纬到极地的几千公里的水平距离上相似的自然景象的变化。然而，绝不能因此而把垂直地带与水平地带二者的性质混为一谈，认为前者是后者在垂直方向上的重现。与水平地带比较，垂直地带具有如下显著的特征。

1. 带幅窄，递变急剧

垂直地带的带幅宽度比水平地带的带幅宽度狭窄得多。水平地带的带幅宽度可达 500 公里以上，只在其尖灭处才较窄，且最窄也在 100 公里左右；而垂直地带的带幅宽度最窄的只有几十米（以基带或顶带常见），一般为 300～1 000 米，最宽也不超过 2 000 米。例如，秦岭山地的垂直地带，南坡基带的凉亚热带常绿阔叶林和落叶阔叶林黄褐土带（海拔 500～800 米）、顶带的高山灌丛草甸带海拔 3 200～3 700 米）、山腰的山地棕壤桦木林带（海拔 2 200～2 600 米）及山地黄棕壤栓皮栎林带（海拔 800～1 300 米）等，其带幅宽度变动为 300～500 米。由于带幅窄，便可在仅数千米的高差范围内出现多个垂直自然地带更替的现象，可见垂直地带递变之急剧。造成上述特征的主要原因，是气温沿山坡的垂直递减率远大于其在平地上的水平递减率。

2. 带间联系密切

水平地带之间虽然可以通过多种物质循环形式相互联系、相互作用，但由于带幅较大，与垂直自然带相比，其带间联系则逊色多了。垂直地带由于带幅狭

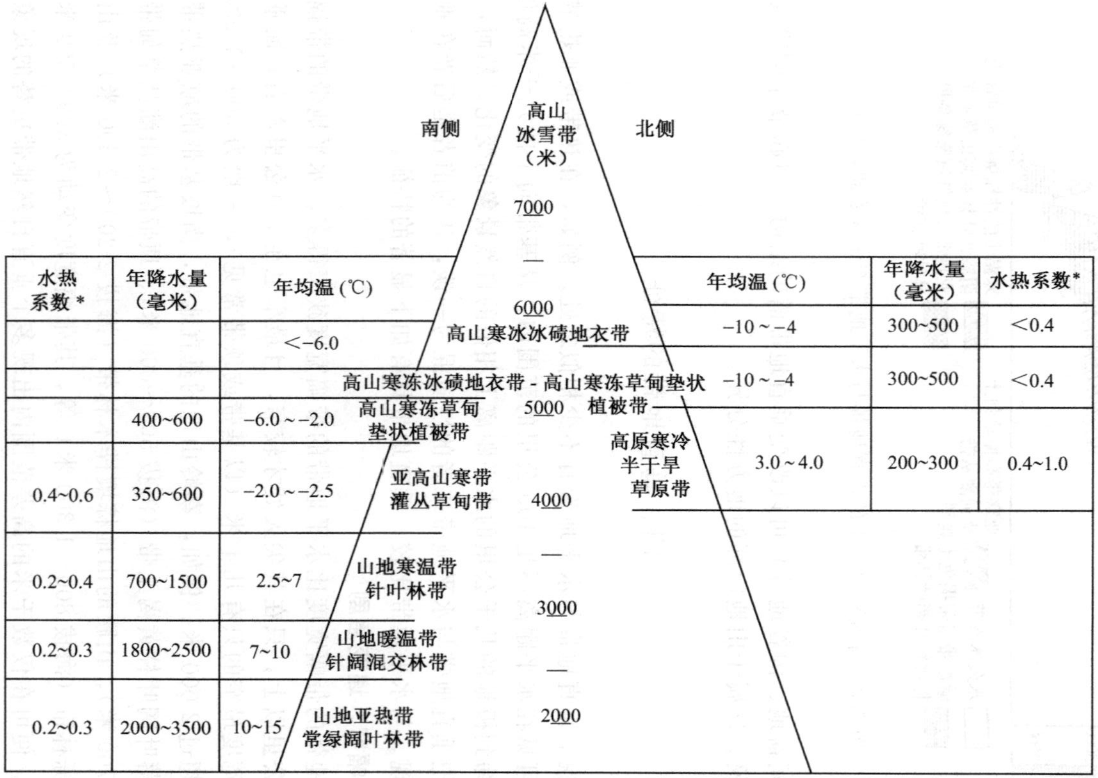

图 7.4　珠穆朗玛峰地区的垂直分带

*水热系数 $=\frac{0.16\times\Sigma t}{r}$。式中：$\Sigma t$ 为日温≥5℃持续期间活动温度总和；r 为同期的降水量。

窄，同时重力效应显著，所以带间联系密切。在大规模、大范围的物质循环和能量转换的基础上，通过特殊的山地气流（如山谷风、焚风等）、山地地表水和地下水的径流、植物花粉飘落、动物季节性的上下迁移等过程，都进一步加强了垂直地带之间的联系。加之在山地经常发生突发性的过程，诸如洪水、泥石流、滑坡、山崩、雪崩和冰崩等，使垂直地带的联系更为密切。这些重力参与的过程在水平地带之间的联系中则是微不足道的。

3. 水热对比特殊

山地的降水量，在多雨带以下呈现由下向上递增的规律；背风坡由于焚风作用，一些地区的降水量递增甚微，而且在同一高度上，背风坡降水量往往少于迎风坡。这些特殊的山地降水分布状况与山地热量分布状况相结合，便形成了种种特殊的水热对比关系。

此外，山谷风、焚风、逆温层、云雾层等因素也加深了其特殊性。因此，垂直地带与那些外貌类似的水平地带存在着本质的差别。而且，垂直地带谱并不完全重现水平地带的序列，许多水平地带在山地并没有相应的垂直地带，而一些高山垂直地带在平地上也不成带状。例如，大陆性草原荒漠垂直地带谱中不出现高山苔原带，而高山草甸带也没有相应的水平地带。

4. 节律变化同步

水平地带由于带幅广，跨越地域宽阔，各地带之间的昼夜节律和季节节律便有很大的差别。而在同一山体的各垂直地带的节律变化则是基本一致的。由此可知，垂直地带的时间结构与那些外貌类似的水平地带的时间结构是完全不同的。

5. 微域差异显著

复杂多变的山地地貌使得山地小气候复杂化，因而使垂直地带微域差异十分明显。常可观察到同一垂直地带中在很短的距离内，由于地貌的局部变化，气候、土壤、植被便相应发生变化。如果加上山区第四纪堆积物类型众多、泉水和风化壳类型复杂等因素的影响，则垂直地带的微域差异比平原地区的微域差异更为明显。

五、垂直地带性与水平地带性的相互关系

垂直地带性是一种独立的地域分异规律，既不属于纬向地带性分异，也不属于经向地带性分异。但基带的存在，使三者建立了不可分割的联系。

我们知道，在起伏较大的地形上垂直地带性表现强烈些，而在起伏和缓的平坦地形上水平地带性则表现强烈些。因此，根据垂直地带性与水平地带性在起伏不同地形面上的作用强度的差异，可以得出两者的关系阶梯图（图 7.5）。这个关系阶梯图反映了水平地带性与垂直地带性的内在联系，在区域研究方面也具有一定的指导意义。

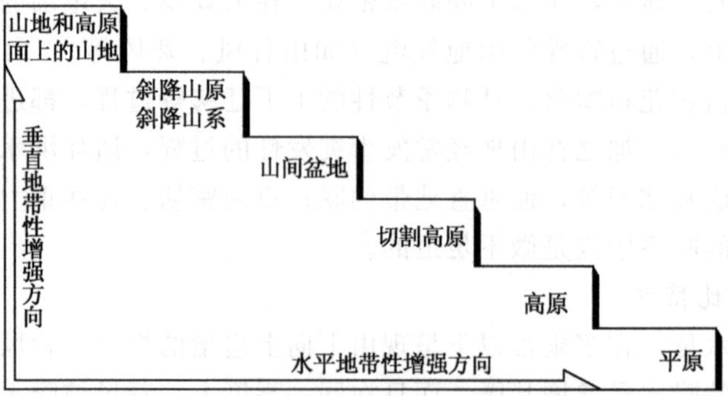

图 7.5 水平地带性与垂直地带性的关系阶梯

从图 7.5 可以看到，在自然地理环境中水平地带性与垂直地带性的对比关系大致可分为以下六级：

第一级是平原。主要以水平地带性分异为主，是水平地带的典型区域。

第二级是高原。主要指具有完整广阔高原面的典型的高原，如蒙古高原、贵州高原东部。在高原面上发育着水平地带，但由于地势较高，对于其周围低地来说，又具有垂直地带性，所以有称之为隐垂直-水平地带性。

第三级为切割高原。如我国的云贵高原南部。这类高原自深切河谷到高原顶面有垂直地带性表现，但所占面积有限，而在面积较大的高原面上表现为水平地带性，故可称垂直-水平地带性。

第四级是山间盆地。盆地内具有一定的水平地带性表现，盆地边缘的山地则具有显著的垂直地带性表现，故可称水平-垂直地带性。

第五级为斜降山原和斜降山系。它们的河谷和盆地下降不深，但山地坡面必然带有垂直地带性的烙印；而当其作南北延伸或南北相间分布时，又必然含有水平带性的意义，故可称隐水平-垂直地带性。

第六级包括一般高度较大的山地和高原面上的山地。它们均以垂直地带性占绝对优势，是地域垂直分异的典型区域。

上述关系阶梯只是定性的概括。要确定垂直地带性与水平带性的明确关系，应该建立定量的模式。近年，一些地理学者在山地高原的研究中引入了“三维地带性”的概念，并提出了以三维的坐标轴表示自然地理空间分异三维结构的函数：

$$s = f(W, J, G)$$

即，任何一个地点的自然地理景观（s），应该是纬度变化因素影响（W）、经度变化因素影响（J）和高度变化因素影响（G）三者的函数。在平原地区，G 为常数或接近常数，函数式改写为

$$s = f(W, J)$$

在面积不大的山地，W 和 J 为常数或接近常数，函数式又可改写为

$$s=f(G)$$

求解该函数式，将是一个庞大复杂的过程。因为上述三个变量（W，J，G）本身已是多种复杂因素的综合。按目前的研究水平，用数学公式来准确求出这些因素及其变化尚有困难。

然而，三维地带性或三维结构是自然地理环境的客观存在。青藏高原是一个典型的例子，地势高度对高原自然景观分异有深刻的影响，纬向地带性和经向地带性也有明显反映（图 7.6）。我国东南边缘山地垂直带谱特征取决于其热带近海的位置，西北边缘山地垂直带谱特征又取决于其温带内陆的位置。宽广的高原面上纬向地带性与经向地带性相互交织，构成从东南向西北由森林地带到荒漠地带的水平地带性变化。高原内部的山地垂直带，又以高原面水平地带为基础分异，具有强烈的高原特色。由此可见，大尺度、中尺度的地域分异是三维地带性共同作用的结果，简单地用某一种分异规律来分析都难以符合客观实际。

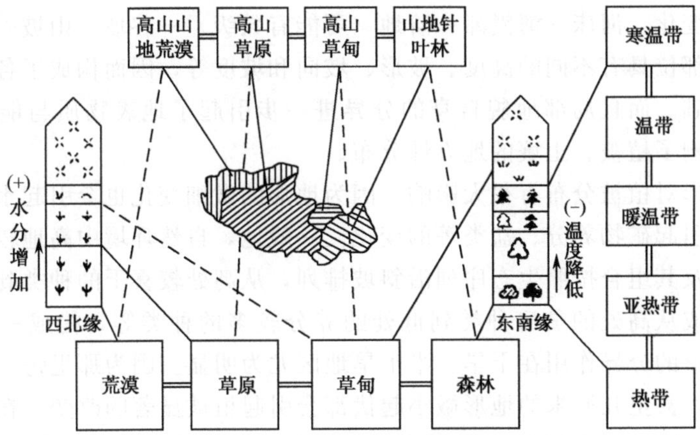

图 7.6　青藏高原自然带三度空间变异示意图（赵松乔等，1988）

第四节　地　方　性

一、地方性的概念

三维地带性支配了自然地理环境大陆层次和区域层次的地域分异，它们属于大、中尺度的地域分异规律。而在局部地区的小范围内，自然界的分异则主要由地方性所支配。

所谓地方性，是指在地带性和非地带性规律共同作用的基础上，自然地理环境由于局部因素引起的小范围的地域分异规律性。

地方性分异是自然地理环境中最普遍和最低级的地域分异。我们在野外考察时，所能最直接观察到的往往就是地方性差异现象。因此对地方性的研究具有更为普遍的实际意义。

二、地方性分异因素

引起地方性分异的局部因素主要是局部地形的差别、小气候的差别、岩性和土质的差别以及人类活动的影响。虽然这些因素都在一定程度上互相作用、互相联系着，但在不同的分异背景下，它们各自具有不同的演进方向和强度，但其中的某一方面可构成为主导的分异因素，支配着局部地区自然环境的分异。各局部因素的分异作用如下：

1. 局部地形引起的分异

在局部范围内地形的性质（如高度、坡形、坡向、坡度及其组合关系）决定了不同地貌部位环境的差别。例如，从河谷低处走向分水高地，地貌形态相对地发生这样的变化：河床—河漫滩—阶地（可能有数级）—谷坡—山坡—山顶。由于不同地貌部位具有不同的高度、坡形、坡向和坡度等，因而构成了各自一定的环境分异基础。而且局部地貌自身的分异进一步引起了地表物质与能量的再分配，从而影响了植被、土壤的地方性分布。

局部地形对植被分布有很大影响，因为地形的微细变化也会引起水分状况的变化，从而引起矿物养分、盐类等的变化。一般地，自然环境中高地较干，低地较湿；植物及其组合按照生态序列沿斜坡排列，从高处较喜干的种类到低处较喜湿的种类，或从高处的贫瘠种类到低处的养分较多的种类等，构成一个生态系列。局部地形的分异作用在干旱、半干旱地区尤为明显。因为那里每一滴水对植物都很重要，甚至几厘米的地形微小起伏都会引起植被显著的改变。在中纬度和高纬度的山区因坡向不同往往引起地面水热条件的差异，从而出现不同的植物群落。

地形对水分和热量的再分配作用也影响了土壤特性。在同一地区内，不同地形有着不同的土壤水分状况和土壤温度，从而影响物质的机械组成和地球化学分异过程，使土壤形成过程表现出地方性分布规律。例如，位于褐土地带的华北平原，由山麓到滨海地带依次出现褐土、草甸褐土、草甸土、滨海盐土等。在黑钙土地带的高地上，随着局部地形的变化，往往可在相邻的平浅洼地、平地和稍微隆起的小高地上，相应地见到碳酸盐黑钙土、黑钙土和淋溶黑钙土。

2. 小气候引起的分异

小气候的形成起因于下垫面的局部差异，其中主要的是地形的差异，不同坡向和坡度的地貌部位具有不同的日照和通风条件。在野外工作时，阴、阳坡的差异以及迎风、背风坡的差异，常可通过植被的差异而显示出来。

当然，小气候分异因素并不完全被地貌部位所控制，而具有相对独立性。山谷风虽然由地貌原因引起，但其影响并不限于某一地貌部位，而可大大地加强整个山地河谷的通风条件。海陆风所形成的小气候条件具有更大的相对独立性，形成沿海岸带较好的通风条件。

局部地形与小气候条件结合在一起，共同制约了局部地方的干湿状况，这是地方性分异的重要因素。不同干湿程度的局部环境决定了不同的生活条件，相应地形成不同的植物群丛，也就构成了小范围的地域分异。

3. 岩性和土质引起的分异

岩性和土质的差异也是一种地方性分异因素。土壤中的矿物质部分来源于岩石的风化产物（土质）。不同性质的岩石，其风化后，土质的机械组成、矿物质组成、酸碱程度等不同，因此所发育的土壤性质不同，从而引起生物生境的差异。例如，在我国华北的气候条件下，石灰岩风化的山坡土壤呈碱性，那里多生长柏树；花岗岩风化的山坡土壤呈酸性，那里多生长松树（油松）。

土质的差异还包括沉积物分相的不同。沉积相的差别往往受到地形的影响，因为坡度不同的地形部位大体具有不同的沉积特性。但是土质在地域分异上也表现出相对独立性，原因是沉积物的机械组成也影响潜水的分布状况。例如，黄河下游的泛滥冲积平原，其中沙丘、沙垄地段，排水良好，地表堆积的细粉沙在冬季常随风移动，自然植被是稀疏的旱生沙生草类；而在浅平洼地上，潜水接近或出露地表，排水条件差，常有滞水现象，土壤潜育化和盐碱化明显，自然植被多为水生草本植物和耐盐碱的草类或灌木丛。这样的沙丘、沙垄地和滞水盐碱洼地是黄河下游泛滥冲积平原两种突出的地方性景观。

4. 人为活动引起的分异

人类活动对自然地理环境的地方性分异作用是非常明显的。在现代社会，随着农业发展和都市化，自然环境剧烈变化，现代人类活动已成为一种重要的地貌营力，它可改造自然的地表形态，造成农田、道路、矿场、水库等新的局部环境。在人类聚居的地方，精耕细作的农业、放牧或都市化几乎完全处于人类的支配之下，这些地方自然植被大体已被人工植被所取代，自然土壤也让位于耕作土壤。人类还有影响自然环境变化的另外方式，即将植物和动物从它们固有的环境迁移到别的环境中。总之，局部自然环境由于人类活动而处于显著的变化状态。

第五节　地域分异规律的相互关系

本节主要对本章内容作一扼要的小结，并借助图 7.7 揭示地域分异规律的内在联系。

这个网络图可以帮助我们理解各种不同规模的地域分异规律之间的复杂联系。这些规律既互相联系，又互相制约，各属于一定的等级层次。但是，无论哪

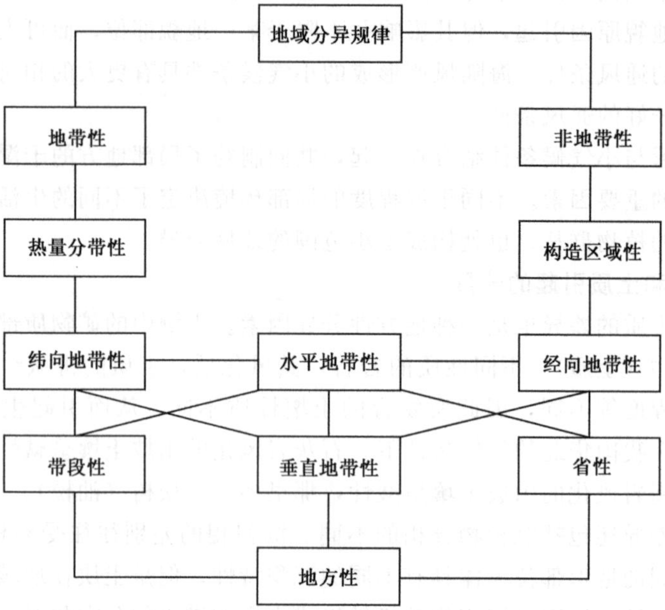

图 7.7　地域分异规律相互关系

一尺度、何种形式的地域分异都最终归结为地带性因素和非地带性因素两者相互作用的性质和程度这一基本的问题上。因此，我们认为地带性和非地带性是最基本的地域分异规律。其余诸规律均为此二者在不同地域、不同范围、不同方向上不同程度的具体体现或者派生。

倘若仅从字面意义上理解，地带性可以包括纬向、经向和垂直这三种分带性。我们不采取这种广义的地带性概念，而把地带性视为与纬度热量分异直接相关的地域分异规律，其典型表现是地表的热量分带性。非地带性并非指其不存在带状分布，而仅因其作为地带性的对立面而存在，故冠以这个“非”字。非地带性因素常使地带性分布发生偏离与畸变，其典型表现是构造区域性。

在地球表面，地带性具体表现为纬向地带性，非地带性则具体表现为经向地带性。它们均以各自然要素或自然综合体的分异为其标志，两者共同支配了自然地理环境在水平方向的分异。因此，纬向地带性和经向地带性的综合表现就是水平地带性。

带段性和省性是水平地带性的两种不同形式，各自反映出其主要和次要的分异因素的作用及其相互联系的状况。

垂直地带性是叠加了地带性影响的非地带性。在这里，非地带性因素（地势起伏）起了主导作用，它使地带性产生了垂直方向上的强烈畸变，从而产生了垂直地带性分异。但是，垂直地带谱的基带仍在地带性因素的控制之中。

有的地理文献，把反映地带性特征为主的地域称为显域性地域，而把反映非地带性特征为主的某些低平地域（如沼泽、草甸、盐碱地等）称为隐域性地域。隐域性的地域分异固然受非地带性因素控制，但同时也受地带性因素影响。如沼泽在不同地带的具体属性各不相同，而且在一定程度上也反映纬向地带性分异。因此，隐域性可看作是水平地域分异中派生的规律，是叠加了地带性因素影响的非地带性或隐地带性现象。由此推论，垂直地带性也可以视为另一种隐域现象，因为由于地势起伏引起的垂直地带性本身是非地带性现象，而各垂直地带谱的特征又反映出水平地域分异的规律性。可以认为，凡是由地势高低而导致水平带性发生变异的现象都可称为隐域性。

在小范围内，地带性和非地带性的综合表现为地方性。它是在两种基本地域分异因素共同作用下，由于个别因素在小范围内起了主导分异作用而形成的局部地域差异。

复习思考题

1. 什么是地域分异？什么是地域分异因素？
2. 地带性、非地带性有什么不同？
3. 简述纬向地带性的成因和主要表现。
4. 简述经向地带性的成因和主要形式。
5. 什么是水平地带谱？理想大陆划分为哪些地带？
6. 什么是垂直地带性？它是怎样产生的？
7. 什么是垂直地带谱？影响垂直地带谱的基本因素有哪些？
8. 简述垂直地带的特征。
9. 什么是地方性？地方性分异因素有哪些？
10. 简述地域分异规律的相互联系。

第八章 土地类型

20 世纪 40 年代以后，逐渐形成了一门涉及多种学科的综合性科学——土地科学。它主要是研究土地的自然特征、土地生产潜力、土地利用现状、土地规划和管理等方面。土地类型学是它的一个重要分支学科，侧重研究土地的自然特征，并根据其特征进行分类研究和可利用性的评价分等。从地理学的角变来说，土地类型学是综合自然地理学的重要部分。由于它具有较大的理论和生产实践意义，因此成为自然地理学直接解决生产问题的有力杠杆之一。

第一节 土地的现代概念

土地的概念来源于劳动者对地理环境的综合认识。人类开拓地理环境必然接触一些具体的地段，在这些地段上从事农业活动或工程建设绝不是仅与某一自然要素打交道，而是与该地段的自然环境的综合特征打交道。例如，农业生产不能只根据土壤特点来安排作物的种植，还应考虑地貌部位及其所决定的水热条件、地下水深度、排水条件等对作物生长的影响，即必须考虑当地整体的自然特点。又如，人们在进行建筑时，不是只注意地基的承载能力，还要综合考虑小气候条件、现状地貌以及地貌过程等。正是在实践中，人们逐渐认识到要搞好生产和建设不能只注意某一自然要素的特点，而应该考虑自然的综合情况，于是形成了对土地的综合认识。尽管这种认识最初是朴素的，却是现代土地科学概念的思想基础。

关于土地概念，至今还没有一个严格的定义，但可以认为人们对其实质的认识已臻明确。试举出几个有代表性的论点：

土地包括地球特定地域表面及其以上和以下的大气、土壤及其基础地质、水文和植物。它还包含这一地域范围内过去和目前的人类活动的种种结果，以及动物就它们对目前和未来人类利用土地所施加的重要影响（1972 年联合国粮农组织召开的土地评价专家会议文件《土地与景观的概念及定义》）。

土地应该被认为是土地表面在某一点的整个垂直剖面，从空间环境直至下伏的地层，包括动植物群体以及与其有关的过去和现在的人类活动（赵松乔和申元村，1980）。

土地是一个综合自然地理的概念，它是地表某一地段包括地貌、岩石、气候、水文、土壤、植被等全部因素在内的自然综合体，还包括过去和现在人类活动对自然环境的作用在内（赵松乔和申元村，1980）。

从农业利用角度出发，把土地看作综合体的观点无疑是正确的，因为人类的农业生产活动并不仅受某一因素的影响，更重要的取决于它们之间的相互关系及相互结合的性质。因此，这个位于陆地表层部分的统一体、人类活动的基地、我们称之为“土地”。换句话说，“土地”是一个垂直系统，它是由气候、地貌、土壤植物和水文等组成的一个独立的自然综合体（石玉林，1980）。

综合各家的观点，土地概念可以表述为：土地是地表某一地段的自然综合体，包括地质、地貌、气候、水文、植被、土壤等全部自然地理要素以及人类活动对它们作用的后果。

无论如何表述，土地概念都包含着下列基本内容：

（1）土地是自然综合体。其综合自然特征主要取决于各组成成分及它们之间相互作用性质和特点。

（2）土地是陆地表面具有一定垂直厚度和水平范围的地段。各具体的地段有大小之别，空间分布有一定的地域组合关系。

（3）土地是历史自然体，受自然规律制约，具有发生和发展的历史过程。

（4）土地是人类活动和生产的场所，又是重要的自然资源，除自然属性之外，还具有经济利用价值，因此它在过去、现在和将来都受到人类不同程度的利用和改造。

第二节　土地分级

一、土地分级的概念

人们在生产和建设过程中有一种地段感，即发现自然地理环境中可以区分出一些自然特点最一致的土地地段，在其范围内经济利用方式和效果是相同的，其面积通常很小，这些小地段彼此有一定的地域联系，可以组合为仍具有一定综合自然特点、内部结构稍复杂的较大的土地地段，还可以由这些较大的土地地段，结合为更复杂和更大的土地地段。生产和建设就应根据工作范围所涉及的大小不同的土地地段的综合特点来安排和配置，这是土地分级的实践需要。从本学科的角度来看，自然环境归根到底是由大小不等的土地地段逐级组合的多组镶嵌系统，要深刻揭示它的规律，需要自下而上逐级研究其特点和组合关系。因此，便产生了土地分级的概念。

概括起来，土地分级是指土地个体地段的划分和合并，即采用地域系统研究法区分出一些综合自然特征一致性和内部复杂性的程度有差别、级别不同和大小不等的个体土地地段。

二、土地分级系统

土地分级研究一般采用三级系统，即划分出三个基本的土地分级单位（表8.1）。不同学者对等级单位概念的理解不尽相同，因此没能取得完全一致的划分标准，但不同系统中相应等级的单位大致上可作相互对比。

表8.1 土地分级系统对比

国家	等级系统		
	低级单位	中级单位	高级单位
原苏联（1950）	相（Фация）	限区（Урочише）	地方（Местностъ）
澳大利亚（1968）	立地（Site）	土地单元（Land unit）	土地系统（Land system）
英国（1965）	土地要素（Land element）	土地片（Land facet）	土地系统（Land system）

我国的土地分类研究主要是沿用原苏联的土地分级系统。下面将作进一步的论述。

1. 相

相是土地地段最低级的单位，即自然地理综合体最基本的单元。地理学家们提出了许多关于这个基本单元的不同名称。例如Б.Б.波雷诺夫称之为“单元景观”，В.Н.苏卡切夫称之为“生物地理群落”，Л.С.贝尔格则采用“相”这一概念。

Б.Б.波雷诺夫认为，典型出现的单元景观是由一种岩石或冲积物所组成的一定的地形单元，而在其存在的每一个时期内都覆盖一定的植物群落和一定的土壤变种，并且在其范围内岩石和有机体间相互作用的发展是一致的。

В.Н.苏卡切夫的“生物地理群落”是地表的一个地段，在这一定的空间内，生物群落与其相适应的大气圈、岩石圈、水圈和土壤圈都是一致的，并且它们之间的相互作用具有同样的特征。

Л.С.贝尔格认为，相是地理学不可再分的单位。

В.Н.宋采夫给相下了一个定义：相是具有一致的自然地理条件的地段，在其整个空间内应当具有相同的岩性、一致的地形，并获得相同数量的热和水分（处于相同的水热条件下）。在这样的条件下，在它的空间内应以一种小气候占优势，仅仅形成一个土种和仅仅分布着一个生物群落。

А.Г.伊萨钦科也作了如下表述：最简单的地理综合体（他称为“相”）应当认为是地域的这样的地段：在它的范围内所有组成成分都具有一致的性质，即它们都是它自己的最细小的分类单位。这就是说，这样的地域是位于一个地形单元范围内，具有一个生物群落，在它的范围内形成一种小气候，一个土壤变种。如果再对这种地域进行划分，那就已经是对每个组成成分内部的个别要素的划分了。

命名不同，反映了各家认识上的差异。然而，上述各定义均已涉及相的本质问题，概括起来就是：①相是最简单的自然地理单位，是土地分级的下限；②相是不能再分的自然综合体；③相是自然特征最一致的地段。

根据相的实质，我们可以给出较为明确的定义：相是最低级的土地单位，是在同一地貌面上，具有相同的岩性、土质、地下水和排水条件，并具有一种小气候、一个土壤变种、一个植被群丛的自然特征最一致的土地地段。

例如，一条干沟的横剖面可分出沟底相和沟坡相；一个小丘的剖面可分出丘顶相、丘坡相和丘麓相（图 8.1）。实际上，相的组成比较复杂，但都可先划分出地貌面，然后考虑同一地貌面的其他组成成分的一致性。如果在同一地貌面上其他成分发生分异，而形成不同的自然综合体，就应在同一地貌面上划分出不同的相。

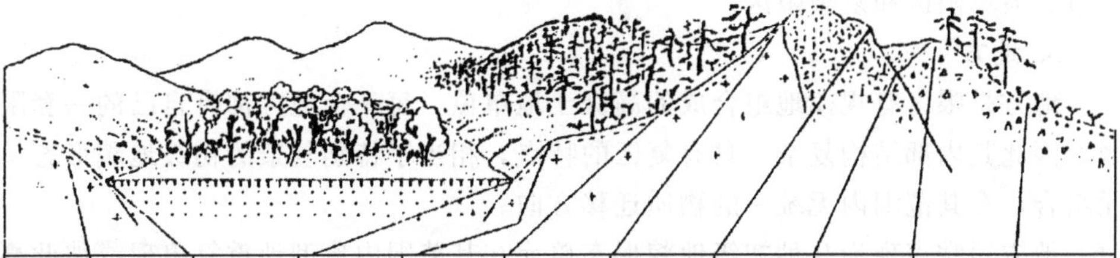

相序	1	2	3	4	5	6	7	8	9	10
地形	沟坡	沟底	沟坡	丘麓	丘坡	丘顶	沟坡	沟坡	丘坡	丘麓
岩性	花岗岩	冲积层	花岗岩	花岗岩	花岗岩	硅化岩	硅化岩	角砾岩	角砾岩	角砾岩
土壤	薄薄砂质土	厚厚壤土	薄薄砂质土	薄薄壤砂土	薄薄砂质土	粗骨土或岩石露头	粗骨土或岩石露头	粗骨土或岩石露头	薄薄砂质土	薄薄砂质土
植被	草丛	阔叶杂木林	草丛	马尾松-芒萁	马尾松-芒萁	裸地	草灌丛	草灌丛	马尾松-芒萁	芒萁

图 8.1 相的基本划分

2. 限区

限区是相有规律地组合成的中级土地分级单位，通常相当于一个初级（中等）地貌形态单元，是外貌最清楚的自然地理综合体。在其范围内，物质迁移特点具有一致性。

可以举出限区的几个典型例子。譬如，一条冲沟，假若忽略其内部的土种、植被群丛、人类活动等的差别，则它就是至少由两个沟坡相和一个沟底相所组成的冲沟限区；同理，一座小丘是至少由一个丘顶相和分别两个丘坡相和丘麓相所组成的小丘限区；一个阶地是至少由一个阶面相和一个阶坡相所组成的阶地限区，等等。上述的冲沟、小丘和阶地都相当于初级地貌形态。这些初级地貌可以是凹型（如冲沟）、凸型（如小丘）或过渡型（如阶地），通常它们都有比较清楚的界限。由于一个限区具有相同的地貌基础，所以构成限区的各个相的联系比较密切，这种联系尤其表现在同一限区内物质迁移特点的一致性方面，这就是为什么限区成为一个独立的土地单位的重要原因。

土地是一个历史自然体，它经常处在发展变化之中，因此可能造成一些未发育成熟的、不典型的土地地段。比如，某些相或其一部分，在进一步发展中形成为一些内部分化不明显的限区，它处于相与限区之间的过渡形式。这样一种自然地理综合体被称为环节，意思就是从相到限区的过渡环节。

再如，当阶地或丘陵上发育出了冲沟，即一个限区被叠加上一个新限区时，也形成了新的自然地理综合体，我们称之为复杂限区。相对地，一般的典型限区就称为简单限区。

总之，限区相当于一个初级地貌形态单元，它可以是雏形的，典型的（简单的），或复杂的。根据上述不同的发展阶段，便可把限区分成三个不同的级别：环节、简单限区和复杂限区。

3. 地方

地方是限区有规律地组合成的高级土地单位。每一个地方都有自己的一套限区，因此其内部结构复杂，具有复区的特点，相当于特别复杂的初级地貌形态单元组合，在其范围内无统一的物质迁移方向。

地方通常表现为几种初级地貌形态单元在其范围内典型地重复出现或彼此叠置分布。例如，一个沙丘带具有沙丘和沙丘间凹地两种限区的重复分布，便可划分为地方。一个遭受多级切割的阶地或黄土梁地，也可视为一个地方。与地方相应的土壤和植被是土壤种和植物群丛的复域。

地方的空间划分，起主导作用的是地貌形态和新构造运动，它们决定着限区组合的特点，使每一个地方都具有自己独特的结构格局。

三、土地分级单位的相互关系

我们把土地划分为相、限区和地方这样三个不同级别的土地单位。显然，各级土地单位在综合自然特征一致性以及内部复杂程度等方面存在着差异。除了相这一级内部结构较为简单一致以外，随着级别提高，土地单位内部复杂程度逐渐增加，差异性逐渐明显（表 8.2）。

表 8.2 土地分级单位自然要素比较

土地级	地 形	气 候	水 文	土壤	植被
相	地形面	小气候	土壤水性质相同	变种	群丛
限区	初级地貌	小气候组合	排水条件和潜水条件相同	变种组合	群丛组合
地方	初级地貌组合	地方气候	小流域	复区	复区

注：根据（陈传康等，1993）整理。

另一方面，土地分级单位是土地组合的结果。这种由简单的单位组合为较复杂的单位，进而组合为更复杂的单位的基本根据是土地单位之间密切的地域联系，各不同土地单位必须在地域上相互连接才能进行组合，相是最小的土地单位，通过相组合成限区，限区又组合为地方。地方是土地分级的最高单位，倘若把综合自然特征较为一致的土地地方作进一步组合，还可得出一个更为高级的个体单位——自然地理区，即狭义的景观（图 8.2）。从狭义上理解，景观区别于土地。后者可以看作为前者的组成要素，因此有的原苏联学者把土地单位称之为“景观形态单位”。事实上，景观已超出土地分级的范畴，而属于区域分级（即自然区划）单位。我们把土地分级单位和区域分级单位合称为地域分级单位或者地域个体单位。

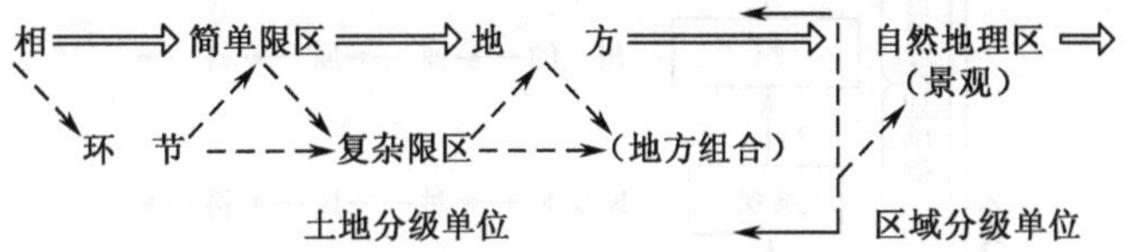

图 8.2　土地分级单位的相互关系

第三节　土 地 分 类

一、土地分类的概念

土地分类是指对土地单位的类型划分。由于在一个区域范围内（如一个自然区或行政区）土地个体单位的数目很多，除特殊需要外，一般不逐个研究其个体特征，只按它们质的相似性作不同程度的概括，得到分类级别高低不同的各种土地分类单位，这是土地分类研究所采用的类型系统研究法。

我国劳动人民根据长期以来对土地的综合认识，常在所居住的区域划分出一些自然特点相似的各种土地地段，形成了一些没有严格分类级别的土地类型概念。例如，河北省井陉盆地的居民把当地土地分为：坪、梁、涧、川；黄土高原的居民所划分的塬、梁、峁、川，也是土地类型；珠江三角洲的居民把可以种水稻的耕地称为田，不种水稻的耕地称为地，山地和丘陵统称为山或半山，实质上都是土地类型。

对土地进行分类研究是土地类型学的主要任务和重要研究课题。通过对土地类型的划分，不仅能正确认识土地现状，指出改造与利用的方向及途径，而且有助于扩大自然地理学的研究领域，发展地理学的理论体系。

二、土地分类系统

对土地进行分类研究，土地个体经过逐次地概括和归纳，结果形成分类层次高低不同的土地分类单位系列，也就是建立了一定的土地分类系统。

根据土地个体单位的多级特点，土地分类也应是多系列的，即应对每一级土地单位分别进行类型的划分，各自形成一个类型系统。以相为例，我们可以把性质相似的某些相归纳为“相种”，性质相近的相种再归纳为“相属”，性质相近的相属又归纳为“相科”。同样，性质相近的限区或地方也可以分别构成自己的种、属、科系列（图 8.3）。这里对不同层次土地类型单位的划分，我们借用了生物分类的术语，而在用于实际目的的土地分类表或土地分类图例中，“种”、“属”、“科”的名称一般都被省略。

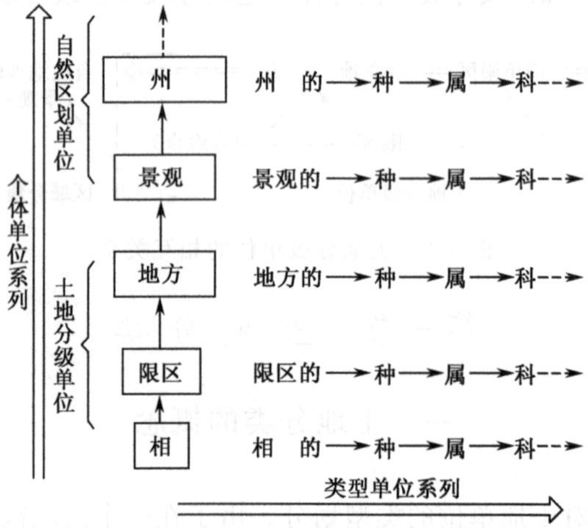

图 8.3 个体单位与类型单位的相互关系
（据（А.Г. 伊萨钦科，1965），并作一定修改）

图 8.3 反映了个体单位与类型单位的相互关系。其中个体单位系列包括等级较低的土地分级单位系列和等级较高的自然区划单位系列。

从图中可见，每一等级的个体单位都可以划分出相应的类型单位系列。但是，由于个体单位系列是个体单位的逐级合并，越是高级的单位其内部结构越复杂，相似性越少。因此，在实践中，只在等级较低的土地分级单位中进行分类研究；等级较高的区域分级单位一般不作类型的划分而进行区划研究。

其次，个体单位不论任何等级都是客观的，它们都作为具体的地域个体单位而存在着，并具有空间的连续完整性，而类型单位则是分类的产物，是个体单位共同属性的逐级概括，它们都作为抽象的概念而存在。由于同一类型的个体单位不一定在空间上连续分布，因此在类型图上，每一类型多表现为一些分离的分布区。

在实际工作中，编制分类系统通常采用两种方法：一是顺序法，即按种、属、科的顺序直接列出分类系统。这种方法简单明了，适应性广。另一方法是两列指标网络法（图 8.4），主要用于相的分类。具体做法是以纵列表示地貌形态，自上而下按低到高列出各种地貌面；横列表示土壤和植被类型，自左至右由湿润到干旱和由湿生到旱生；纵横二列交叉构成一个网络。从理论上讲，每一个格子就表示一种类型，但实际上土地类型只集中出现在 AB 连线两侧附近，自然构成一个系统。这种方法比较复杂，但有助于分析组成土地各要素之间的相互关系。

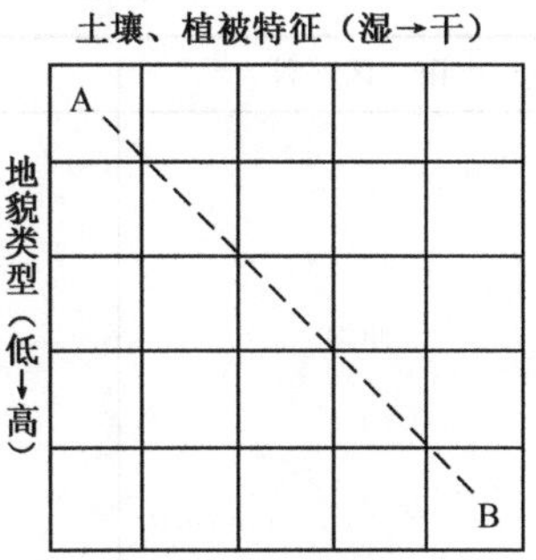

图 8.4　两列指标网络
（陈传康等，1993）

三、土地分类实例分析

1. 相的分类

表 8.3 以顺序法列出广东鼎湖山沟床河床相的分类系统。相同的相种其地形面、水流格局、土质、土壤（变种）和植被（群丛）具有一致性，其改造利用方向与途径也大体相同。相种的划分，视具体情况而考虑各组成要素的某些主要特征。本例侧重于相的水文要素和地形要素归纳为相种，再按各相种水文特征的相似性把它们归纳为两个相属，又按地形的相似性把相属归纳为相科。如是，在相这一级土地单位中划分出了一个土地类型系列。

表 8.3　鼎湖山沟床河床相型表

相　科	相　属	相　种
沟床河床	常流水沟床河床	缓流沟床河床
		急流沟床河床
		瀑布沟床河床
		水潭沟床河床
	暂时流水沟床河床	间歇缓流沟床河床
		间歇急流沟床河床
		跌水沟床河床

2. 限区的分类

表 8.4 为北京门头沟斋堂地区冲沟限区的分类表。其中限区种是代表相同的初级地貌形态中具有相同基质的各个限区的总合；限区属是以初级地貌形态的分类为依据，对各限区种特征的概括；限区科是各限区属特征的概括。

表 8.4 北京门头沟斋堂地区冲沟限区分类表

限区科	限区属	限区种
冲沟	大冲沟	沟底梯田化的黄土质大冲沟
		沟底梯田化的石渣质大冲沟
		未进行农业利用的砂页岩大冲沟
	小冲沟	沟底梯田化的黄土质小冲沟
		砂页岩沟坡的黄土质小冲沟
		沟底梯田化的石渣质小冲沟
		未进行农业利用的砂页岩小冲沟

限区相应于初级地貌形态单元。因此，进行限区分类应从分析地形入手，首先研究地表切割和起伏的规律以及正负地形交替分布规律。例如，在侵蚀地形区要先研究冲沟切割程度及其分布规律，在喀斯特（溶岩）峰林分布区要研究峰林分布与河谷地形的关系，在沙丘分布区要研究沙丘和丘间地的分布规律，然后把各种正负地形加以区别。在此基础上再进行土地类型的划分。

3. 地方的分类

从表 8.5 的台地地方分类系统中可以看出，温和白浆土台地、温凉白浆土台地等是该系统的初级分类单位，表中的“温和”、“温凉”、“温冷”等术语代表着一定的积温条件，据此概括成地方种。由地方种概括成地方属时，其分类依据是土类的相似性。由地方属概括成地方科时，其分类依据是地形的相似性。

表 8.5 延边自治州台地地方分类表

地方科	地方属	地方种
台地	白浆土台地	温和白浆土台地
		温凉白浆土台地
		温和白浆土玄武岩台地
	暗棕壤台地	温凉暗棕壤台地
		温冷暗棕壤台地

土地类型的划分及其分类系统大体如上所述。作出分类之后应进行编号，一般方法是：

“科”用拉丁数字Ⅰ，Ⅱ，Ⅲ，…表示；

“属”用英文字母 a，b，c，…表示；

“种”用阿拉伯数字 1，2，3，…表示。

然后按科—属—种依次组合成Ⅰa_1，Ⅰa_2，…，Ⅱa_1，…表示科、属、种关系的土地类型符号。

土地类型的划分包含着类型的命名。关于土地类型的命名方法大致有三种：①采用当地习用的名称。其特点是简单、通俗、宜于推广应用，但有局限性，须进行挑选和加工。②采用地貌名称代替或与当地习用名称合并使用。这对非专业人员来说是较为易读的。③特征成分组合名，如由植被、土壤、地貌等决定土地特征的主要成分名称组合而成，有时还加以土地利用特征。其特点是内容较详细明了，适合于专业人员使用，但颇觉烦琐。

四、问题讨论

以上介绍了土地分类研究的基本概念和方法。概括起来，我们强调土地个体单位和类型单位要严格区别；并且，由于土地个体单位是多级别的，所以土地分类是多系列的；而每一级的土地分类也具有一定的类型级别系统。这一土地分类思想，发端于原苏联的景观区域学派，在我国由以陈传康为代表的一批地理学者所继承和发展。

我国另外一部分学者受原苏联景观类型学派的观点以及植被、土壤分类方法的影响，不赞成土地分级与分类的区别，采用单系列的分类系统。中国科学院地理研究所主持制定的《中国 1：100 万土地类型图分类系统》[1]基本反映了这种以赵松乔为代表的观点[2]。该系统把全国土地类型分为三个级别。高级分类单位是水热类型（土地纲），用英文字母 A，B，C，…表示，全国分出 12 个高级类型：A. 湿润赤道带；B. 湿润热带；C. 湿润南亚热带；D. 湿润中亚热带；E. 湿润北亚热带；F. 湿润半湿润暖温带；G. 湿润半湿润温带；H. 湿润寒温带；I. 黄土高原；J. 半干旱温带草原；K. 干旱温带荒漠；L. 青藏高原。每一土地纲划分出第一级土地类型（土地类），在其英文字母右下角用阿拉伯数序表示。每一土地类之下划分第二级土地类型（土地型），在英文字母右上角用阿拉伯数字表示，这是上图的基本单元。各级土地型类单位的划分标准如下：

土地纲的划分指标是≥10℃积温、干燥度、无霜期及熟制（青藏高原和黄土高原主要根据地貌条件）。

土地类以引起土地类型分异的大（中）地貌类型划分（山地以垂直自然带划分）。

土地型以引起次一级土地类型分异的植被亚型或群系组、土壤亚类划分（山地以垂直自然亚带划分）。

这个全国性的分类系统，在我国是一个创举，其中凝聚了国内许多地理学者

1）中国 1：100 万土地类型图编委会、中国科学院地理研究所：中国 1：100 万土地类型制图规范及分类系统，1985 年。

2）赵松乔：中国 1：100 万土地类型划分与制图，中国土地类型研究，科学出版社，1986 年。

的心血，作为我国土地分类研究的一次总结，基本上是成功的。然而，这个方案所体现的单系列分类思想则存在着值得商榷的地方。根据这种思想，类型单位同时又是个体单位，即相、限区、地方等被视为分类单位，逐级加以类型合并，类比于植被分类中群丛、群系、群系纲等的逐级概括。我们认为，运用这一思想进行土地分类研究存在两个较明显的问题：①在理论上不严密。它把个体与类型混同起来，因此，单列分类系统随着低级类型单位的逐级合并，高级类型单位的个体特征逐渐明显，最终与自然区划单位重合或与自然区划系列相平行[1]。上述的《中国 1：100 万土地类型图分类系统》其下半截是分类，而上半截却是区划，实际是把两种不同质的事物混淆起来了，而多系列的土地分类则不然。土地分级实质就是小区区划，土地分级单位与自然区划单位两者上下衔接，可以联成统一的地域个体单位系列；而在同一等级的个体单位中进行类型划分，从而使区域划分与类型划分明显地区别开来。②在方法上有缺陷。当进行小比例尺土地制图时，单系列土地分类不可避免地要遇到类似于地植物学或土壤学中复区分类和复区制图的困难，而多系列的土地分类则不然。由于其根据不同的制图比例尺相应变换上图单元，即选择某一分级单位作为分类和制图对象（通常是，大于 1：10 000 比例尺的以相为对象，1：10 000～1：200 000 比例尺的以限区为对象，1：200 000～1：1000 000 比例尺的以地方为对象），因此不存在复区问题。基于上述，我们的观点是要把土地分级和分类明确地区别开来，强调在一定个体分级单位的基础上建立分类等级系统，不仅对每一级土地单位（相、限区、地方），而且对每一级自然区划单位都可分别建立分类系统。

第四节　土地分等

一、土地分等的概念

土地分等即土地评价。同类型的土地对于农业、城市建设、旅游、交通等不同生产部门来说，其适用性和质量好坏存在着一定的差别。因此，需要根据具体的生产目的，对各种土地类型在该种利用下的潜在能力进行评价，划分出不同的等级，以便充分而合理地利用土地资源，满足生产要求，保持环境质量。

土地分等的针对性很突出。同样的土地，针对不同的用途可有不同的评价和划分为不同的等级。因为对于不同的生产目的，同类型土地表现出不同的生产潜力，即有不同的适用性、不同的限制性、不同的经济效益和不同的生态效益。如怪石嶙峋的石灰岩峰林石山，对于农业生产而言，其适用性很低，限制因素很多，即便开发利用也收获无望，还会破坏生态平衡，因此是劣等的；而对于旅游

1）赵松乔，1986，中国 1：100 万土地类型划分和制图，中国土地类型研究，科学出版社。

业，则可能是有利的、优质的。

由此可见，进行土地分等首先要了解特定利用目的对土地的要求，诸如农作物的生态幅度对土壤的要求，牧畜对牧草的选择，或者建筑工程对地基载荷能力的规定等。其次要了解评价区内土地的性质，即先行完成土地分类研究。还要了解当地社会经济背景，包括区位条件、劳动力条件、经济历史特点、现行经济政策及未来的发展规划等。因为土地评价不可能是纯自然的评价，要为生产服务，必须结合具体经济条件分析。只有进行了上述前期准备，才能展开评价和分等。

近年来虽然已有一些学者提出了城市建筑用地或交通用地等的评价报告，但是除了农业之外，有关其他生产部门的土地分等研究尚未广泛和深入地展开。有鉴于此，以下的讨论仅侧重于农业用地方面。

二、土地分等的依据和指标

土地的适宜性、限制性、经济效益和生态效益是土地评价分等的主要依据，同时又要考虑具体的社会经济条件。指标是衡量土地质量高低的标准，它表明土地所提供的利用条件的优劣程度。

1. 土地适宜性

土地的适宜性是指在一定的条件下土地类型对某种经济利用的适宜程度。可以按土地的现状或按改良后状况加以考虑。衡量土地适宜程度的主要指标是看土地能否长期地、最有效地得到利用和最大限度地发挥其潜力。

在农业生产用地中，土地的适宜性一般分为：①多宜性，即同时适宜于农、林、牧等多种生产；②双宜性，即同时适宜于农、林、牧中的各两种生产；③单宜性，即只适宜于农、林、牧的其中一种生产；④不宜性，即在目前的经济技术条件下还不具备经济价值的用途。

对于某种用途，土地适宜性又有最适宜、中等适宜和临界适宜的差异。例如：

农地或宜农地，最适宜的，适合于多种作物生长，尤其适合经济作物和蔬菜种植，产量高、质量好；中等适宜的，对农作物有一定限制，尤其是不利于经济作物和蔬菜发展，产量不高或质量不好；临界适宜的，对农作物生长的限制因子增多，产量低，质量差。

林地或适林地，最适宜的，适种树种广泛，生长快，产材量高；中等适宜的，对树种有一定限制性，产材量不高或木质不好；临界适宜的，对树种的限制性更多，仅适于耐瘠薄、抗旱性强的少数树种生长，木材产量低，木质差。

牧草地或适牧地，最适宜的，草地适合多种牧畜饲养，草丛茂盛、营养丰富、适口性好、产量高；中等适宜的，草地仅适于某几种牧畜饲养，草质中等，产草量不高，或草质虽好，但产草量低，或产草量虽高，但草质差；临界适宜的，草质差，产量很低，草场退化，载畜能力小，牧畜种类受到很大限制。

2. 土地限制性

土地的限制性是指某种或某些不利因素对土地适宜性和生产潜力的抑制程度。限制性也可以看作土地质量，表示土地条件没有达到某种用途的程度。

土地限制性因素主要包括酷热、严寒、干旱、沥涝、风沙、盐碱、水土流失及劳动力不足、交通不便等。不同地区土地的限制性因素不完全相同，因而，作为划分土地等级的限制因素指标在各地也不完全一致。

一地的土地限制性因素中，某些限制性因素不易改造，为稳定性限制因素；某些限制性因素可通过一定的改良措施予以改造，为不稳定性限制因素。在进行土地质量评价时，应注重这两类限制性因素的分析，特别是要抓住对土地质量影响较大的稳定性限制因素，它是决定土地质量高低的重要依据。

3. 土地经济效益

土地的经济效益是衡量土地质量高低的主要依据之一。它是指在一定的经济、技术条件下，土地所能提供的有效收益。对于农业生产，土地的经济效益既包括一定的生产水平，又包括经营投入与产出的比较。为确切地对土地进行分等评价，除了考虑现有的生产水平以外，还要考虑土地的投入和产出之比，两方面必须有机地结合起来，土地生产水平表现在一定条件下土地生产能力的大小，一般用土地产品及产量表示，如耕地单位面积产量及总产，林地木材产量及采伐量，牧地载畜量及畜产量等。为比较的方便，还有采用产值的纯收入来衡量的。此外，还包括生产周期的长短等。土地的生产水平包含现有的和可能达到的两方面，因而土地的经济效益作为一个指标，是个变数，依一定的经济、技术条件而转移。

4. 土地生态效益

在上述一般土地评价基础上，还应对土地生态效益进行补充评价。所谓生态效益是指在某种生产利用条件下土地生态系统的质量。不合理的土地利用，会导致生态系统质量的下降。说明这种土地类型对于该种用途是不适宜的，其生态效益是低的。有时，虽然短期内某种土地对于某种生产用途的限制因素较少，经济效益较高，但因生态系统的稳定性遭遇破坏，从长远看最终使限制性因素增长和经济效益下降。所以这类土地仍然是不适用的或低等的。

衡量土地生态效益的高低，可以运用生态学原理进行分析，也可以通过土地自然系统与土地利用系统的比较找出差别。例如，自然系统的生产潜力与利用系统的现实生产力的对比。前者以年干物质产量计，后者以年农作物的茎秆加籽粒的重量计，两者比较可以看出不同土地类型的生态效益差别。例如，温带湿润地区针阔叶混交林暗棕壤地带的自然生产力为10吨/（公顷·年），而该地带内河谷平地的水稻产量，茎秆加籽粒可达15吨/（公顷·年），远大于自然系统的生产力，说明其生态效益高。但有的温带半湿润地区被开垦的沙地，每年茎秆加籽粒只有2吨/（公顷·年）的产量，而当地自然系统森林草原的干物质产量可达8～13吨/（公顷·年），表明该土地利用系统生态效益很低。应该指出，上述比较必须以正常部位即显域性部位为标准。除了生产力比较外，还可以进行土地自然结构和土地利用结构的比较，分析土地利用带来的生态后果，从而确定生态效益的高低。人类社会经济活动常常由于不考虑其生态后果而破坏了生态系统的结构和功能，引起一系列与自然顺序相反的退化过程。如从固定沙地→半固定沙地→半流动沙地→流动沙地的变化。总结这类人类活动对生态条件的影响及其发展趋势，也有助于在土地评价中对生态效益的确定。

三、土地等级

土地等级（或称土地潜力等级）是土地评价的最终成果，也是土地分等研究的核心部分。土地等级的数目应按评价区域的复杂程度和评价的目的要求确定。目前，通常采用的土地等级为八级制（图8.5）。从一等地到八等地，土地的适宜性及生产潜力依次减小，而限制性因素增加；等级相同的土地，其适宜性及生产潜力大致相同。

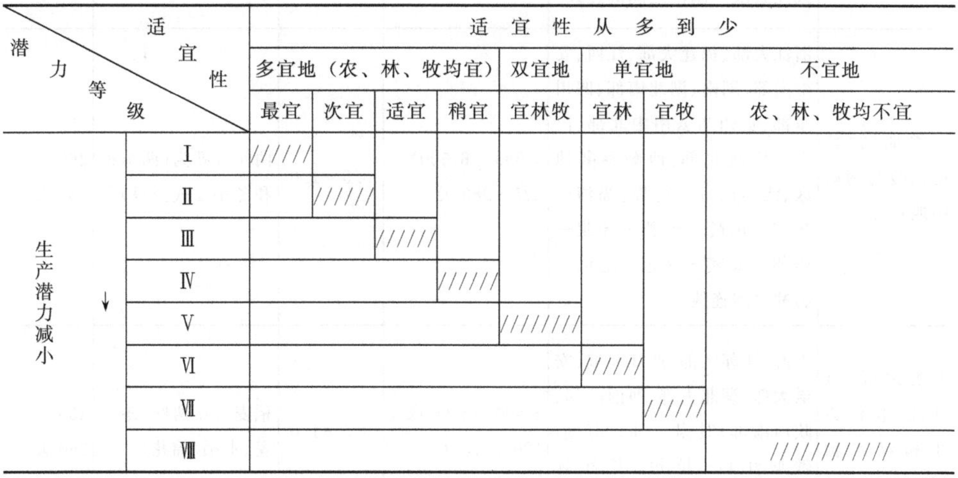

图8.5 土地潜力分等图式

必须指出，由于地域分异的原因，处于不同地带和不同地区的土地类型其自然属性有较大的差异，因此不能把地域差异较大的不同区域的同等土地进行简单的对比。例如，我们不能把热带地区的一等地与温带或寒带地区的一等地等量齐观，虽然它们同是一等地，却质的不同，其潜力等级并不相等。

因此，在广大区域内进行土地分等研究时，为了区别出各地区土地资源潜力的本质差别，既便于各地区进行土地资源潜力的对比，又不至于混淆各地区的土地潜力等级，可以在土地潜力等级之上划分一定的类区。类区既具有区域的含义，又具有等级的含义。一般说来，一类地区的某等地生产潜力应大于二类地区的同等地（其余类推）。但是由于耕种历史、集约程度、改造设施等社会经济因素的不同影响，也可以在不同程度上掩盖了这种类区间的差别。

中国科学院自然资源综合考察委员会[1)]在编制我国1：100万土地资源图时制定了一个土地分等的暂行草案，该草案先将我国土地分成11类区（暂行草案中称自然地区），各类区的水热条件和熟制上有质的差别，各类区的排列顺序大体上体现了各类区潜力依次降低的顺序（表8.6）。

表8.6　全国土地资源自然地区(类区)划分指标[1)]

地　区	范围与界线	指　　标			
		≥10℃积温和天数	干燥度	熟　制	全无霜期
一类地区(大陆南缘与岛屿)	台湾南部、广东琼雷、云南南部、南海诸岛	7 500℃以上,320天以上	0.5～1.0	三季稻	全年
二类地区(南岭以南)	台湾大部、福建南部、广东大部、广西大部、云南大部。南界：电白—化州—安铺—河口或允景洪—澜沧之间的连线	6 500～7 500℃,280～320天	0.5～1.0	一年三熟(双季稻和冬红薯或冬小麦)	330　天左右
三类地区(江南丘陵与南岭山地)	浙江大部、福建大部、江西、安徽南部、湖南、湖北南部、四川东部、贵州与云南中北部、广东与广西北部、西藏察隅地区、江苏南部。南界：福清—华安—焦岭—英德—怀集—梧州—来宾—百色—昆明—腾冲之间连线	5 000～6 500℃,225～280天	0.5～1.0	两年五熟为(两季稻和冬小麦或蚕豆)	260～330天
四类地区(钱塘江、长江以北和汉水流域)	上海、江苏大部、浙江北端、安徽大部、湖北大部、河南南部、陕西南部、甘肃一部。南界：钱塘江口—杭州—长江谷道—宜昌—大巴山之间连线	4 500～5 000℃,180～225天	0.5～1.0	稻麦一年两熟(冬小麦、水稻、棉花)	230～260天

1）中国科学院自然资源综合考察委员会，1979，中国1：100万土地资源图制图规范(暂行草案)，北京昌平会议材料。

续表

地　区	范围与界线	指　标			
		≥10℃积温和天数	干燥度	熟　制	全无霜期
五类地区(华北平原、丘陵)	辽东丘陵和辽河平原东部、天津、北京大部、河北大部、山东、山西南部、河南大部、陕西关中、江苏安徽北部。南界:秦岭—淮河谷地	3 200或3 500～4 800℃，150～210天	0.7～1.0～1.5	两年三熟到一年两熟(冬小麦、棉花、玉米、杂粮等旱作)	150～220天
六类地区(黄土高原、丘陵)	山西中部、陕西北部、宁夏南部、甘肃东南部、青海东北角。东南界:太行山中段—霍山—黄龙山—子午岭南端—永寿梁—陇山;西界:乌鞘岭—西宁以东—岷县连线以东	3 200～3 600℃，150～170天	1.5～2.0	两年三熟(冬小麦、秋杂粮)	145～195天
七类地区(东北)	辽宁中北部、吉林、黑龙江、河北东北部。南界:沈阳—辽西丘陵北侧—燕山北侧	3 200℃以下,150天以下	0.5～1.2	一年一熟(南部高粱、玉米,北部春小麦、大豆)	145天以下
八类地区(新疆南疆、河西走廊)	塔里木盆地、河西走廊西段。北界:天山南麓—哈密—酒泉之间的连线	3 200～4 500℃，180天左右	4以上	两年三熟到一年一熟(小麦、水稻、玉米、棉花)	约120天
九类地区(内蒙古、长城以北)	内蒙古东部、中部、河北西北部、山西北部、陕西北端。东界:海拉尔—乌兰浩特—辽西丘陵以西—燕山以北—五台山—长城之间的连线	2 000～3 200℃，90～160天	1.0～2以上	一年一熟(春小麦、玉米)农牧区	180天以下
十类地区(新疆北疆、内蒙古西部,宁夏北部)	准噶尔盆地、阿尔泰山、天山、额济纳、阿拉善、河西走廊东段、宁夏北部。东南界:苏尼特右旗以西—桌子山以东—定边—乌鞘岭—祁连山北麓—酒泉之间连线	2 700～3 500℃，135～170天	2～4	一年一熟(春小麦、水稻、棉花)以牧为主的农牧区	180天以下
十一类地区(青藏高原)	西藏大部、青海大部、四川西北部	2 000℃以下,130天以下	0.5～1.0或2.0～2以上	一年一熟(青稞、春小麦)以牧为主的地区	120天以下

1）根据《中国1∶100万土地资源图制图规范（暂行草案）》。

每个类区之下又分为八等地。不论在哪一类区，其一等地的生产潜力最大，适宜性最广，限制性因素极少；八等地则为不能利用的土地。各等地之间有质的差别。从一等地到八等地，其生产潜力和适宜性逐渐降低，而限制性因素及其强度逐渐增加。具体的评价如下：

一等地（Ⅰ）：土地质量好，基本上没有限制，适宜性广，宜于农业、林业和牧业利用。

二等地（Ⅱ）：土地质量较好，适宜性广，由于某些不利因素的限制，农业利用受到一些影响，但对林、牧业利用影响不大。

三等地（Ⅲ）：土地质量中等，适宜性较广，但受到土壤、排水状况或盐渍化等的影响，农业利用时需要采取一定改良措施。

四等地（Ⅳ）：土地质量较差，适宜性受到较大限制，受地形、土壤侵蚀、土层厚度、盐渍化、水源、灌溉条件等的较大限制，勉强可利用于种植业，一般适宜于林、牧业。

五等地（Ⅴ）：土地质量差，适宜性较窄，坡度较陡，侵蚀强烈，土层薄或有强度沼泽化、盐渍化，改良困难，已不宜种植业，对林业或牧业有一定限制。

六等地（Ⅵ）：海拔较高，坡度较大，适种树种少，发展牧业受到较大限制。

七等地（Ⅶ）：基岩暴露较多的山地或为有稀疏牧草的戈壁、沙漠，仅能勉强供牧业利用。

八等地（Ⅷ）：不适宜农、林、牧业利用的戈壁、沙漠、冻原、冰川等。

第五节　土地结构

一、土地结构的概念

在生产实践中，相同的水热条件下，一个地区的生产和建设仍存在内部的差异。产生这种差异的原因，除了社会经济因素不同的影响外，主要与该地区土地结构有关。区域的土地结构对农业生产构成方向，以及大农业内部的构成有较大的影响。因此，在土地分级、分类和评价工作之后，还需要进一步研究土地结构。

土地结构是指各种土地类型在某区域内的组合方式、比例和彼此间的相互联系所构成的格局。土地结构包括各种土地类型的质和量的对比关系。质的对比关系是指有哪些种类的土地类型及其组合关系，量的对比关系是指各种土地类型所占的面积比例。例如，通常说某地区是“七山、一水、二分田”，就是概括地指该地区的土地结构特征，其中的山地、水域和农田三种土地类型之间在性质上的差异和组合上的联系，构成了这些类型的质的对比关系；它们之间的七、一、二的面积比例，便构成了量的对比关系。通过土地类型间质和量对比关系的分析，就可以了解一个地区的土地结构及其整体性特征。

二、土地类型的组合形式

各种土地类型在空间分布上都各自有其相应的位置，彼此之间相互联系，具有一定的组合形式。在不同的区域中，土地类型往往具有不同的组合形式，这与地域分异规律有密切关系。在地方性分异因素的作用下，土地类型的分布常按一定的格局组合而成一个相对完整的地段（区域）。组合的形式有多种多样，归纳起来可分为递变型和重复型两大类：

（1）递变型组合。指各种土地类型的空间分布按一定方向和方位发生依次变化，构成一定的系列（图 8.6），如丘陵或山地中从下至上的层状组合，河谷中从阶地至河床的级状组合，海积平原中沿海岸带的条波状组合，湖盆区从边缘到中心的同心圆状组合，等等。

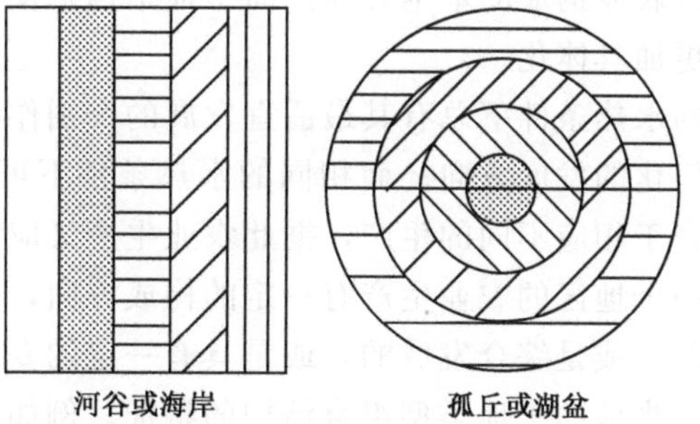

图 8.6　土地递变型组合图式

（2）重复型组合。指土地类型的空间分布不按一定顺序更替，而是呈相间排列或斑块状等形式出现，构成重复、分散的复区（图 8.7），如遭受冲沟切割的台地区，分布有浅凹地的草原区等。

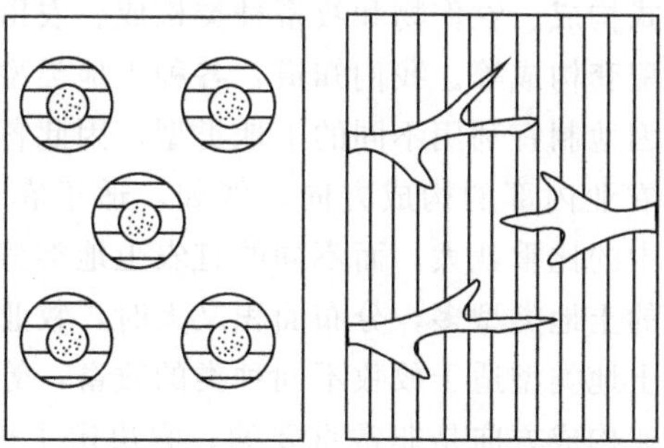

图 8.7　土地重复组合图式

土地个体的等级越高，其结构也越复杂多样，因此土地结构也体现出一定的地区层次性。每一个低一级的层次均为高一级层次的局部或组成部分，而每一个较高级层次是较低的层次有机结合而成的整体。由此可见，研究土地结构既要注意各组成部分的作用，更应重视各组成部分之间的相互联系和相互作用，强调它们之间由能量转化和物质循环所构成的协调关系，即考虑整个区域自然环境和自然资源的整体性问题。

三、土地结构与农业构成

研究土地结构具有重要的实际生产意义。从综合自然地理学角度来看，一个地区的农业生产构成方向，即农、林、牧、副、渔等业的生产构成方向，主要决定于下列两个条件：一是区域的水热条件，二是区域的土地结构。水热条件决定了该区域最适于栽培的作物组合，最适于饲养的家畜种类及其品种组合，等等，实质上是决定了该区农业构成的基本方向。而土地结构则使由水热条件决定了的生产构成基本方向更加具体化。

一方面，一定的水热条件下总有其最适宜发展的个别作物或牧畜种类，据此农业生产可考虑专门化的发展方向；而相同的水热条件下可能有多种土地类型，不同的土地类型适合于相应不同的生产，据此农业生产又应考虑综合发展。二者结合起来，就导致一个地区的农业生产有一定的构成方向，这个方向可以是比较集中的专门化方向的，或是综合发展的，或是具有一定的专门化方向的综合发展的，具体构成取决于当地的土地类型组合结构的特征。例如，平原区域，土地结构较为单一，故比较集中的区域农业专门化多在这里形成；地貌变化起伏较大的地区，土地结构较复杂，不易形成单一优势，却具有结构优势，根据土地结构的复杂程度不同，可以形成具有一定农业构成专门化的综合发展方向，或形成综合发展的集约多元化方向。

另一方面，土地结构影响了当地的大农业各种内部构成，包括农林牧渔等业的构成、土地利用方式构成、农作物和牧畜种类构成、农田水利措施和田间工程种类构成、农业机械配套构成等。我们知道，各种土地类型的自然特点是各不相同的，农业生产要求因地制宜利用不同的土地类型，因此各种土地类型都有与其相适应的最适合的大农业内部的构成方向。例如，适于农业的土地类型比例大时，农业在生产构成中的比重就大，而不同的宜农土地类型其农业利用方式也有差别；适于发展牧业的土地类型多，分布面积又大时，牧业在生产构成中的比例就大，而不同的宜牧土地类型适于放牧不同种类的牧畜，等等。

一个地区的大农业构成方向是非常重要的，它决定了该区的生产战略部署。在区域水热条件的基础上，根据区域的土地结构合理确定当地的生产发展方向，并进行与之相适应的改造、利用和保护措施，将大大促进该区的开发建设和自然保护。例如，对于黄土高原的农业生产发展方向的问题，我们应从水热条件和土地结构两方面入手进行探讨。黄土高原面积广大，从东南部的褐色土落叶阔叶林地带向西北过渡为灰褐土森林草原地带，并延伸到草原地带、半荒漠地带的东南缘。区域内地貌变化大，有切割高原（塬）、切割丘陵（梁和峁）、山地、山间冲积盆地等。因此，我们必须从客观条件去分析黄土高原不同区域的水热条件差异，并进一步研究这些区域内的土地类型质和量的对比关系，才能为不同区域确定其科学的生产发展方向。如陕西的北部属森林草原带，地貌属黄土丘陵沟壑区。从水热条件看，农林牧业都有发展条件，也都有限制因素。从土地结构看，该区具有“一川、二沟、三坡、四峁梁”的土地结构特点，“川”地宜农，但所占比例小，不能扩大农耕；“沟”地可耕部分发展农业，但须加一定的田间工程措施，防止水土流失；“坡”地和“峁梁”地目前已是水土流失较严重的地段，如要开垦耕种，必然导致水土流失恶化。由此可见，该区的土地结构中适于农业的土地类型少，适于种值牧草和造林的坡丘地多。因此，陕北黄土高原沟壑区的生产建设方向应以牧为主，农林牧综合发展。类似的，如粤北山区，位于南岭南坡，是北高南低的斜降山地，具有所谓“八山、一水、一分田”的土地结构，宜农地少，宜林地比例很大，又处在东亚季风区中亚热带的湿润水热条件下，因此本区的农业构成方向应以林为主，农林牧综合发展。

农业集约化程度高的地区，特别要考虑土地利用方式的合理构成，这是大农业内部的构成。如珠江三角洲的水网洼地，经过相应的地貌改造，形成了基田和池塘两种土地类型经常重复出现的组合方式，这样的土地结构，使当地形成了“桑基鱼塘”、“蔗基鱼塘”和“果基鱼塘”等的土地利用方式。基田上种桑、蔗、果，水塘养鱼，农林渔用地彼此分开。有两种以上的土地利用方式按一个复区有机结合，并建立了彼此有利相互促进的生态循环。这是一种典型的集约化农业地域类型。由此可见，各种土地类型的有机结合，有利于土地利用方式的合理构成，有利于农林牧生产综合发展，有利于向集约化农业发展。

总之，土地结构，即土地类型的质和量的对比关系，对于确定一地农业总体的和内部的构成方向很有关系，它使由大气候条件决定的生产构成更为具体化了。

复习思考题

1. 简述土地的基本内涵。
2. 土地分级有什么意义？
3. 什么是相、限区、地方？
4. 如何划分相？

5. 土地分类与土地分级有什么区别？

6. 什么是土地分等？

7. 土地分等的指标和依据有哪些？

8. 什么是土地结构？简述其与农业构成的关系。

第九章　综合自然区划

综合自然区划是区域自然地理学研究进行到一定阶段的产物。这一研究是在比较全面地认识地域分异规律和具有比较适当的方法论基础上进行的。它需要对研究区域各级自然综合体作全面的认识，即不仅要认识各自然组成成分的空间分布特征，还要深入分析它们之间的相互关系；不仅要掌握区域的地理现状，还要了解区域自然历史过程。因此，综合自然区划总是代表着一定时期区域自然地理研究最后的综合成果，是反映对自然地理环境认识程度和衡量自然地理研究水平的重要标志之一。一个正确反映客观存在的区划方案，不仅深化了自然地理学研究的理论和方法，而且为区域经济发展的宏观研究提供了地域自然结构的基础资料。

第一节　概　　述

所谓区划，就是区域的划分。根据不同的区划对象分为行政区划、经济区划和自然区划几类。广义的自然区划包括部门自然区划和综合自然区划。前者是对某一自然地理成分的区划，后者着眼于自然地理环境的整体结构，对自然综合体进行区域划分。

综合自然区划是以地域分异规律为指导，根据区域发展的统一性、区域空间的完整性和区域综合自然特征的一致性，逐级划分或合并自然地域单位，并按这些地域单位的从属关系建立一定形式的地域等级系统的研究方法。这种地域系统的研究法通常简称为自然区划。

自然区划的对象是客观存在的自然综合体，包括从最高级的地理壳到最低级的景观（或称自然地理区）一系列不同级别的自然地域单位。通常，一个高一级的单位，往往包含若干个性质与结构相似的低级单位，它们可以合并成高一级单位；而同一等级的若干个单位之间又总存在一定的差异，它们正是因为这些差异而被划分开来。这种相似性和差异性通常被视为自然区划的根据。然而，区划的主要根据不是相似性或差异性，而是区域的联系性。所谓区域的联系性，主要是指组成同一区划单位内的各低级单位具有统一的自然历史发展过程和相互毗连的地域接触关系。没有共同的发育联系和共同的边界接壤的分离的区域单位，即使在景观外貌上有很大的相似性，也不能合并为一个高级单位；反之，也不能把有共同发展过程和地域毗连的一个完整单位，因为其内部局部景观外貌的特殊而划分出脱离这个高级单位的低级单位。也就是说，任何一个区划单位必然满足三个基本条件，即具有统一的发生学联系、具有完整毗连的空间和具有相对一致的整体特征。只有在发展一致和空间完整前提下的“相似性和差异性”，才具有自然区划的意义。

在类型研究中，相互分隔的自然综合体可以根据它们彼此的相似性被概括为同一类，因而命名相同的类型单位可以在地表重复出现。而自然区划单位，由于上述的基本条件，其在地表的存在是唯一的，不可能出现两个命名相同的区划单位。

自然区划和土地分级同属于地域个体单位的划分。不同的是所划分的单位等级不同。一般说来，大范围自然区域的划分属于自然区划的研究范畴，小范围自然地段（土地分级单位）的划分属于土地类型研究的范畴。自然区划单位面积较大、结构复杂、独特性明显，能反映一个区域全面的自然特征；而土地分级单位面积较小、结构简单、相似性突出，只能代表所属区划单位的某一自然片段。

总之，综合自然区划是一种揭示等级较高的地域个体单位空间分异的研究方法，它需要以地域分异的一般规律为指导，其区划的结果又是地域分异规律的客观反映。不同等级的自然区划单位的空间差异反映出不同的自然结构。这种自然结构的宏观反映是区域发展战略研究的基础。

第二节 综合自然区划的原则和方法

一、综合自然区划的原则

综合自然区划的原则是进行综合自然区划工作所必须遵循的准则。制定这样的原则，目的是为了保证区划工作能正确地反映自然综合体地域分异的客观实际。然而，目前关于综合自然区划原则的提法繁复杂乱，意见不统一。究其原因，一是对于原则本意认识的模糊，二是对于原则理解的分歧，三是对于原则命题（表达）的差别。因此，在关于综合自然区划原则问题的论讨中，阐明各项原则的确切含义，指出其适用范围，明确其相互关系是非常重要的，这样有利于澄清分歧，求得统一。

根据陈传康等学者的见解，可以把常用的区划原则分为两大类：一是区划的一般原则，这是进行任何区划都必须考虑的原则；二是区划的基本原则，这是综合自然区划所必须遵循的原则。

1. 一般性原则

（1）发生统一性原则。任何区域单位都是在历史发展过程中形成的，因此，进行自然区划必须探讨区域分异产生的原因与过程，以形成该区域单位整体特性的发展史为区划依据。

在遵循上述原则时，应该注意以下几点：①任何区域单位都具有发生统一性，但不同等级或同一等级的不同区域单位，其发生统一性的程度和特点是不相同的。也就是说，区域单位的发生统一性是相对的。②由于低级区域单位是由等级较高的区域单位分化出来的，因此，越是低级的区域单位其年龄越小，发生统一性越强。③对区域单位形成和演变的研究，当然可以追溯到相当久远的地质时期，但与现代自然环境关系最密切的主要是第四纪，尤其是晚更新世末、全新世初以来的环境变化。现代环境主要是通过这一时期的一系列变化造成的，而且这些变化过程迄今尚未结束，仍直接地影响着当代的自然环境和人类活动。

(2) 相对一致性原则。相对一致性原则要求在划分区域单位时，必须注意其内部特征的一致性。这种一致性是相对的一致性，而且不同等级的区域单位各有其一致性的标准。例如，自然带的一致性体现为热量基础的大致相同。自然国的一致性体现为热量辐射基础相同条件下的大地构造与地势起伏大致相同，等等。

相对一致性原则适用于把高级地域单位划分为低级单位，同时又适用于把低级地域单位合并为高级单位。

(3) 区域共轭性原则。自然区划所划分出来的必须是具有个体性的、区域上完整的自然区域，这称为区域共轭性原则。区域共轭性产生于区域单位空间不可重复的客观事实。任何一个区域单位必然是完整的个体，不可能存在着彼此分离的部分。根据这个原则，尽管山间盆地与其邻近山地在形态特征方面存在很大差别，但必须把两者合并为更高级的区域单位。同理，尽管自然界可能存在两个自然特征很类似，而彼此隔离的区域，但不能把它们划为一个区域单位。

2. 基本原则

(1) 综合性原则。在自然界，没有纯粹地带性的自然区域，也没有纯粹非地带性的自然区域。因此，进行综合自然区划必须综合分析地带性和非地带性因素之间的相互作用及其表现程度和结果。任何自然区域都是由各个自然地理要素组成的整体。因此，进行综合自然区划必须综合分析各自然地理要素相互作用的方式和过程，认识其地域分异的具体规律性。只有这样才能真正掌握区域自然地理综合特征的相似性和差异性，以及相似程度和差异程度，才能保证划分出的地域单位是不同等级的自然综合体。

(2) 主导因素原则。进行综合自然区划时，必须在形成各自然区域特征的诸要素中找出起主导作用的因素，这就是主导因素原则。抓主导因素并非忽视其他要素的作用，而是通过分析各自然因素之间的因果关系，找出一两个起主导作用的自然因素，并选取主导标志作为划分自然区域的依据。主导因素必须是那些对区域特征的形成、不同区域的分异有重要影响的组成要素。它们的变化不仅使区域内部组成和结构产生量的变化，而且还可导致质的变化，从而影响区域的整体特征。

主导因素原则与综合性原则并不矛盾。后者强调在进行区划时，必须全面考虑构成自然区域的各组成要素和地域分异因素；前者强调在综合分析的基础上查明某个具体自然区域形成和分异的主导因素。基于上述认识，有的自然区划作者把上两个原则合称为：综合性分析与主导因素分析相结合原则。

上述的各项区划原则，彼此不是相互排斥，而是相互补充的，可以把它们归结为一条总原则，这就是：从源、从众、从主的原则。所谓“从源”指必须考虑成因、发生、发展和共轭关系，“从众”是指必须考虑综合性和完整性，“从主”是指应考虑其典型性、代表性。这些方面都是力图客观地揭示自然界的地域分异事实。

二、综合自然区划的方法

1. 部门区划叠置法

这种方法采用重叠各部门区划（气候区划、地貌区划、土壤区划、植被区划等）图的方式来划分区域单位。把各部门区划图重叠之后，以相重合的网络界线或它们之间的平均位置作为区域界线。当然，这并非机械地搬用这些叠置网格，而是要在充分分析比较各部门区划轮廓的基础上来确定界线。

2. 古地理法

这种方法是通过实地古地理和历史自然地理遗迹的考察，并借鉴有关古籍文献及地质历史研究资料，深入探讨区域分异产生的原因与过程，并根据自然区域逐级分异产生的历史过程的相对一致性，划分出不同性质和不同等级的区域单位。不同等级的区域单位，应体现出它们具有不同的历史背景；同一等级的各个区域单位，应体现出各自的综合自然特征在发生条件方面的差异。

区域单位的古地理研究是阐明区域分异历史过程的最有效方法。但是，目前应用这种方法仍缺乏成熟的经验，特别是在古地理资料缺乏的情况下困难更大。所以现在一般地把古地理法作为综合自然区划中的一种必要的辅助方法。

3. 地理相关分析法

这是一种运用各种专门地图、文献资料以及统计资料对各种自然要素之间的相互关系作相关分析后进行区划的方法。大致步骤如下：①选定区划所需的有关文献资料、统计数据和专门地图有关内容等材料，并标注在带有坐标网格的工作底图上；②对上述资料进行地理相关分析，并按照其相关关系的密切程度编制出具有综合性的自然要素组合图；③在此基础上逐级进行综合自然区域的划分。

地理相关分析法是目前区划工作中运用较广泛的一种区划方法。如果与叠置法相配合使用，会得到较好的效果。

4. 主导标志法

这是贯彻主导因素原则经常运用的方法。区划时，通过综合分析选取某种反映地域分异主导因素的自然标志或指标，作为划定区界的依据。并且同一级区域单位基本按同一标志划分。应该指出，每一个区域单位都存在自己的分异主导因素，但反映这一主导因素的不仅仅是某一主导标志，而往往是一组相互联系的标志和指标，人们可以从中挑选出具有决定意义的某一主导标志来。当运用主导标志和指标（如某一气候指标等值线）确定区界时，若不参考其他自然地理要素和指标（如其他气候指标、地貌、水文、土壤、植被等）对区界进行订正，那么所划出的区界可能存在较大的任意性，并且不能保证所划区域单位的内部相对一致性。可见，主导标志法并非只注意某一主导标志而忽视其他标志，标志的指标也并非千篇一律。这种方法实质上是综合性原则与主导因素原则相结合的产物。它被认为是当前最好的区划方法。

5. 顺序划分法

顺序划分法即“自上而下”的区划法。这种方法先着眼于地域分异的普遍规律——地带性与非地带性，按区域的相对一致性和区域共轭性划分出最高级区域单位，然后逐级向下划分低级的单位。图 9.1 是采用这种方法进行区划的一种示意图式。

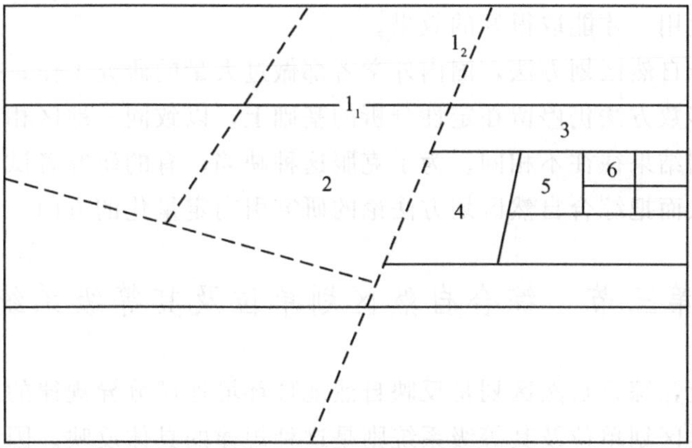

图 9.1　综合自然区划顺序划分法图式（据陈传康等，1993，略作修改）

注：①根据最大尺度的地带性和非地带性分异划分自然带和自然大区（图中 1_1 为自然带界线，1_2 为自然大区界线）；②自然带和自然大区互相叠置得出地区一级单位（图中：2），地区可视为自然带的高级省性分异单位；③根据地区内的带段性差异划分地带、亚地带（图中：3）；④根据地带、亚地带内的省性差异划分自然省（图中：4）；⑤自然省内划分自然州（图中：5）；⑥自然州内划分自然地理区（图中：6）

6. 合并法

合并法又称“自下而上”的区划方法。这种方法是从划分最低级的区域单位开始，然后根据地域共轭性原则和相对一致性原则把它们依次合并为高级单位。在实际工作，合并法通常是在土地类型图的基础上进行的。图 9.2 是合并法的一种示意图式。

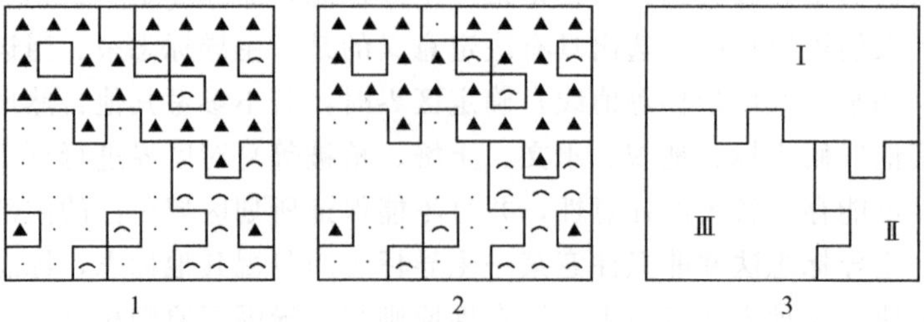

图 9.2 综合自然区划合并法图式（据（陈传康等，1993），简化）

1. 表示三种土地类型及其组合关系的土地类型图；2. 根据土地结构的地域差异划出自然地理区界线；3. 去掉土地类型界线，即自然地理区的区划图

以上介绍的是综合自然区划的几种常用方法。这些方法各有侧重，互为补充。此外，综合自然区划的方法与原则紧密联系，原则的正确贯彻有赖于运用相应的区划方法。在具体工作中，应该根据客观情况以某种方法为主，辅之以其他方法，灵活运用，才能取得好的效果。

关于综合自然区划方法，国内外学者都做过大量的研究工作，摸索总结出不少方法。但多数方法仍停留在定性分析的基础上，以致同一地区相同的资料、不同作者的区划结果往往不相同。为了克服这种缺陷，有的研究者试图加入数学分析的手段，从而把综合自然区划方法论的研究引向定量化的方向。

第三节 综合自然区划单位及其等级系统

前已述及，综合自然区划是反映自然地理环境地域分异规律的地域系统研究法。综合自然区划单位及其等级系统则是这种规律的具体反映。因此，等级单位系统的研究是综合自然区划理论研究的重要内容。

一、综合自然区划单位

地域分异的结果，使自然地理环境分化为一系列范围有大小、级别有高低的自然区域。这些自然区域就是综合自然区划所要划分的单位。我们从地域分异理论中知道，任何一个自然区域都是同时在地带性和非地带性两种因素共同作用下形成的。然而，一部分区域的分化取决于地带性因素，另一部分区域的分化则取决于非地带性因素。据此，可以把自然界存在着的区域单位分为两种基本的类型，即地带性单位和非地带性单位。而综合自然区划的下限单位（景观）是地带性因素和非地带性因素共同作用最一致的区域，它在综合自然区划的等级单位中占有特殊的地位。

1. 地带性单位

(1) 自然带。地理学界对于自然带的定义及其划分依据尚存争议。我国多数地理学者赞成自然带是最高级的地带性区划单位，认为自然带应按热量的地域差异及其对整个自然界的影响来划分。自然带之间的差异不仅在于热量分配上的差别，而且还表现在大气环流、植被、土壤和动物等方面明显的差别。因而自然带不等同于温度带，它是一个具体的综合性的景观带，即自然综合体。

基于上述理解，自然带的划分应该在地理相关分析基础上找出主导标志。通常选取的主导标志是综合性气候特征及其指标，如地面热量平衡、最热月与最冷月平均气温、活动积温等，这是因为自然带的结构和动态与气候过程中占主导地位的各种矛盾及其性质密切相关。自然带没有明显的界线，而为过渡带所衔接，因此在决定自然带范围时，还应参照其他自然标志。土壤与植被是重要的参考标志，与自然带的气候特征相互映照。

由于自然带的衔接具有过渡性质，因此适当把一些过渡带作为自然带处理是必要而可行的。但这些过渡带必须与自然带具有等价性。

划分自然带，并作为最高一级地带性区划单位具有一定的理论与实践意义：第一，便于分析比较世界各洲地带性分异的事实，以使各国综合自然区划系统衔接；第二，便于协调综合自然区划与气候、土壤、植被等部门自然区划的高级单位的相互关系；第三，便于推广农业生产经验，协调农业耕作制度，因地制宜。

(2) 自然地带。自然地带是次一级的地带性区划单位，通常被视为最基本的地带性区划单位。

每个自然地带都具有特定的反映地带分异的土壤和植被类型，从而构成一定的优势景观型。在地势和构造地貌差异支配下，每一自然地带内部通常形成从属于该自然地带的景观型和垂直带谱，它们与平地的显域景观型有所差别，并且不成优势分布。

自然地带划分的主导标志往往是构成优势景观的显域性土壤和植被类型，并可以把它们的界限作为自然地带的分界线。在缺乏上述资料的情况下，往往选用某些气候指标（如温度指标、水热指标等）作为划界依据。必须注意到，气候指标与自然地带关系只是相关关系，因此对指标的选用要因地而异。例如，在确定华南的地带界线时，温度指标的意义较大，这里的地带界线呈东西向伸延；在确定华北和东北的地带界线时，水热指标的意义较大，这里的地带界线呈东北—西南向伸延。

在自然地带之间常存在着过渡带。其过渡情况大致有两种：一种情况是不同的自然综合体镶嵌结合而相互过渡，如半荒漠、森林草原的情况；另一种情况是相近的两种显域性土类或植被型混杂于一个过渡带内，各森林地带的过渡情况便是如此。对于第一种过渡带的处理，可采用相关分析法确定界线，最简便而粗略的方法是平分为两个地带。对于第二种过渡带的处理，可按其范围大小，土类或植被型的组合特点与组合关系等，确定独立的地带或次一级的亚地带。

(3) 亚地带。亚地带是自然地带内再划分的地带性单位。在宽广的自然地带内部，某些组成成分的量变（还不足以引起整个自然地带质变）引起地带内自然综合体的地带性分异，从而产生了亚地带。亚地带并非见于所有的地带，许多范围较窄的自然地带划分不出这级单位。目前只在地域分异层次较明显和研究较为深入的地带内进行这种划分。从局部地区的研究成果来看，亚地带是以显域性的植被亚型和土壤亚类为主要标志。我国的实例如表 9.1 所示。

表 9.1 我国的部分亚地带

地　带	亚　地　带
温带半湿润地区 森林草原黑土地带	森林草原—淋溶黑土亚地带 草甸草原—黑钙土亚地带
温带半干旱地区 干草原栗钙土地带	干草原—暗栗钙土亚地带 干草原—栗钙土亚地带

(4) 次亚地带。次亚地带被认为是最低级的地带性单位。它不是普遍存在的自然区域，在某些亚地带内自然地理综合特征或自然地理要素发生局部的和更次级的地带性分化才构成次亚地带。

进行综合自然区划时，次亚地带划分的可能性只有深入研究后才能判断。一方面由于其地带性特征十分微弱；另一方面由于受非地带性因素的干扰强烈，使其地带性特征更为削弱。

目前关于亚地带和次亚地带的研究还不充分，具体的划分方案也少见。从理论上讲，地带内地带性单位的进一步划分是可能的。但由于地带性分异的渐进性，以及当前地带性单位的划分多以一些气候指标和土壤、植被类型差别为依据，而它们的地域分异研究仍有待深入，气候和水文特征的界线又不大鲜明，因此，给地带性单位的进一步划分带来困难，以致亚地带、次亚地带这些低级地带性单位的定义及其划分标志等理论问题尚缺乏研究。

2. 非地带性单位

(1) 自然大区。自然大区是最高级的非地带性单位，往往占据大陆的巨大部分。自然大区与大地构造——地貌单元紧密联系，通常相当于古地台（包括其周围比较年幼的褶皱构造地段），或巨大的造山运动带。并因其地理位置和地势特点的影响，每个大区在全球大气环流中都占有特殊地位，形成大气活动中心。因此，自然大区之间在地质地貌基础、热量带性质以及大气环流特征等方面都存在明显的差异。自然大区内所含有自然地带的数量、排列形式和基本轮廓因各大区差异而各具特色，甚至位于不同大区范围的同一自然地带的不同地段也各具有自己的特征。

我国疆域主要位于东亚大区和亚洲中部大区范围。东亚大区的特征是具有湿润的季风气候以及由南向北连续更替的森林地带谱。亚洲中部大区的特征是具有干旱气候以及荒漠草原地带谱。青藏高原高耸于亚洲中部大区的南半部，具有特殊的气候和地带谱，应视为一个特殊的“亚大区”，或看作一个独立的大区。上述三个大区的大地构造差异非常显著，地势差异悬殊，大区的界线几乎完全决定于地势界线。

(2) 自然地区。自然地区是比大区次一级的非地带性单位，通常被认为是最基本的非地带性单位。原苏联有的学者把这级区划单位称之为“国”。

自然地区与自然大区两者的地域分异因素及其特征标志（如地势与地质构造的统一性、大气候特征、地带性结构等）基本一致，但自然大区的特征标志在自然地区范围内得到比较具体的反映，尤其在地势与地质构造方面，自然地区具有明显的确定性。因此，自然地区比自然大区的发生统一性和区域界限更加鲜明。

自然地区除了水热条件的差异以外，一般分别与第二级大地构造单元相适应，各具有一定的地貌组合特征。当然，如果上述构造单元处于深厚沉积覆盖之下，或它们受新构造运动所改变时，同一自然地区也可能处于不同年龄的构造单元上。地区划分的主要根据是地质地貌基础，但每一个地区仍有自己的植被、土壤和景观的共同特征。

至于我国境内自然地区划分，东部季风大区自北而南大致可分为：东北地区（寒温带和温带湿润半湿润针叶林与草原地区）、华北地区（暖温带湿润半湿润至半干旱夏绿林与草原地区）、华中华东地区（亚热带湿润常绿阔叶林地区）、华南西南地区（热带湿润季雨林地区）等；西北干旱大区可分为：内蒙古地区（干旱草原荒漠草原地区）、甘新地区（干旱荒漠地区）等；青藏高原大区大致可分为：青藏高原西北部地区和青藏高原东南部地区。

(3) 自然亚地区。自然亚地区是自然地区的一部分，其范围内具有最明显的地势起伏与地质构造一致性，每个自然亚地区的地质构造、地貌形态、地表沉积物性质等基本相似，气候、土壤、植被以及土地类型的组合等也具有明显的共同性。

在地势与地质构造分异比较清楚的区域，自然亚地区应以地质地貌特征为主要标志，大致相应于第三级大地构造单元；当地势与地质构造分异不太清楚时，自然亚地区的划分需以相应的地貌组合特征为标志，但由于自然亚地区的划分有时要反映气候省性的差异，所以其分界线不一定与地质地貌相应单位完全符合。

我国典型的亚地区实例主要有：东北平原、黄土高原、四川盆地、柴达木盆地、秦巴山地、闽浙丘陵等。

(4) 自然州。自然州是比自然亚地区低级的非地带性单位，也称为次亚地区。目前对自然州的研究很不充分。一般认为，自然州的划分标志是自然亚地区内地质地貌的差异，以及由此而产生的其他自然特征的变化。在山地区域划分自然州时应注意山脉的中等组合情况；在平原区域则应注意沉积物的性质及其分布特征和气候省性分异。

3. 综合自然区划的下限单位——景观

在综合自然地理学的发展过程中，关于“景观”一词的含义存在着三种不同的理解：①理解为一般的概念，等同于“自然地理综合体”，这是广义景观；②理解为自然地理综合体的分类单位；③理解为自然地理综合体的个体区域单位，是综合自然区划的下限，这是狭义景观。上述三种不同的理解曾在地理学界引起很大的争论，以致形成两个学派——区域学派和类型学派。目前看来，这些争论主要是术语使用习惯的差别，在综合自然地理学的理论方面并无实质性分歧。我们认为，上述分歧可以从下述的论点加以统一，即承认类型学派的“景观”是区域学派的高级形态单位（地方）的类型，而区域学派的“景观”是类型学派的自然地理区；至于广义景观，因其简练而通俗，仍可作为“自然地理综合体”的同义语在一般情况下使用。

本节所讲述的“景观”是综合自然区划的下限单位，它是发生上最一致的自然区域，无论在地带性和非地带性方面都具有一致性，并且存在自己特有的形态单位的质与量对比关系。每一景观正是以这种特有的对比关系而与相邻景观区别开来。

上述定义表明，景观是地表一个独特的区域单位，它不仅具有明显的个性特征，而且占据着一个特殊的位置：①两类综合自然区划单位的结合部；②综合自然区划单位与土地分级单位的结合部。因此景观既不同于土地分级单位，又与其他区划单位有所区别。其独特性表现在以下五方面：

（1）景观具有最一致的地带性和非地带属性。景观内的地带性分异已不占优势，非地带性分异也不占优势，景观是这两类地域分异因素共同作用的最后一级分异结果。可以说，它是地带性和非地带性的对立统一体。在景观内地带性的完整特征和非地带性的完整特征都可以得到反映。景观体现了一个区域自然环境和自然结构的完整概念。

（2）景观的界线与气候区、地貌区、土壤区、植被区等相应单位的界线是相吻合的。

（3）景观保存有全部高级区划单位的典型特征。因此，它一方面以能够提供区域的典型自然特点和自然资源的全面认识而有别于土地分级单位；另一方面景观的类型特征的不同程度的概括，可以作为划分各级区划单位的一种标志。

（4）相对于土地分级单位而言，景观的个体特征和非重复性都比较明显，因此可以对每个景观进行单独研究；而土地分级单位由于自己的典型特征多次重复出现于许多个体之中，因此一般只能着重类型研究。

（5）相对于土地分级单位而言，景观具有较长的年龄和较大的稳定性。在人类活动支配下，土地分级单位可能在短时间内发生本质性的深刻变化。例如，围湖造田可以在短时间内使水下处境改变为水上处境。而对景观的改造则需要相当长的历史时期。景观内部土地单位的变化累积到一定程度才可能导致景观的整体变化。即使人类对景观的影响已改变了它原有的面貌，但仍然不能改变它基本的地带性和非地带性属性。改变后的景观（文化景观）尽管具有某些新的属性，但其基本属性仍可以在不同程度上得到表现。

虽然景观的上述特征在很大程度上是明确的，但要据此来具体划分景观还是困难的。为此必须研究景观的同一性，它们是划分景观的主要依据，包括发生同一性、地带性和非地带性同一性、组成成分同一性和结构同一性。

景观发生同一性是指每一个景观都是作为统一的整体发展的，它具有自己的起源、年龄和历史。应该区别景观的三个不同发展历史：①景观所处范围的固体基础的地质历史；②古景观发展史；③现代景观发展史。这里所谈的景观发生同一性是指现代景观而言，因此，现代景观发展史的时间即为景观的年龄。每个景观的年龄是不同的，其年龄应从演替过程中新类型景观出现的时间算起，即从景观形成现代结构的时间算起。确定景观年龄需要研究区域古地理资料。

关于景观的地带性和非地带性同一性，前已述及，这里不再赘述。但有必要强调几点：①景观的自身发展正是在这种同一性的条件下进行的，作为景观发展条件的地带性和非地带性因素是确定景观界线的重要依据；②只有景观才表现出两类区划单位网络的吻合；③景观的组成成分及其土地单位都在一定程度上表现出一致的地带性和非地带性属性，可以通过对这些特性的研究来确定景观的界线。

景观组成成分的同一性是指景观具有与之相应的地质构造、地貌、气候、土壤、植被等组成成分。

景观结构的同一性包括组成结构同一性和形态结构（土地结构）同一性。前者是指每一个景观都具有一定的组成成分以及它们之间相互联系的性质，后者是指每一个景观都具有一定的土地类型以及它们之间按一定的相互关系所构成的格局（组合方式）。

综上所述，景观与其他区划单位一样具有相对的一致性，但由于它在综合自然区划单位中的特殊地位，其一致性的程度远较其他单位大，而且表现得比较全面。正是这一原因，一般都公认景观是区划的下限单位。同时，由于景观的特殊地位，使得对它的研究具有很大的理论和实践意义。

二、综合自然区划的等级系统

综合自然区划的等级系统即指区划单位的排列方式。任何综合自然区划总是要拟定一定的等级系统，这是区划工作不可缺少的环节。然而，建立怎样的等级系统才是客观地域分异规律的正确反映？地理学家对此存在着分歧。这首先是单列系统和双列系统的分歧，而对单列系统又有一些不同的见解。

1. 双列系统

一部分地理学家从分析观点出发，认为地带性和非地带性地域分异规律两者互不从属，因而在其支配下形成的两类区域单位也应是互不从属的，它们可分为并列的两个系统，即地带性地域单位系统和非地带性地域单位系统。这是双列系统的理论基础。

双列系统的支持者以 A. Г. 伊萨钦科为代表。他认为，地带性和非地带性两类区划单位仅仅按一个（地带性的或非地带性的）系统进行区划将是片面的和不完全的，所以综合自然区划必须有并列的两个单位系列。这两个并列的系列只在景观中才完全结合起来，景观是区划的两个系列中的最终一级。但由于综合自然区划不是经常都划分到景观，因而需要人为设立一种特殊的“联系单位”把两个单位系列联结起来。这种联系单位是在等级相称的地带性单位与非地带性单位的界线交叉（即两个系统叠置）后获得的，其南北界线从属于地带性单位，东西界线从属于非地带性单位。因此这种派生的区域单位具有地带性和非地带性的两重特征。在这样的双列系统中，地带性单位和非地带性单位是基本的，而联系单位是次要的。A. Г. 伊萨钦科认为，在双列区划系统中，全部“原生的”地带性单位和非地带性单位的完整性得到了保存，同时，由于有联系单位，便有可能在区划的任何详细程度下把两个单位系列联系起来。基于上述思想，A. Г. 伊萨钦科拟定了下列双列系统的图式（图 9.3）。

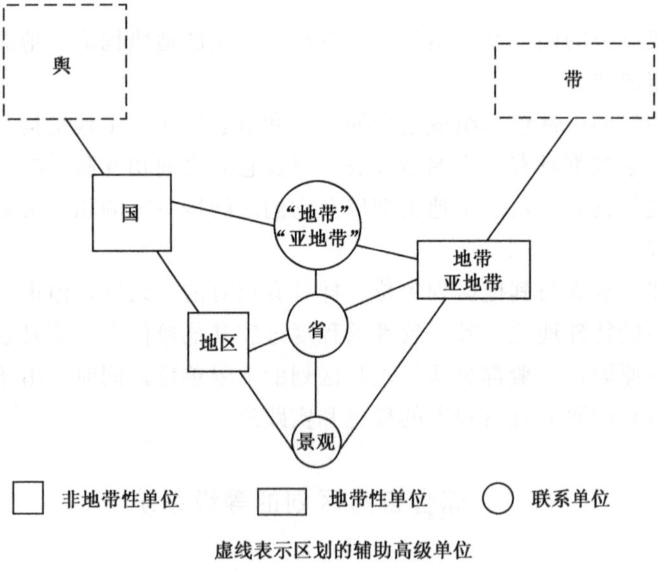

图 9.3　双列系统示意图

根据 A. Г. 伊萨钦科的分析，Л. Н. 克雷洛夫是第一个实际运用双列系统的研究者，他划分了地区（把“地区”理解为最大的地带性单位）、地带、亚地带和省、州、亚州两个序列。Д. П. 阿尔曼德也是坚持双列系统的。此外，С. Л. 苏斯洛夫、Й. С. 舒金以及原苏联自然历史区划（1947 年）的研究者都采用了双列系统。

我国的某些省区区划（河北[1]、陕西[2]、河南[3]等）也曾采用双列系统，即采用了 A. Г. 伊萨钦科图式的下半截的区划单位：

地带
＼
省 — 景观（自然县或自然区）
／
地区

2. 单列系统

与双列系统论者相反，另一部分地理学家从综合观点出发，认为地带性和非地带性地域分异规律两者虽互不从属，然而，它们是共同作用于地表自然界的，区域分异应该是这两种规律的综合表现，因此每一个区域单位都应该是综合性的，并可按其区域等级的从属关系建立一个单列的等级系统。这是单列系统的理论基础。

但在具体问题上，单列系统论者对于区划单位的排列方式、等级单位的命名及其质的规定性等方面存在着分歧意见，于是便产生了一些不同的单列系统方案。主要有：地带性单位与非地带性单位交替排列的交替系统（A. A. 格里高里耶夫、Ф. Н. 米尔科夫、黄秉维），地带性单位与非地带性单位矛盾统一的统一系统（任美锷、杨纫章等），地带性单位与非地带性单位上下承接的承接系统，以及下面将要详细介绍的陈传康等拟定的系统，这个系统可以称为叠置交替系统。

主张单列系统的大多数学者认为，从分析的观点出发，根据地域分异的两大基本规律相应划分两类不完全综合的区划单位并建立双列等级系统是必要的。但在综合自然区划工作中，这只是获得完全综合性的区划单位和建立完全综合性的单列等级系统的重要手段和步骤。可见，单列、双列两种等级系统并不是互相排斥和截然对立的，在一定意义上讲，双列系统中的联系单位恰好相当于单列系统的区划单位。因此，“联系单位”不是次要的单位，而正是重要的或基本的区划单位。

1）北京大学自然地理进修班：河北省及其附近地区自然区划（初稿），油印稿，1959 年。

2）李治武、吴伯甫等：陕西省自然区划（草案），1960 年全国地理学术会议论文选集（自然区划），科学出版社，1962 年。

3）张光业、司锡明：河南省综合自然区划的若干问题，中国地理学会 1962 年自然区划讨论会论文文集，科学出版社，1964 年。

根据上述思想，陈传康等地理学者拟定了一个通过双列系统的不完全综合单位相叠置而得出的完全综合性单位的单列系统图式（图 9.4）。这个系统先划分地带性和非地带性两类区划单位，然后通过两类区划单位界线网络的有机叠置，使地带性区域单位内有非地带性差别，非地带性区域单位有地带性差异，相应地形成了两种综合性区划单位——省性单位和带段性单位，两者交替排列便构成一个单列系统：带段—国—地带段—省—亚地带段—州—次亚地带段—区（景观）。其中高级单位的涵义如下：

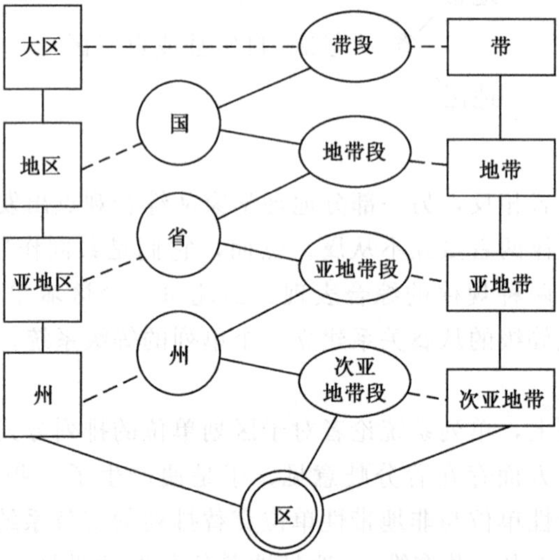

图 9.4　叠置交替系统示意图

（1）带段。自然带与自然大区相叠置所得的最高级带段性单位。它是自然大区中的一段自然带，同一带段的热量条件、大地构造单元组合和大地貌单元组合等都具有共同性。此外，每一带段都具有一定的地带谱型。在我国东部季风大区的赤道带、热带、亚热带、暖温带、温带和寒温带便是带段这一级区划单位。

（2）国。由地区与带段叠置所得的最高级省性单位，是带段内地质地貌与气候省性相对一致的较大的区划单位。自然国的划分主要依据大地构造基本单元的一致性，因此每一“国”都具有一定的气候省性和占优势的土类系列。我国季风大区暖温带（带段）内的湿润区、半湿润区与半干旱区，以及西北大区暖温带（带段）内的干旱区均为自然国。

（3）地带段。由地带与国相叠置所得的第二级带段性单位。它是国中的一段地带，即国中水热对比相对一致的区划单位。地带段内具有比较一致的气候、土壤和植被类型，地貌外营力作用也有一定共性。我国东部温带半湿润地区（国）内的森林草原淋溶黑土地带、草原黑土地带以及西北部温带干旱地区（国）内的荒漠草原棕钙土地带、荒漠草原灰钙土地带、荒漠灰棕荒漠土地带等便是地带段的实例。

(4) 省。由地区与地带段相叠置所得的第二级省性单位。它是地带段范围内按地质地貌省性或气候省性划分的区域单位。具体讲，当地带段内地质地貌省性差异明显时，那么可分出平原、丘陵、高原与山地之类的自然省。如这种差异不明显，则据气候省性分异划分自然省。每个省相当于一个二级或三级地质构造单元的范围，它具有一定的地方气候（如海岸气候、山地气候等）特征和优势植被纲，并与一定的土壤亚类和土属分布相关。山地省则有一定的垂直带谱。我国典型的自然省有三江平原省、海河平原省、四川盆地丘陵省、胶东山地丘陵省、秦巴山地省等。

从理论上说，省以下仍可继续交替使用地域分异的带段性标志与省性标志逐级详细划分亚地带段、州、次亚地带段和区（景观）等完全综合性的地域单位。鉴于目前国内外对于省以下区划单位的研究还很不深入，所以不再逐一详述。

第四节 山地综合自然区划

山地自然区划是综合自然区划研究中的一个特殊问题。目前，这一问题的研究在国内外都是一个薄弱环节。山地自然综合体既沿高度方向分异，也沿水平方向分异，其复杂性给山地和高原地区自然区划带来很大困难。我们认为，从三维地带性的观点出发，通过山地垂直自然带谱的比较分析来确定山地区划界线，是进行山地综合自然区划研究的合理途径。

一、垂直带谱类型分析

在我国，如何进行山地自然区划尚未取得一致意见。但根据垂直自然带谱的类型差别进行自然区域的划分是一个基本的做法。多年来，我国对山地高原区域垂直自然带的研究较多，并应用于自然区划分析，作为山地高原地域分异的主要标志。

带谱的分类与区划是不同的概念和范畴。但带谱类型可以作为划分不同区划单位的依据。因为任何一类垂直带谱的形成和发展，都有其相应的自然地理条件，按一定的地区分布，占据一定的空间位置。所以可按热量状况分成热带型、亚热带型、暖温带型、温带型、寒温带型、寒带型等，又可按湿润状况在海洋性与大陆性分类的基础上划分湿润型、亚湿润型、半干旱型、干旱型等，还可按不同植被类型和土壤类型分出不同的带谱纲、类、型等。然后，把具有同类型带谱，并且存在地域联系的山地划分为一个区划单位。可见，带谱的分类与自然区划是相互联系的，在进行山地区划时应予重视。

以青藏高原为例，高原边缘的山地垂直自然带与毗邻低地的水平地带联系密切，而高原内部的高山则发育着独具特色的垂直自然带。根据中国科学院青藏高原综合科学考察队的研究，西藏各山地垂直自然带谱的性质和类型组合可划出海洋性与大陆性两大结构类型系统，各包括不同的结构类型组，并按基带差异划分为若干垂直自然带结构类型。如大陆性结构类型系统分有：高山草甸基带、山地灌丛草原基带、高山草原基带、山地荒漠与荒漠草原基带、高山荒漠与荒漠草原基带等不同的结构类型。这些基带往往又是优势垂直带，它们在高原面上联结展布，表现为自然地带的水平分异，反过来又制约着其上垂直自然带谱的特点。这样便可根据垂直带谱的类型在高原面上划出不同的自然地带。

比较研究各山地的垂直自然带谱，分析其带谱结构，确定其基带及优势垂直带并给予恰当的分类，不仅可以系统地认识垂直自然带谱的性质和结构特点，而且是山地自然区划的重要前提。诚然，带谱类型的确定和更详细的分类往往因不同学者有不同的见解，在学术上有待更深入的研究。

二、代表基面的确定

在起伏较大的高原和山原进行自然区划，必须确定一定区域的代表基面。在这个代表基面上，水平地带性首先得到充分的反映，然后再体现垂直带性的差异。青藏高原通常以海拔 4 000～5 000 米广袤的高原面为代表。但由于其内有矗立于高原面上的山岭以及凹陷的宽谷盆地，因此还需进一步确定高原内部不同区域的代表基面及其海拔高度范围。例如，在羌塘高原以广阔的湖成平原和山麓平原为代表，海拔 4 500～4 800 米；而藏南则以海拔 3 500～4 500 米的宽谷盆地为代表。代表基面确定之后，便可按其海拔高度范围比较各区域不同代表基面的温度、水分条件组合以及地带性植被和土壤，进而划分出不同的自然地带或区域单元。

云贵高原地表结构复杂，其西部及西南部为横断山地的余脉，地面深切，相对高度大，一般可达 1 000～1 500 米；高原的其他部分由高原面、山地和盆地等组合而成，局部地区高达 1 000 米，大部地区只有 200～300 米。有人主张云南不应视为南北有差异的水平分布区，而应当视为上下有差异的垂直分布层。但客观上，云贵高原上众多的坝子盆地分布着反映水平地带分异的植被和土壤，可以作为代表基面。随着地势自北而南倾降，高原上的坝子盆地大体上可分为三级，即中北部滇中高原主体多大而宽广的盆地，海拔 1 600～2 000 米左右；中南部多小型的山间盆地，海拔约 1 200～1 400 米；南部大型河谷盆地则多为海拔 500～900 米。与此相对应，自北而南分别发育着亚热带阔叶林，云南松林，红壤；亚热带季风常绿阔叶林，思茅松林，砖红壤性红壤；热带季雨林和常绿季雨林，砖红壤。据此，便可划分出不同的水平地带。不同代表基面内所发育的山地垂直自然带也各具特色，可按垂直带谱的类型差异将坐落其间的山地分别划归相应的水平地带中。

我国几大高原的地表结构不一，地势起伏不同。应该考虑各地景观分异的实际状况来确定代表基面。

三、山地区划界线的划定

山地自然区划界线的划定是困难的。自然综合体的界线具有渐变性质，在山地区，更加上自然综合体的分布犬牙交错、相互镶嵌，在大比例尺图上也不易一线定界。

对同一山地的不同界线划定，每每成为山地自然区划研究中争论的焦点。通常有三种不同的处理方法：一是以山脊为界，把山地两坡分作不同的自然区域；二是以山麓为界，把整个山地归属于某个自然区域；三是以山坡某一高度为界，把山地某一坡面下部垂直带和上部垂直带分属不同的自然区域。这几种划分方法本身并不存在矛盾。实际上，山地自然区划界线的划法不能强求一致，应该根据区域分异的实际，采取不同的方法处理。分歧的实质在于不同区划作者对山地区域分异的不同认识，根据不同的原则，选择不同的因素作为界线划定的主要依据。

例如天山，这座巨大的山系作为我国西北干旱区（新疆）暖温带与中温带荒漠的重要分野，多以天山主脊为界，反映出天山南北垂直自然带谱的明显差异。天山南坡垂直带谱的结构趋向简化，具强度荒漠化特点；而北坡则表现出较完整的和中生性较强的带谱结构，具有较宽的山地森林垂直带。但也有一些学者主张在自然区划中保持山地的完整性，把天山列为单独的自然区域，把暖温带与中温带的分界南推到天山的南麓。这实际上是把不同类型的垂直带谱组合在一起，甚至把不同温度带的山地合并为一区。

我国亚热带与暖温带的分界，一般以秦岭-淮河一线或积温 4 500℃等值线为界。秦岭-伏牛山山势高峻，山脉以南的汉中盆地和南阳盆地与山脉以北的关中平原和豫中平原自然景观迥然不同，分野十分明显。但具体界线有着不同的看法。从带谱类型分析，秦岭南侧以落叶阔叶与常绿阔叶混交林-黄棕壤、黄褐土为基带，北侧以落叶阔叶林-褐色土为基带，南北坡分属不同的垂直带谱结构类型，当以山脊为界。但秦岭的分水岭脊偏北，北坡陡而短，南坡缓而长。因此，多主张沿秦岭北麓为界，即整个秦岭山地划入面积占优势一侧的华中区北部（凉亚热带）内。然而，也有人认为南坡 800 米以上的垂直带谱与北坡的垂直带谱无本质区别，主张以南坡基带的上限，即含有常绿阔叶林的落叶阔叶林带与其上的落叶阔叶林或针阔混交林带的分界为界。

众说纷纭，各执一词。我们赞成山地自然区划原则上应进行山地垂直自然带谱结构类型的分析，通过比较垂直带谱的结构、基带的性质以及优势垂直带的特点来确定山地的归属。通常，较大的山系由数列平行山脉组成，山体宽大，山地两侧垂直带谱有显著差异的，可以依主脊线划界，如天山、喜马拉雅山。而带谱特点相近或差异不大的可沿山麓线为界，或从基带顶部通过，如青藏高原北缘以昆仑山、祁连山北麓为界；秦岭的界线划在南侧下部也可作为一例，但尚存争议。应当指出，要在山地区域寻找整齐划一的自然地理界线是不现实的，即使以山脊线或分水岭为界也具有过渡和渐变的特点。然而，山地自然地理界线的存在则是毋庸置疑的。

复习思考题

1. 什么是区划？什么是综合自然地理区划？
2. 综合自然区划的原则有哪些？试详述之。
3. 试述“自上而下”与“自下而上”的区划方法。
4. 地带性单位有哪些？
5. 非地带性单位有哪些？
6. 什么是景观？为什么说景观是综合自然区划的下限单位？
7. 什么是综合自然区划的等级系统？双列系统和单列系统有什么不同？
8. 列出完全综合性单位的排列方式，它们是怎样叠置出来的？

第十章　人类与自然地理环境

人类与自然地理环境息息相关。人类的产生和发展依赖于自然地理环境，而人类的出现又意味着自然地理环境进入了另一个质变的阶段，因为人成为了环境演化的能动因子。人类活动的影响，随着人口不断增加和社会生产力不断提高而日益强化；而其中盲目的活动造成了许多具有反馈性质的环境问题。由于这一原因，促使人们迫切地去探讨人类本身与其周围自然界的相互作用。自然地理学研究的一个重要方面，便是人类与自然地理环境的相互关系。

第一节　自然地理环境对人类发展的影响

一、人类是自然地理环境的产物

人类的进化与自然地理环境密切相关。新近纪晚期是古猿的繁盛时期，同时草原植物开始向森林进逼，夺得了广大空间。自然条件的变化迫使古猿开始适应新的、较为不利的生活环境。由于自然选择的作用，森林古猿中衍生出一支地栖性的草原古猿，对它们来说，求生存的斗争是大大复杂化了。草原环境的生活促使它们直立行走和利用前肢抓取物体，并不得不以草原动物作为食物（草原灵长类的杂食性）。这样一来，便引起身体器官功能的改变和发达起来，尤其是脑的发达。

正是由于各在不同的自然地理环境中生活，草原古猿才按着与森林古猿所不同的道路发展。

当地面生活的古猿不仅学会使用工具，而且学会制造工具时，人类就诞生了。人类出现是第四纪的重大事件。当然，最初的人类是原始的，兼有古猿和现代人的特征。爪哇猿人是最古的、生理结构最原始的人之一，已能用石头制造工具。北京猿人比爪哇猿人进化，他们无疑已经会使用火了。以后人类的发展又经历了古人和新人的阶段，大约在 5 万年前开始逐渐进化成为现代世界的各式人种。

在第四纪人类的进化过程中，自然地理环境发生了剧烈的节奏性演变，冰期和间冰期、海侵和海退、地壳上升和下降等自然地理过程和现象交替发生。自然界这种节奏变化曾深刻地影响了人类的进化。原始的人类一方面改造着自己的形体和大脑，以适应变化的环境；一方面又不断地扩展到世界各地，以寻求各种适于生存的环境。自然因素加上社会因素的共同作用，人类便产生了体质特征不同的各种人种类型以及不同的地理分布特点。

二、人种形成的自然地理因素

1. 人类的三大种族

人类的种族，即人种，是指在体质形态上具有某些共同遗传特征的人群。不同的人种主要是根据其体质的性状（如肤色、睛色、发色、发型、面部特征、头型、身材等）而区分。

根据上述特征，一般把人类划分为三个基本的种族，即三大人种，它们是尼格罗人种、欧罗巴人种和蒙古人种（图 10.1）。

尼格罗人种：基本的体质特征是皮肤呈黑色或深棕色，头发为黑色卷发或波发，鼻梁宽扁，口宽度大，唇厚而突出，体毛发达程度中等。

欧罗巴人种：基本的体质特征是肤色浅淡，头发为柔软的波发或直发，发色浅，睛色碧蓝或灰褐，鼻狭而高，唇薄，胡须和体毛很发达。

蒙古人种：基本的体质特征是皮肤呈深或浅的黄色，发直而黑，睛色深，两眼角有特别的内眦褶（图 10.2），面部扁平，颧骨突出，鼻宽度和高度中等，唇厚中等，胡须和体毛不发达。

虽然三大人种在外貌上看来彼此明显不同，但是从全人类来看，三大人种彼此借着一系列不明显的，从一个过渡到另一个的中间类型而互相联系着。不同人种的各种体质特征与一定的地理区域相关联，亚洲大陆中部和非洲的东北部是不同种族类型接触的地区，在这里产生出人种的中间类型。如乌拉尔人种、埃塞俄比亚人种等。在同一基本种族内部，也存在次一级的体质特征差别，可分为不同的人种类型（表 10.1）。

2. 人种形成的自然地理因素

人类的起源是统一的，在生物学上同属一个物种，有着共同的祖先。然而，人类的各个群体在相当长的一段时期内彼此隔离地生活在不同的自然地理区域之中，人的身上便留下了各自居住环境的烙印。在第四纪，非洲、欧洲和亚洲是全球范围内的三大人类活动中心。对于人类活动来说，这三个地理区域由于存在严重的天然屏障而彼此相对孤立起来。例如，广阔的干旱荒漠带把非洲和欧洲分隔开来，高峻的大高原、大山脉以及遥远的距离使亚洲与欧洲及非洲分开。尽管其间冰川多次进退，人类活动范围多次收张，在一定程度上改变了这些屏障的影响，并引起人类群体的迁徙和混杂，但是三大活动中心从人类形成的早期直至旧石器时代仍然存在，因而有足够时间使人类在地理环境的自然选择作用下不断地演变。

人类的三个基本种族正是在这样一种分化的地理环境中形成的。在若干万年的时间内，生活在不同区域的人群通过遗传和突变产生出一系列人体外部形态变异，这种变异具有明显的适应环境的意义。

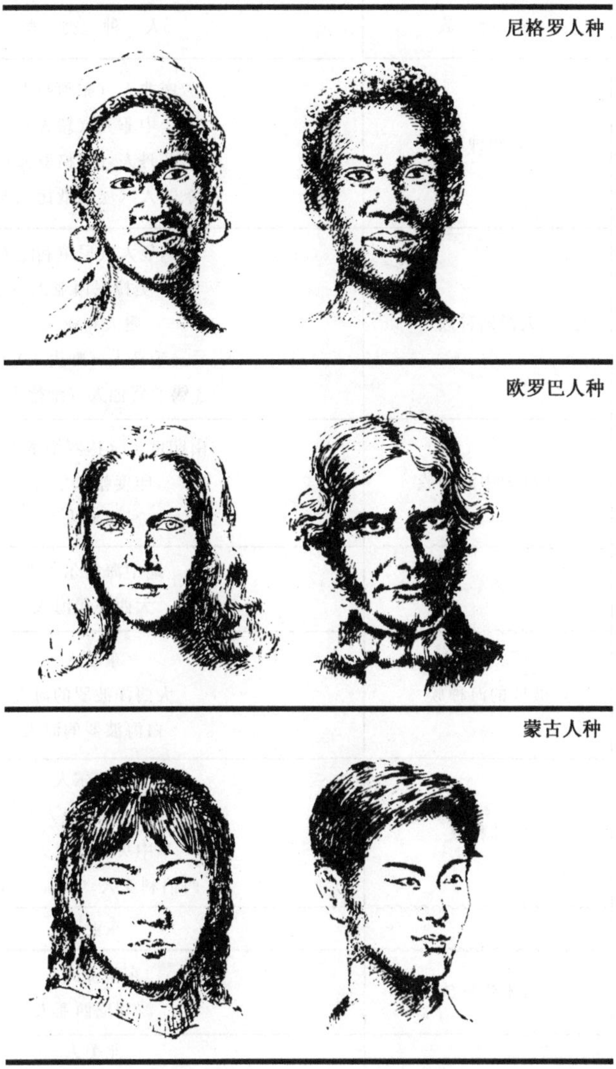

图 10.1　世界三大人种

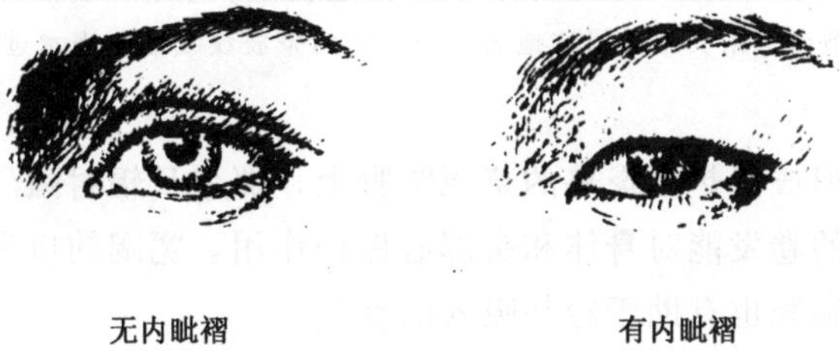

图 10.2　眼睑不同结构

表 10.1 人种类型的划分（据 H. H. 契博克萨罗夫整理）

基本种族	亚种族	人种类型
尼格罗人种	非洲种族	南非人（布须曼人）
		中非人（矮人）
		苏丹人（尼格罗人）
		东非人（埃塞俄比亚人）
	大洋洲种族	安达曼人（尼革利陀人）
		美拉尼西亚人
		澳大利亚人
		千岛人（虾夷人）
		锡兰巽他人（维德人）
欧罗巴人种	印度地中海种族	南印度人（达罗维荼人）*
		印度帕米尔人
		西亚人
		地中海巴尔干人
		大西洋黑海人
	波罗的海种族	东欧人
		大西洋波罗的海人
		白海波罗的海人
蒙古人种	大陆种族	乌拉尔人
		南西伯利亚人*
		中央亚细亚人
		西伯利亚人（贝加尔人）
		东亚人
	太平洋种族	东南亚人*
		波利尼西亚人
	美洲种族	北美人
		中美人
		巴塔哥尼亚人

注：①各人种类型名称由其原始居住地名而定；②两条波纹线之间表示过渡类型；③带 * 者为混合种。

尼格罗人种形成于热带炎热的草原旷野上，那里日辐射强烈，而色素较深的黑色皮肤和浓密的卷发能对身体和头部起保护作用，宽阔的口裂与外黏膜发达的厚唇以及宽大的鼻腔也有助于冷却吸入的空气。

欧罗巴人种主要形成于欧洲的中部和北部，那里的气候寒冷、云量多而日照弱，因此人体的肤色、发色和睛色都较为浅淡。人的鼻子高耸、鼻道狭长使鼻腔黏膜面积增大，这有利于寒冷空气被吸入肺部时变得温暖。

蒙古人种形成的环境没有非洲的炎热和欧洲的寒冷，故形成较为适中的体质形态特征。典型的蒙古人种具有内眦褶，可能与草原和半沙漠的环境有关。这样的结构能保护眼睛免受风沙尘土的侵袭，并能防止冬雪反光对眼睛的损害。

人类的群体在历史上曾经多次往复迁徙，又经过人种的混杂过程。混杂产生的种族类型，以后又可能长期处于隔离状态，受到新的环境的影响而产生新的类型，其过程是极为复杂的。因而要说明某一种族特征的形成原因，必须追溯它的发展历史。例如，非洲有些黑人现在住在密林的树荫下面，阳光照射不多，但皮肤仍是很黑，其原因可能是其祖先历代居住在旷野草原，在近代才搬进森林。又如拉丁美洲在赤道附近居住的人群肤色并不很黑，也可能是不久前才迁居来的。

自然条件在人种分化的早期阶段起着某种选择作用，这是不可否认的。但人类与动物有着本质的不同，人类形成了社会，有生产劳动和创造文化的能力。物质生产随着生产力的发展，在改变着人类的生存条件，渐渐地人类通过劳动使环境适合自己的需要，而不是改造自己的器官来适应环境。因而，自然地理环境对人种形成的作用随着社会生产力的发展而减弱，人类的种族特征越来越失去其适应生活的意义，只是在现代人类中还以其残余形式繁衍着[1]。

由此可见，人类种族的差别仅限于若干外部的体质特征，而且其形成年代也属于一定的历史范畴。在人类的发展史上，各人种尽管生活的地理环境不同，但都走着大体相同的历史发展道路，对人类的文明均有自己的贡献。无论从生理的或社会的特点来看，各个种族之间的共同点都是本质的和大量的，而差异则是次要的和少量的。因此，种族没有优劣之分。任何种族都可以创造出灿烂的民族文化。在历史上，中国、印度、埃及、巴比伦、秘鲁、墨西哥和希腊的文化都达到了当时的高度水平，而这些文化是由不同的种族和民族创造的。文化进步与落后，决定于经济、生产关系和其他社会发展先决条件。在生产发展达到同样水平的人们，其文化发展上也处于相同的阶段。个别部落和民族的文化之所以落后，绝不是他们生物属性低劣的结果，而是历史发展的客观条件造成的。在我国，由于贯彻正确的民族政策使许多过去落后的民族在不到50年的时间已上升到当代的文化阶段。由此可见，人类学和历史学都雄辩地证明：所有人种均具有同等的价值，都能达到同样的进步水平，他们的进步程度仅仅决定于其所在社会的发展阶段。

1) 在人类种族形成的自然因素减弱之后，却出现了一种新的因素，即异族通婚，它深刻地影响着现代世界居民种族成分的构成。

三、人口分布和人口质量的自然地理因素

1. 自然地理环境对人口分布的影响

人口地域分布的差异是人类发展过程在空间上的表现形式，它深受自然因素的影响，更取决于社会经济规律的作用。经过几百万年的增殖和迁移，人类居住范围早已遍及除两极地区以外的六大洲。但具体分析，人口的分布却是很不平衡的（图 10.3）。

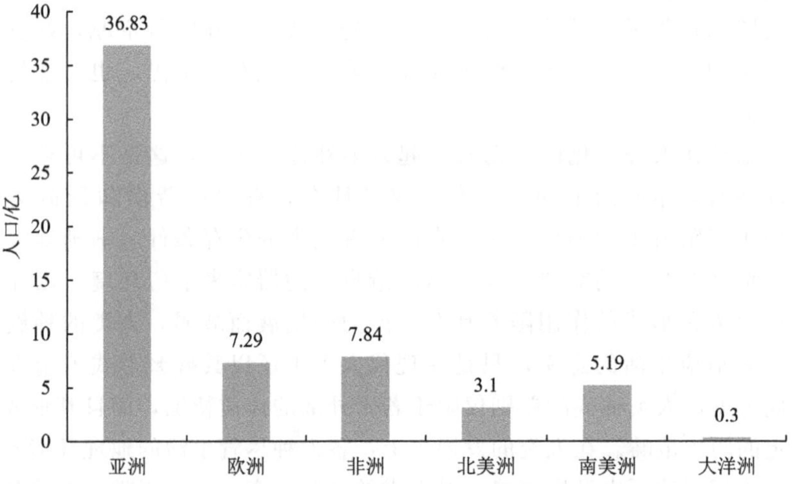

图 10.3 世界各大洲人口数量（2000年）

目前地球陆地面积尚有 35%～40%基本无人居住，全球人口的 1/3 集中在 1/7 的土地上。据 2008 年资料，世界平均人口密度为每平方公里 50.3 人（土地面积已扣除极地永久冰盖和冰川），其中以亚洲、非洲的人口最多，约占世界总人口 3/4 以上，人口密度也最大。世界上人口最密集的地区是南亚、东南亚和东亚，次为西欧、中欧和南欧，再为北美大西洋沿岸和五大湖区。人烟稀少的地区是北美洲和亚洲的近北极圈和高寒地带，以及撒哈拉、中亚和澳大利亚的荒漠地带。此外，热带的亚马孙河流域、刚果河流域，因开发难度较大，人口密度也很小。

我国的人口分布也极不均匀。从古代起，我国人口就高度集中于东部地区，尤其是黄河、长江的中下游平原。后来人口不断从这里向边远地区扩散，特别是解放 50 多年来，国家有计划地组织了大规模的人口迁移。但尽管如此，人口密度的地区差异依然非常明显，从山东到新疆方向，可以明显地看出人口密度由沿海向内陆递减的趋势（图 10.4）。

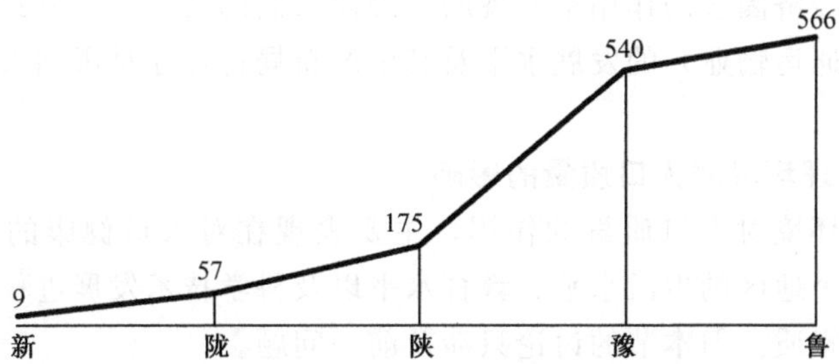

图 10.4　我国人口密度（人/平方公里）的东西差异（1991）

无论是世界的或我国的人口分布状况，都是在人类改造自然、发展生产、繁衍后代的过程中逐渐形成的。在这一历史过程中，自然、社会、技术和经济等多种因素共同作用，它们影响着人口的自然增殖和人口迁移，从而造成了现存的人口分布状况。

本节着重讨论的是自然环境对人口分布的影响。在古代社会，生产力水平还很低下，人类的生活和人口的分布受着自然环境的极大制约。到了现代，人类虽已在相当程度上按照自己的意志利用和改造自然，抵御那些危及自己生存的自然压力，但并不意味着人类可以完全脱离自然的制约。人作为社会的人，有控制和驾驭自然的一定力量；而人作为生物学的人，还有服从自然规律的自然本质。自然环境和自然资源是人类生活和生产的物质基础。自然地理环境的地区差异、自然条件的优劣以及自然资源的多寡等自然因素必然要影响到各地区的经济发展，进而影响到人口的分布。在气候适宜、水源可靠、土地平坦肥沃的地方，人口就易于发展。故在温带地区（除干旱内陆和高寒山区外）人口都十分稠密。在那些自然条件较差的地区，人们纵然能够适应下来，也不可能有高的劳动生产率，人口也是难以增殖的。在地球上确有一些民族长期生存于极端恶劣的自然环境下，如美洲北部的爱斯基摩人，他们过着独特的适应严寒和漫长极夜的生活方式，但在恶劣的自然环境中，农业根本不能发展，人们在营养上也受到很大限制，出生率很低，人口数长期停滞不前。

自然资源的开发，对人口分布的影响也是十分明显的。某些地区矿产资源的开发往往成为影响人口分布的决定性因素。国外在 18 世纪到 19 世纪由于出现淘金热而吸引了大量移民就是例子。当时巴西的米纳斯州，美国的科罗拉多州、加利福尼亚州和阿拉斯加州，澳大利亚的维多利亚州以及南非的德兰士瓦省，每一次淘金热都曾吸引大量的移民。我国经济建设实践也表明，许多在过去荒无人烟的地方，一旦其自然资源得以大规模开发，便可吸引千千万万的劳动大军，建设起一座又一座工业新城。

自然地理环境对人口分布的影响毕竟只是一个方面，而人口的空间分布主要还是通过社会经济因素的作用来实现的。因此人们的物质生产方式（具体说主要指工农业和交通运输业）的发展水平及其生产布局特点才是影响人口分布的决定性因素。

2. 自然地理环境对人口质量的影响

自然地理环境对人口质量的作用，主要表现在对人口健康的影响方面。故然，环境对一个地区的生活水平、教育水平以及科学技术发展进程的影响也会进而影响到人口素质。但本节的讨论只涉及前一问题。

如前所述，人类是自然地理环境的产物。因此，两者之间必然存在着某种内在的、本质的联系。这种联系是通过物质循环而实现的。人们通过新陈代谢与周围环境不断地进行着物质和能量的交换，由环境中摄取空气、水、食物等生命必需物质，在体内经过分解、同化而组成细胞和组织的各种成分，并产生能量以维持机体的正常生长和发育；另一方面，在代谢过程中，机体内产生各种不需要的代谢产物通过各种途径排入环境中，在环境中又进一步变化，作为其他生物的营养物质而被摄取。许多化学元素，经常反复地进行着环境⇌生物这样的循环。因此，人类与自然地理环境在物质构成上有着密切的相关性。汉密尔顿的研究表明，人体血液中 60 多种化学元素的含量与地壳及海水中这些元素含量有明显的相关关系（图 10.5）。

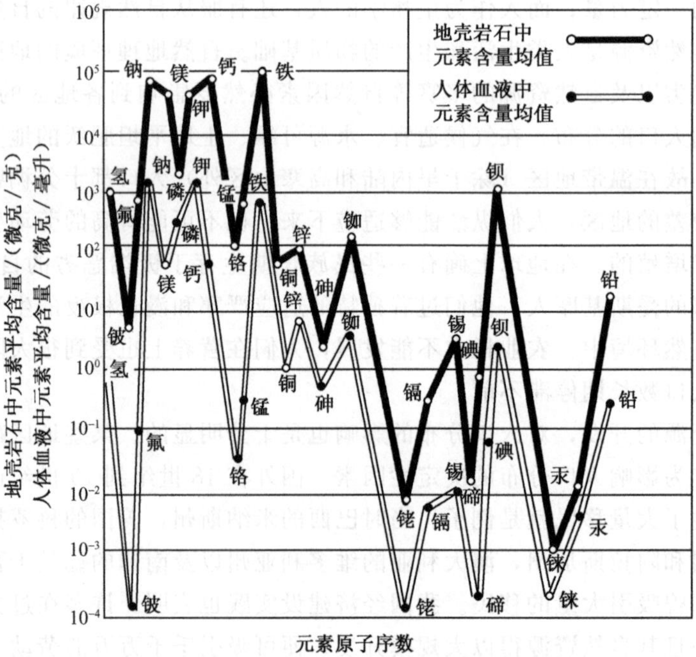

图 10.5　人体血液和地壳中元素含量的相关性

（夏伟生，1984）

既然人体与自然地理环境存在着上述相关性，则环境中的某些化学元素的含量的多少必然会影响到人体的生理功能，甚至可能造成对健康的影响而形成疾病。我们知道，地球表面各种化学元素分布是不均一的。在一定区域某些化学元素富集或贫乏，导致当地居民身体内相应元素的含量过多或缺少，当超过了人体生理功能调节范围时，就破坏了人体与环境之间的平衡，便可使机体的健康受到损害，甚至形成某些地方病和流行病。例如，在环境中缺乏碘，可导致地方性甲状腺肿的发生和流行，环境中含氟量过多，可引起氟骨症。另外，如克山病和大骨节病，虽然致病原因迄今还是个谜，但初步研究证明，这两种地方病与发病区微量元素硒缺乏有关。我国化学地理工作者研究了地方性心肌病的地域分布，发现高病区大致呈长条状：北起兴安岭，经太行山、六盘山到云贵高原，正好是我国东部平原-丘陵区与西部高山区的过渡带。这个地带出露的岩石主要是陆相碎屑沉积岩、黄土、变质岩等。这些岩石出露的地区不但水质软，而且钼的含量低。在日本，人们发现脑溢血病的分布与食用水的酸度有明显关系。这是继查明富山县神通州骨痛的病因后震动国际的又一发现。大量事实表明，人口健康受到自然地理环境一定程度的影响。

在我国，人口质量与自然地理环境的关系越来越被人们所重视。近几十年来，科学不断发现，很多过去认为病因不明、神秘莫测的疾病都与人们所生活的环境条件有很大关系。因此，研究我国各种生命元素的地域分布规律，揭示自然环境对人口健康的影响，乃是提高我国人口质量的一个必不可少的重要方面。

四、人类社会发展的自然地理因素

人类社会的发展不可能脱离周围自然界而孤立地进行。马克思主义关于社会发展的学说强调生产力在人类社会发展中的决定作用，但并不否认自然地理环境对社会发展的影响。恰恰相反，认为它是社会发展的经常必要的条件之一，起着加速或延缓社会发展进程的作用。

在社会发展的早期阶段，当人类生产力还是十分原始的时候，自然地理环境对社会发展的影响表现得特别强烈。人类早期的社会大分工，便是以自然为基础的。在那些水草丰足适于放牧的地区，逐渐出现了专门从事畜牧业的部落；而在那些土地肥沃宜于垦殖的地区，逐渐出现了专门从事农业的部落。这就是人类历史上第一次社会大分工。社会的分工，促进了生产力的发展。在原始社会生产发展过程，它是一个重要的里程碑。构成这种社会劳动分工的自然基础，正是自然地理环境的地域差异性。

地表自然界的千差万别、自然资源分布的不平衡，造成了生产条件的差别。这种差别，对人类社会的发展不可能不产生某种程度的有利或不利的影响。一般说来，优越的自然环境有助于加快社会发展的进程，恶劣的自然环境则阻碍着社会的发展。亚非的一些大河流域气候温和、土壤肥沃、水源充足，有利于人类定居和耕作，甚至在较低的生产力水平也可能出现剩余产品。历史上这样的大河流域往往形成古代文明的中心：在北非有尼罗河流域的埃及，在西亚有两河流域的巴比伦，在南亚有印度河流域的印度，在东亚有黄河流域的中国。它们早在公元前 3 000 多年至公元前 2 000 多年就脱离了原始社会，建立起奴隶制国家。世界发展到今天，社会的历程普遍已进入资本主义或社会主义阶段。然而，令人惊讶的是在文明世界的侧旁却残遗着许多原始社会的部落。在南美的亚马孙雨林中，在非洲的丛林里，在太平洋的岛屿上，都居住着至今仍维持着石器时代生活的原始人群。1971 年，在菲律宾棉兰老岛南部的原始森林里，发现有世代居住在山洞中的塔萨代人。他们使用石斧、木棒、竹刀等工具，过着采集和渔猎的生活，男女各尽所能，平均分配食物。其社会组织和生产力水平都处于石器时代。由上可知，当代的原始居民大都分布在热带区域的孤立环境中，高山、密林、海洋等自然屏障限制了他们与外部社会的沟通，又由于当地的自然条件能满足其原始生活所需，因此抑制了这些原始部落发展生产的要求。社会的发展被自然因素所延缓了。

应该指出，我们在探讨自然地理环境对社会发展的作用时，不能把这一命题与自然条件对生产力分布的作用混为一谈。前者着眼于社会发展的历史长河，后者针对着社会生产的具体布局。经济地理学的研究表明，自然条件对于地区经济差异和地区生产布局每每起着决定性的作用。

还应指出，自然地理环境对人类社会发展的影响，还因生产力发展的不同历史阶段而有所不同。例如大河、大海和大洋在社会发展的早期阶段是不可逾越的障碍因素，而随着人类科学技术的进步，渐渐地却转变为积极因素。因为造船和航海技术的发展使它们成为沟通世界各地经济联系的重要枢纽。再如，从前树木主要被用作薪材、建材和细工用材，后来则成为造纸工业的原料，还被用于生产人造纤维等产品。在过去很长的时间内，石油一直没被生产利用，但现在已作为极其重要的能源和化工原料被广泛使用。

总之，自然地理环境对社会发展起着促进或阻延的作用。这种作用，在社会发展的早期尤为深刻。随着生产力不断提高和自然资源不断开发，社会与其周围自然界的联系便日益加深，而同时人类对于自然界的影响也日益加强。

第二节　人类发展对自然地理环境的影响

一、人类主观能动作用的发展

人类和其他动物一样都与周围环境息息相关。不同的是人类具有主观能动性，能够积极作用于自然界，从而成为自然界发展变化的重要因子。这是因为人类能够进行思维活动，制造工具和从事生产劳动，并通过劳动不断认识自然，掌握自然规律，从而有目的、有计划地改造自然和有意识地协调人类与自然地理环境的关系。

自然地理环境虽然是人类诞生的摇篮，但也存在着种种束缚人类发展的困难因素。因此，人类为了自身的发展，总是与自然界进行顽强的斗争，克服自然的束缚，力求在更大程度上利用自然、改造自然和控制自然。一部人类的发展史，也是一部人类开发自然的斗争史。人类每一个新的时代几乎都给自然地理环境带来新的变化，科学上每一个划时代的成就都会造成对自然地理环境的新的影响。随着人类的发展，人类活动对自然界的作用越来越广泛，也越来越深刻。

在原始的渔猎时代，人们使用石器采集野果、狩猎动物，利用自然界现成的食物为生。这个时期，人类的主观能动作用处于低级阶段，人类完全依附于自然界，自然景观保持着原生状态。从锄耕农业开始，人类进入了农业时代。这一时期，人类发挥了显著的主观能动作用，直接利用人力、畜力以及风、太阳、水等自然能源，仿效自然过程进行农业生产。人们饲养动物，培养良种，使用铁制工具牛耕马种，利用水利灌溉农田，施用有机肥料改良土壤，建立了人工控制的农业生态系统。同时，农业发展也造成一些消极的影响，引起局部环境退化。到了工业时代，人类以矿物能源代替人力畜力，用各种机器代替手工劳动。由于煤、石油、天然气等矿物能源远比自然能源效能高，社会生产突飞猛进，人类的主观能动作用得到空前的发展。人们减少了对自然的直接依赖，而运用科学技术展开了大规模的和专业化的自然改造。这个时期，地球表层形成了一个充满人类智慧的技术圈。技术圈是人类用以改造环境的各种技术的总和，是人类出于自身需要而创造出来的人工技术环境。技术圈的形成故然给人类社会带来了空前丰富的物质财富，但也使人类赖以生存的自然地理环境陷入了空前脆弱的境地，给人类造成了一系列前所未有的忧患和危机。

也就是说，人类对自然地理环境施加的种种作用及其影响，既有建设性的一面，也有破坏性的一面。由于人类对大范围、长时间的自然过程还缺乏预测能力，人类对自然的改造就难免陷入某种程度的盲目性。即使是出于积极的目的，采用建设性的手段，且在短期内似乎取得了成功的改造工程，但在日后仍会遭到自然界的报复。因此，人类的作用不能单凭主观意志出发，还应遵循自然规律的法则。毫无疑问，随着科学技术的发展、生产力水平提高，人类对自然的控制力会越来越大，依赖性会有所减少。然而，人类积极作用于自然界并不能作为外在的征服者出现，而应与自然界相适应，在改造自然中顺应自然规律，以保持环境的生态平衡以及人类与环境的协调。否则，虽然可能取得某些暂时的效益，最终却遭到大自然的惩罚。

二、人类活动的自然地理效应

人类的影响只是与自然地理环境长期演变中短暂的最近时期有关，它可能仅仅意味着只是修饰经过漫长地质时代所塑造的地表自然界而已。由于人类具有主观能动性，为了求得生存和发展，人们从未停止过改造周围环境的活动，以致现在地球上几乎不存在不受人类影响的自然界。

现代自然地理学的一个重要任务，就是要阐明人类活动对自然地理环境作用的效应。这里尤其是指那种有组织的、大规模的生产活动。因为这些活动改变自然环境的速度是惊人的，其地理效应也是可观的。人类活动对于自然地理环境的影响表现在许多方面，概括起来包括如下五类：

1. 对于地表状态的改变

今天，人类已开拓陆地表面的56%左右，其中强烈开拓区占全球的15%。人类的各项活动，可以把相当数量的岩石、砂土、水、植物等地表组成物质从一个地方迁移到另一个地方，或从低处搬运到高处。人类的这些活动大大改变了原有的地表状态，并造成一系列的人为景观。例如城市的建造、水库的修筑、矿山的开采、森林的砍伐等等。地表状态改变及其改变过程，也引起了自然地理环境中物质循环以及能量流动的改变。

2. 对于物质循环的改变

人类改变物质循环的作用是多方面的，对水的控制则是其中一个重要方面。很久以来，人类为了改变地表水分布不均匀的状况做了不懈的努力，其主要的措施，一是用储水排灌的方法来改变一个流域内的水平衡，二是采取大型调水工程来改变一个（或一个以上）大的水文网的水平衡。地表水的人为汇集，引起水分蒸发加强和降水量增加，从而改变了局部的水分循环。美国的堪萨斯州、俄克拉荷马州等地，自1930年以来，曾在一片面积为62 000平方公里的灌溉土地进行过系统分析。初步结论认为，在初夏时大约有高于平均10%的降雨发生，其原因被归结为由于灌溉土地上的水分蒸发所造成。另外在对密西西比盆地进行氢的同位素测定后也指出，在该地区内降雨的2/3是由局部的表面水蒸发后再凝结而造成的。此外，人类活动不断向自然环境中排放污水和废气，也是改变物质循环的一种形式。

3. 对于热量平衡的改变

一定区域的热量收支，毫无例外地受到其下垫面状态的影响。人类活动改变了地表状态，也就相应地改变了地表面的反射率，从而改变了区域的热量平衡。森林是一种特殊的下垫面，其气温日（年）较差比林外旷地小，从而降低了气温的大陆度。而砍伐森林则起了一种相反的作用。城市对热量平衡的影响是非常显著的。城市的热岛效应使其中心区气温要比周围郊区高好几度。水库对热量平衡的影响与湖泊相似，由于水的热容量大，使水库及其附近地区的气温的日（年）较差变小，年均气温也有所提高。据研究，一个水面为32平方公里的水库，库区的平均气温可比外围地区高出0.7℃。

此外，人类大规模生产活动又会向周围大气发散各种化学物质和微粒，尤其是二氧化碳气体的不断增加，可造成显著的“温室效应”。有人作过计算，大气中二氧化碳含量到达今天的两倍，那么地表气温将平均上升3℃，其上升幅度为1.5～4℃。倘若如此，气候的变化便相当惊人，将因极地的融冰而导致全球性自然界的改观。

4. 对生态平衡的改变

自然生态系统由于人类活动而处于变化状态。除了严酷的环境，只要有人类集居的地方就有人类活动的干扰。在中纬度大陆表面的许多地段，精耕细作的农业、牧业或都市化，几乎完全处于人类的支配之下。应该看到，人类改变原有的生态平衡，代之以新的平衡，是一种进步的趋势。这不仅是由于人类建立的人工生态系统所提供的产品数量、质量及品种可以远比自然生态系统提供的为上，而且还由于人工生态系统并不总是带来危害的结果。例如，人们在广大平原区按照生物圈的组织原理建立的农田生态系统，并没有使自然界的平衡遭受破坏。珠江三角洲特有的桑基鱼塘生态系统更是构成了一个彼此有利、相互促进的生态循环。新加坡在城市化过程中十分注意城市布局和环境绿化，因而创造出理想的城市生态系统。诚然，人类对自然地理环境的改造和利用并不都是成功的，破坏生态平衡的现象却是广泛存在着。譬如，在山区大规模毁林开荒，引起严重的水土流失；在森林草原地带大规模毁草开荒和在半草原半荒漠地区过度放牧，引起土地沙化或沙漠化，等等。

5. 对自然地理过程速率的改变

人类大规模的经济活动由于打破了原有的自然生态平衡，迫使自然地理过程朝着新的方向发展，同时，也促使自然地理过程的速率发生变化。有人曾作过计算，在土壤侵蚀过程中，由于人的作用，全球每年每平方公里土地上平均损失掉的土壤为1 500～85 000立方米；而天然侵蚀的背景值却只有12～1 500立方米，前者是后者的125～170倍。也就是说，由于人类活动，使得土壤侵蚀过程加快了150倍左右。另据美国的材料，在13个州约5万个测点上所得到的数据说明，原具有草木覆盖的土壤每年每公顷损失0.85吨，一旦被人开垦后，土壤损失的数字一下子上升为83.55吨，提高了98.3倍。以上两个从不同角度进行的测算数字，说明了一个共同的问题，即人类活动可以极大地改变某些自然地理过程的速率。

如上所述，人类活动对自然地理环境的影响是多方面的，但是我们不要忘记自然地理环境的整体性，人类无论从哪一方面触动自然，都可能引起环境的整体变化。

三、人口增长对自然地理环境的压力

20 世纪以来，世界人口增长呈现史无前例的高峰状态。进入 20 世纪 80 年代后，人口增长速度依然很快。除去死亡人数，全世界每天约多增加 21 万人，每年约增加 7 700 万人。这是相当惊人的增长速度。到 2008 年，地球上已经居住有 6 749.7 百万人[1]。

人口急剧增长给予自然地理环境极大的压力，使人类生存空间显得越来越紧迫。目前，世界人口的平均密度为每平方公里 30 人。如果按现在的速度发展下去，到 2600 年，把地球上所有陆地计算在内，每人平均不到 1 平方米。果真如此，人类将来何以为生呢？在太空中，目前所知还只有地球能够养育人类。因此，从现实出发，人类只能在地球的有限空间内考虑自身的生存和发展。

人口剧增对自然地理环境的压力，首先表现为人类对自然资源消耗量的急增，其次是加剧了环境的恶化。

第二次世界大战后，发达资本主义国家自然资源的人均消耗量达到历史最高水平，发展中国家的资源消耗也随着人口增长而不断增加，地球上自然资源消耗空前增加，而出现紧迫感。

最令人触目的是，世界人均耕地日益减少而导致人类粮食供应日趋紧张。迄今，人类的食物供应绝大部分还是来自粮食作物，也即来自耕地。如果以世界人口需要的食物能量为100，来自耕地的部分高达 88%。换言之，占地球陆地面积 1/10 的耕地资源提供了人类需要的 90%的食物。可见人类的生存目前还是要仰赖着耕地。然而，随着人口增加，世界人均耕地面积将日益减少（表 10.2）。当代出现了大量"消耗耕地"的现象，例如城市扩大、修筑交通道路、兴建厂矿企业等，都占用了大面积耕地；加上人类过度的经济活动破坏了自然生态平衡，造成土地沙化日益严重。据联合国 1977 年统计，全世界因沙化丧失的耕地，每年多达 600 万公顷。而且，若不尽快采取有效措施，世界受沙化威胁或行将受沙化影响的土地面积将多达 3 800 万平方公里。

在人口增加、人均耕地减少的情况下，为了增加粮食单位面积产量，人们广泛施用化肥和农药。但是由于化肥和农药被无节制地大量施用，已造成诸如土壤的板结、物化性能变劣、有机质减少、肥力减退等严重后果。此外，由于大量施用化肥和农药，土壤及农作物中积蓄起来的有害化学元素越来越多，造成了环境的污染。

1）据联合国人口基金会（United Nations Population Fund），世界人口状况 2008（State of World Population 2008）。http://www.unfpa.org

表 10.2 1950～1979 年世界人均耕地减少情况

年　份	世界人口/亿人	世界耕地/亿公顷	世界人均耕地/公顷
1950	25.13	14.18	0.57
1960	30.27	14.26	0.47
1968	35.7	14.60	0.41
1974	39.6	14.60	0.37
1979	43.4	13.89	0.32

资料来源：联合国粮农组织 1979 年《生产年鉴》，引自（邬沧萍，1983）。

世界淡水资源有限。由于人口激增和物质生产迅速发展，淡水资源日见紧张。据计算，1882～1952 年的 70 年内，世界用水量增加 43 倍，20 世纪 60～70 年代增加更快。当代淡水资源紧张主要表现在：①农业用水大量增加；②人口的生活用水量大幅度增加；③工业用水量增加；④由于破坏水源和造成水质污染而使供水量减少。有些国家虽然拥有较丰富的淡水资源，但由于人口众多，人均水资源却较少，也感到水资源紧张。随着世界人口的增加和工农业生产的发展，特别是大量人口密集于大城市，以及水资源不断遭到污染，必将进一步加剧淡水资源的紧张状况。

森林具有涵养水分、防止水土流失、供养保护动物、净化空气、降低噪声、调节气温等多方面的环境功能，还为经济建设提供建材、燃料、工业原料以及其他林副产品，因而是发展国民经济和改善人民生活的重要资源。有史以来，人类就从未停止过森林砍伐。从新石器时代开始，当人类放牧牲畜，并用刀耕火种的方法生产之时，森林便遭到破坏。16 世纪起，森林面积减少速度加快。进入 20 世纪 70 年代，世界上森林平均每年减少 1 800～12 000 万公顷。资料表明，1959 年郁闭森林面积还占地球陆地的 1/4，1978 年已减少到约 1/5。森林大量减少。加重了水土流失，土壤肥力减退，耕地沙化，物种减少，大气污染，气候反常等等一系列的生态灾难，严重影响了人类的生产和生活。

能源和矿产资源消耗也与人口增长和物质生产发展有着密切关系。最初，人类满足于自己的体力和畜力作为从事物质生产的能源，依靠木柴即植物能源和畜粪作燃料。后来，随着人口的增加、人们生活方式的改变、物质生产的发展、科学技术的进步以及军备竞赛和此起彼伏的总体或局部战争的消耗，能源的开发和消费日益增加。大约在 12 世纪前后，人类开始用煤作燃料；19 世纪开始了全球性的石油开采；20 世纪以来，世界能源消费量近乎级数般地上升。仅 1961～1980 年这 20 年间，全世界就开采出煤炭 600 亿吨，占以往 100 年中开采总量的 40%。同期，世界共消费石油 440 亿吨，天然气 20 万亿立方米，分别是人类有史以来石油和天然气消费总量的 80%和 67%。类似地，有限的矿产资源也在飞速消耗之中。以美国为例，20 世纪前半叶，人口翻了一番，人均矿产品消费随之增加了 6 倍。1970 年和 1950 年比较，每人平均的金属消费量又增加了 1 倍。

随着时间的推移，人类对这些不可更新的有限资源的消耗量越来越大，终有一日要完全耗尽。并且，在能源和矿产资源开采和利用过程中，自然地理环境不断地遭受着破坏和污染，造成环境质量严重恶化。

总之，随着人口增长，自然资源耗量剧增以及环境质量严重恶化的事实正日益危及人类赖以生存的自然地理环境。世界人口增长率进入 20 世纪 80 年代虽然已经缓缓下降，但人口数量毕竟继续增加，并且仍将增长一个很长的时期。此外，各国经济继续向前发展，各国人民的物质和文化生活水平有力求升高趋势。凡此种种，决定了人类向自然界索取的资源将越来越多，如不高度重视，采取合理措施，必将进一步加大人口增长对自然地理环境的压力。

第三节 自然地理环境与可持续发展

一、可持续发展的实质和意义

1. 可持续发展的实质

上述因人口膨胀而出现的资源危机和环境恶化，引起人们的反复思考和探索，终于在 20 世纪 80 年代出现了人类发展道路上的一种划时代的新思路——可持续发展。最早提出可持续发展概念的，是 1987 年联合国环境与发展委员会出版的《我们共同的未来》一书。该书指出："可持续发展是既满足当代人的需要，又不对后代人满足其需要的能力构成危害的发展"。根据这一定义，可持续发展包含两个重要的内涵：一是需要，指满足人类基本需要和提高生活质量的需要，将基本需要放在特别优先的地位来考虑；二是限制，指人类的发展和需要应以地球上资源的承受能力为限度，它通过人类技术的进步和管理活动，对发展进行协调与限制，也就是说要对环境满足眼前和将来需要的能力施加限制，以求与自然环境容量相适应。因为没有限制的发展，便不能持续。由此可见，可持续发展实质上就是人与自然关系协调发展的规范。

至今，可持续发展逐渐变成人类实现社会全面发展的行动纲领、行动计划，它是可实践的、全面的发展观，使发展有明确的蓝图。如《中国 21 世纪议程》就体现了可持续发展的战略思想，强调发展经济要充分考虑自然资源的长期供给能力和自然环境的长期承受能力。在发展过程中，要兼顾全局和局部、眼前和长远、发达地区和落后地区的利益，体现可持续发展的公平性、持续性与共同性三个基本原则，使环境与发展得以协调。《中国 21 世纪议程》的结构框架（图 10.6），就是一个较全面的发展蓝图。它包括可持续发展总体战略以及生态、社会和经济三者的可持续发展。它们之间的关系是：生态持续发展是可持续发展的保障，经济持续发展是可持续发展的手段，社会持续发展是可持续发展的最终目标。

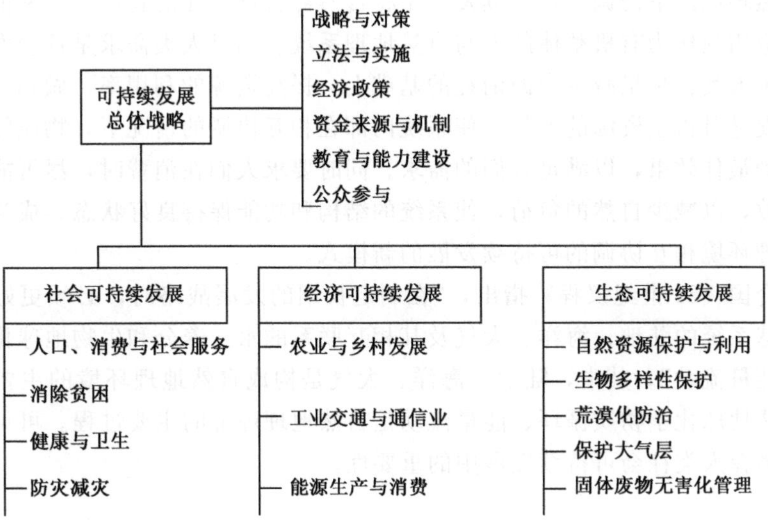

图 10.6 《中国 21 世纪议程》的结构框架

2. 可持续发展的意义

(1) 使人们重新认识人类与自然的关系。当今世界面临着人口、资源、环境和发展一系列重大问题。可持续发展概念是在人类深刻认识环境与资源的可持续能力基础上提出的，源于环境保护却又是人类对传统发展模式的反思。它强调：人类是自然的一部分，人类与自然界是不可分割的整体，人必须与自然协调才能持续生存，它否认人与自然的对立，承认自然的价值和权利。

(2) 使人类改变旧的思维方式和生产生活方式。地球环境所面临的最严重问题之一，就是不适当的生产和生活方式。工业革命以来，尤其是第二次世界大战以后，西方国家竞相追求经济的高速发展，通过大量消耗不可再生资源，促进经济的快速增长和维持较高消费水平的需要，以追求物质转化的数量作为社会经济发展的标志，并以此带来财富和文明。工业生产虽然增长了几十倍，但却出现人口膨胀、资源短缺、环境恶化、生态破坏、贫困加剧和各国发展失衡的社会矛盾。因此，可持续发展从理论上结束了长期以来把发展经济和保护环境资源相对立的错误观点，呼吁人们放弃高消耗、高增长、高污染的粗放型生产方式和高消费、高浪费的生活方式。把保护环境与发展经济看作相辅相成、不可分割的两个方面，并明确提出它们是互相联系、互为因果的关系。所以可持续发展思想，是人类面对未来发展建立的、具有划时代意义的新概念、新思想和新意识。可见，可持续发展的思路，不但涉及人类未来的前途和命运，而且对人类的思维方式、生产方式、生活方式的转变都将产生深刻的影响。

(3) 重新建立新的人地协调发展模式。传统发展就是高消耗、高增长的消费经济模式，不考虑自然的承受能力，以大量消耗自然资源来促进经济发展，造成人与自然环境的不协调。可持续发展是将自然界普遍存在的物质不灭和能量守恒定律，应用到作为有机整体的人与自然地理系统。满足人类需求是社会发展的中心，要求人类在尽量减少资源消耗的基础上，提高资源的利用率，做到少投入多产出，促进可再生资源的增长，使系统内部在相互协调的情况下，物质能量的转化率达到最佳效果，以满足人们的需求。同时要求人们在消费时，尽可能地多利用少排放，以减少自然的负荷，使系统的结构和功能保持良好状态，成为人类与自然地理环境相互协调的可持续发展的新模式。

联合国《21世纪议程》指出，“在制定长期的发展战略时，必须更好地了解形成地球系统的陆地、海洋、大气及其相互联系的水、养分和生物地球化学物质循环和能量流动”。其中，陆地、海洋、大气是构成自然地理环境的主要组成成分，生物地球化学物质循环、能量流动是自然地理环境的主要过程。可见，自然地理环境在人类社会可持续发展中的重要性。

二、自然地理环境的可持续发展

1. 自然地理环境的功能

自然地理环境是人类社会生存的基础，它有三个主要功能：

（1）提供人类活动所必需的各种自然条件和自然资源。自然地理环境是人类从事生产的物质、能源的源泉，也是各种生物生存的基本条件。人类从自然地理环境中开采煤、石油、天然气等，利用土地资源生产谷物，从而产生一系列的经济活动。因而环境资源的多寡、优劣决定着经济活动的规模和速度。当人类索取资源的速度超过自然供给的能力时，便难以维系和持续发展。

（2）消纳和同化人类活动产生的废物和废能量。人类通过生产活动把物质、能量进行转化，提供人类所需的产品，同时也会有一些一时未能被利用的副产品排入环境，成为废物。而人类新陈代谢和消费活动，也产生各种废弃物归还给周围自然环境。环境通过各种各样的物理、化学、生物、生化反应，来消纳、稀释、转化这些废弃物的能力，称为环境的自净能力。当废弃物排放量超过环境的自净能力时，则环境质量下降。

（3）满足人类生存的精神享受。自然地理环境不仅能为人类提供物质资源，而且还能满足人们对舒适的要求。清洁的空气和水是工农业生产必需的要素，也是人们健康、愉快的生活需求。优美舒适的环境，使人们心情轻松、精神愉快，有利于提高人体素质，从而更有效地工作，促进社会经济持续发展。

2. 自然地理环境质量与可持续发展

自然地理环境的质量，是指原生自然环境质量和次生自然环境质量，人类生存环境质量包括两个方面：一是指全球大气环境、生物多样性等；二是主要包括土地、水、人类居住区环境等。人口增加、经济增长、社会发展产生资源的消耗和环境的恶化，是发展所带来的必然结果。大规模的工业污染，对生存环境来说，是更大的潜在威胁。自然地理环境质量的逐渐恶化，影响到人类的前途和后代生存。可见，保护自然地理环境的目的，在于促进社会经济的可持续发展。所以资源的持续利用与环境保护的程度，是区分传统发展与可持续发展的分水岭。

从环境与发展的关系来看，19世纪末20世纪初，环境保护运动着眼于对地表的自然资源的保护；1972年人类环境会议时，讨论的重点是环境污染；至20世纪80年代初，对全球环境问题的关注，成为最迫切的研究课题。随着社会发展和科技进步，人类活动对自然地理环境的影响愈加激烈，如前面有关章节所述及的全球气候变暖、酸雨、臭氧层耗损、淡水资源减少、地质灾害频发、荒漠化、土地退化、生物多样性锐减等全球及局部环境问题，已构成对人类社会持续发展的严重威胁，从而引起公众和各国政府的密切关注。联合国《人类环境宣言》指出："保护和改善地球环境，是人类一个迫切的任务"。目前开展国际性研究的全球环境问题有：

(1) 全球气候变暖。由于追求经济增长，大量消耗石油燃料和大面积毁坏森林等原因，大气中二氧化碳、氮氧化物、甲烷、臭氧、氟氯烃等温室气体增加，这些气体比较稳定，在大气中的寿命多在10年以上，使其在大气中的含量与日俱增，据联合国政府间气候委员会2007年11月7日在西班牙巴伦西亚公布的第四纪气候变化评估报告，全球温室气体排放量在1970年至2004年间增加70%，从而产生温室效应，导致气温升高。在没有人类干预的情况下，自然地理环境中，气温也会因自然原因发生节律性变化。在历史时期中，地球温度一直是波动的，不同规模和强度的冰期和间冰期交替出现。实际上，目前正处于相对温暖的间冰期。但地球温度的自然变化是一个相当缓慢的过程。从最近一次冰期至今，经过了约18 000年，气温才上升5℃，每千年平均升高约0.3℃。即使在气温升高最快的时期，也只是每千年升高2℃。而最近100年来，地球的平均气温就上升了1℃，是自然过程的20倍。根据研究，近百年来全球气温上升0.4～0.5℃，北半球上升0.5～0.6℃。据联合国气候专业委员会评估报告预测，21世纪末全球气温继续上升1.1～6.4℃，其后果对全球的持续发展能力有很大影响。如导致经向温度梯度减少，大气环流加强，热能向极输送减弱，从海洋输送到陆地的水气减少，降水量减少，干燥带向高纬度移动，从而改变农作物的种植界限，影响耕作制度的改变，对欧亚大陆中心广大地区的农业生产力带来巨大的威胁。同时导致地面温度上升，使蒸发力增大，促使农田变得更为干旱，土地沙化、碱化、草原化，水分条件及土地耕种面积也发生变化，农业经济需要重新布局。根据美国科学院研究报告，美国玉米带将向北移至酸性灰壤土地带，从而要实施更多的土壤改良和农业措施，增加农业投资。在中亚的哈萨克斯坦，则表现为温度增加 1℃，降水减少 10%，小麦的产量将降低 20%。在中国则表现为华北、西北地区变得更干旱以及草原退化危害加重。

温室效应导致地球温度上升，所带来的另一个全球环境问题是海平面变化。在地质历史时期，海平面曾经历过多次大幅度的升降变化，但都是相当长的地质历史时期活动缓慢的自然变化。由于人类活动造成海平面的加速变化，与地质时期海平面变化造成的后果是显著不同的，它直接对人类生存空间和物质利益产生深刻的影响。

全球气候变暖导致海平面上升，是目前比较符合逻辑、且比较容易被人们接受的观点。温度的升高导致海水体积膨胀、极地冰原和高山冰川范围缩小，融化的冰水将注入海洋。据计算，近百年来全球海平面上升速率为 1.8 毫米/年。据中国海洋局计算，我国的南海海平面上升速率为 2.0 毫米/年。预测 21 世纪全球海平面将上升 20～86 厘米。当然，由于不同地区的地壳运动状况不一样，海平面在世界各地的变化也是不同的。

海平面上升，对人类的影响是多方面的。显而易见，随着海平面上升，一些沿海陆地将被海水淹没。据统计，目前世界上约有 1/3 的人口生活在沿海岸线 60 公里范围内。更令人担忧的是，世界上大部分经济发达的地区和重要的大型城市也都分布在沿岸地带，相当一部分还在沿海低洼地带，如上海、东京、伦敦、鹿特丹、曼谷、雅加达、纽约、华盛顿等。它们在海平面上升的威胁下，将首蒙其害。而有些大洋中的岛国，如马尔代夫，则可能在海平面上升的过程中完全消失。

世界上大部分的湿地生态系统位于沿海低洼地带和河流三角洲地区。湿地生态系统是重要的野生动植物天然保护区，海洋咸水的入侵将大面积地毁坏这些天然生态系统。世界上一些大河的三角洲和冲积平原是重要的粮食生产基地，海平面上升不仅会使一部分沿海耕地丢失，还会由于地下盐水范围向内陆扩展，使大面积土地无法耕种或产量下降，这对当前世界日益严重的粮食危机来说，更是一个不利的因素。

海面温度的升高会增加地球上风暴产生的频率和强度，海平面上升则会加重风暴潮灾害的程度和扩大影响范围，孟加拉国的风暴洪水灾害是最为典型的，该国 80%面积处在孟加拉河三角洲上，数百万人生活在接近海平面的低洼地带，每年由热带风暴带来的洪水造成大规模的生命和财产损失。与之相类似的有台风及飓风影响的东南亚、东亚和北美东部地区。

气候变暖造成的恶果，正引起世界各国重视，正在采取措施延缓气候变暖的趋势，例如征收更高的温室气体排放税，制定更高的排放标准和更严格的排放限制，鼓励生产使用清洁能源以及推动相关研究进程等。

(2) 臭氧层损耗。平流层中的臭氧是一个自然过滤器，能吸收来自太阳的有害紫外线辐射，保护地球上的生物。人类活动使大气中增加了某些化合物，如氟里昂，从而使臭氧的产生、消失过程失去平衡。这些化合物中最重要的是氟氯烃、哈龙、四氯化碳和二氯乙烷。它们在低层大气中都不活泼而会转入平流层。在平流层中由于紫外线的作用会释放出氯原子和溴原子，而氯和溴在臭氧破坏过程中会起到催化作用，从而加速臭氧层损耗。

研究表明，南极上空臭氧总量在1974～1985年已减少30%～40%，故出现了南极臭氧空洞，面积大小和美国本土面积差不多。而据美国、日本、英国、俄罗斯等国家联合观测，北极上空臭氧也减少了20%，出现另一个臭氧空洞，其范围约为南极臭氧空洞的一半。我国青藏高原上空臭氧也在以每10年2.7%的速度减少。

臭氧层日益耗损主要是由于氟里昂类物质长期排放和积累引起的，全球每年排放这类物质约130万吨。如果对其排放不加任何限制，则在100年后臭氧总量将减少50%以上。

臭氧层耗损，将增加地球表面紫外线的辐射量，对生物造成危害，尤其可能导致许多浮游生物死亡，如自1987年以来，南极大陆附近海域的浮游植物总量减少了12%～36%。它还影响植物的开花和叶绿体的光合作用，降低农作物产量，植物种群组成因此可能发生变化，影响生物多样性和水生生态系统的平衡与持续。臭氧层耗损，使人类患皮肤癌、白内障等疾病增多。据联合国环境规划署报告，如果臭氧层继续按目前速度减少和变薄，则到21世纪初，全世界患皮肤癌患者每年将超过30万，白内障患者将超过170万，而且还会改变生物遗传基因，破坏人的免疫系统，对人类健康造成重大危害。伴随平流层臭氧减少而来的是平流层变冷，这会对全球的环流和气候变化产生尚不完全为人们所明了的影响。保护臭氧层是一项紧迫而艰巨的任务。

(3) 酸雨。全球大气环境对人类社会持续发展的又一大威胁，是硫氧化物和氮氧化物等污染物质排放形成的酸雨。国际上公认，pH小于5.6的降水是酸雨，而且以降水的pH年平均值作为衡量酸雨对生态环境影响的指标。降水pH为5.6～5.0，为弱酸性，可认为无害；pH为5.0～4.5时，为酸性，对敏感地区可能有长远的影响；pH为4.5～4.0时，为重酸性，有潜在长远危害；pH小于4.0时，为严重酸性，这种酸雨对生态环境有直接危害。酸雨已成为一个全球性的环境问题。

酸雨直接影响植物的生长，洒在植物枝叶上的酸雨，可使那些惧酸植物茎叶枯烂。1982年5月，我国江苏郊区降了一场酸雨，造成当地大片西瓜田的瓜苗枯萎而失收。酸雨降到地面渗入土中，会使土壤酸化而逐渐贫瘠。例如美国南加利福尼亚，20世纪70年代以来连年降落酸雨，使当地土壤酸碱度逐渐变化，pH从7.0降到5.8，即从中性土变为酸性土，导致当地历年盛产的大豆、马铃薯、西红柿等产量逐年减少。

酸雨汇入江河湖泊中，对江湖鱼类造成威胁。例如挪威南部，由于近几十年连降酸雨，已使这一带上千个湖泊鱼类绝迹，而江河中原本众多的鲑鱼和鳟鱼也相继消失。

酸雨对人类健康也有很坏的影响。酸雨淋湿人体会使眼睛发炎和皮肤刺痛，酸雨微粒侵入肺部会引起肺气肿、哮喘等疾病；而饮用水受到酸雨污染的地区，往往脑溢血患者特别多，1982 年日本《读卖新闻》在一篇题为“解剖酸雨实况”的社论中提到：仅在 1980 年的一年中，美国因酸雨而死亡的人数达 5 万人以上。

酸雨对水系、植物、土壤等的影响，干扰了自然生态系统，从而波及野生动物。在受酸雨危害的地区，野生动物被迫吃受污染的草和昆虫等，饮用受污染的水，长期积累势必对其生长产生有害影响。

酸雨加速了建筑结构、桥梁、水坝、工业装备、供水管网、地下储罐、水轮发动机、动力和通信电缆等材料的腐蚀，对文物古迹、历史建筑、雕刻、装饰以及其他重要文化设施造成严重损害。

随着工业的发展，大气中的硫氧化物和氮氧化物逐渐增加，酸雨分布范围和频率越来越大，酸雨的浓度也日见增高，最近几年不少地区测得浓度很高的酸雨记录。1987 年，美国东北的佛蒙特州降了一场 pH 为 3.0 的酸雨；1990 年，挪威南部降了一场 pH 为 2.8 的酸雨。

酸雨越来越严重的趋势，已引起各国高度重视。许多国家已在采取积极措施，以减少二氧化硫的排放，控制酸雨的发生。

(4) 生物多样性减少。自从约 30 亿年前开始，地球上的生物逐渐进化，并趋向多样化。新的物种的形成伴随着旧物种的绝灭，这已成为进化过程中经常出现的自然现象。整个物种谱经历了多次变化，从而形成今天地球上丰富多彩的生物世界，物种灭绝是生物进化过程的一个组成部分，直到今天，物种的自然灭绝和自然形成过程仍在继续。但是，自从有了人类，物种形成和灭绝除受自然因素制约外，更多受到人类的影响。尤其是近几个世纪以来，人类活动使物种灭绝的速率大大加快，从而导致生物多样性减少。目前，世界上每年有 5 万个物种灭绝，平均每天灭绝物种 140 个。现在全球有 10%的高等植物的物种面临消灭的危险，平均每年有一个较高等的物种灭绝，3/4 的鸟类在逐渐减少，北美洲有 1/3的淡水鱼类处于濒危状态。一项调查还表明，到 2050 年，全世界将有超过 100 万个物种灭绝。

人类活动使生物多样性减少，多由于狩猎、环境污染、栖息地缩小等原因。人类的狩猎活动，使大量动物灭绝，人类大肆猎杀动物，多为了食用和营利，北美洲的猛犸象、马和骆驼可能是因主要为食用、遭印第安人过度捕杀而消灭的；现代的捕杀多为营利，很多珍贵动物为人类提供的皮毛、皮革、药材等原料的价值是昂贵的，因而有人不顾法律制约，而去猎杀和贩卖，使华南虎、孟加拉虎、南美洲的豺猫、亚洲犀牛、非洲犀牛、非洲象、鸵鸟、鳄鱼等濒临灭绝或已灭绝。大气和水体污染对动植物构成严重威胁，人类排放温室气体，使气候变暖，使陆地上生物群落无法适应气候的迅速变暖，物种无法通过自然迁移来适应，必然加快灭绝速度，很多鱼类因水体污染而死亡。人类不断的土地开发及对其他资源的大量需求，大大缩小生物的繁殖范围，生物的灭绝就不可避免。这种情况曾使北半球中纬度地区不少动植物绝迹，今天则正在热带地区出现。热带雨林的开发，可能会使已知和未知的物种消灭，这可能是今后地球上物种灭绝最主要的地区。

由于食物链的作用，地球上每消失一种植物，往往有10～30种依附于这种植物的动物和微生物也随之消失。每一种物种的丧失，将减少自然和人类适应变化条件的选择余地。生物物种减少，必将恶化人类的生存环境，限制人类生存与发展机会的选择，甚至严重威胁人类的生存与发展。因此，保护和拯救生物多样性是实现可持续发展的迫切需要。

3. 自然资源的合理利用与可持续发展

（1）自然资源的种类。自然资源是社会发展的物质基础，分为可再生资源和不可再生资源两大类。能够通过自然力以某一增长率保持或增加蕴藏量的自然资源，是可再生资源，例如太阳能、森林、各种野生动植物等。资源质量保持不变，蕴藏量不再增加的资源，是不可再生资源，如矿产资源等。不可再生资源的持续开采过程也就是资源的耗竭过程。可再生资源的持续性，受人类利用方式的影响，在合理开发利用的情况下，资源可以恢复、更新、再生产甚至不断增长；而在开发利用不合理的情况下，其可更新过程就会受阻，使蕴藏量不断减少，以至耗竭。例如水土流失导致土壤肥力下降；过度捕捞降低鱼群增长率，使渔业资源枯竭等。不可再生资源按其能否重复使用又可分为可回收的和不可回收的两种，前者主要是指金属矿产资源，回收利用可以减缓其耗竭速度；后者指煤、石油、天然气等能源资源，它是人类社会发展的经济动力，减缓这些不可回收的不可再生资源的消耗速率，关键是提高资源利用率。

（2）自然资源的合理利用与可持续发展。自然资源的蕴藏量是指已探明储量与未探明储量之和，是地球上所有资源储量的总和。对于不可再生资源来说，蕴藏量是绝对减少的，其可持续利用主要包括两个方面：①在不同时期合理配置有限的资源；②使用可再生资源替代不可再生资源。对于可再生资源来说，蕴藏量是一个可变量，其可持续利用主要是确定资源的最佳收获期和最大可收获量，通过控制使用率和收获率实现最大可持续收获量，达到资源的永续利用。

自然资源的补给和再生、增殖是需要时间的，一旦超过极限，需要恢复是困难的，有时甚至是不可逆的。随着工业化和人口的发展，人类对自然资源的巨大需求和大规模的开采、消耗，已导致资源基础的削弱、退化和枯竭。资源的不合理利用是引起资源环境衰退，影响持续发展的主要原因。

森林采伐应不超过其可持续产量。全世界现有森林面积36.25亿公顷，1980～1990年间，每年平均砍伐量为1 680万立方米，每年的砍伐量相当于总量的0.5%。森林具有涵养水源、储存二氧化碳、栖息动物、植物群落、提供森林产品、调节区域气候等功能。过度砍伐森林将使生物多样性面临毁灭性威胁。

土地利用应谨慎地控制其退化速度。全球土地面积的15%已因人类活动而遭到不同程度的破坏，土壤侵蚀年平均速度为0.5亿～2.0亿吨。1988年，全世界耕地约为46.87亿公顷，其中12.3亿公顷已退化。全世界干旱、半干旱土地总面积为61.5亿公顷，其中近70%已中等程度荒漠化。

淡水资源应开源与节流并重，提高水资源有效利用率。淡水资源是人类生存不可缺少的要素，是陆地生态系统不可缺少的组成部分。人类消耗淡水量和排放废污水量的迅速增加，导致淡水资源的严重短缺。20世纪以来，全球淡水消耗量增加了8倍，且每年仍以约5%的速度迅速增长。联合国1997年发表的一份研究报告指出，目前全球有1/5以上人口面临中高度到高度缺水的压力。除非更有效地使用淡水资源，控制河流和湖泊的污染，以及更多地利用净化后的废水，否则到2025年，全球将有1/3的人口遭受中高度到高度缺水的压力。水资源匮乏是人类21世纪面临的最为严重的资源问题。

海洋资源也有其可持续产量，过度捕捞会造成渔业资源的枯竭。在南极洲，蓝鲸的数量已不到捕捞前存量的1%，驼背鲸约为3%。南乔治亚鲟鱼在20世纪70年代开始被过度捕捞，现在已濒临灭绝。生物资源提供了地球生命的基础，包括人类生存的基础。

4. 城市化的影响与可持续发展

(1) 世界城市化的发展。随着社会经济的发展，世界城市化进程在加速，表现在人口越来越向城市集中，城市人口在总人口中所占的比例越来越大，城市数量越来越多，城市规模越来越大，大城市、超级城市越来越多。例如，1970年世界城市人口约14亿，1990年增加到26亿，2007年已达到33亿，超过全球人口总数的50%，到2030年，城市人口比例将扩大到60%，城市人口总数将达到50亿。1960年全球100万人口以上的城市114座，1980年增加到222座，预计2025年将增至639座。人口超过500万的城市，1950年全球有10座，2000年已增至44座。城市在资源耗用、能源耗用和社会经济发展中所占的比重越来越大，它对自然地理环境的影响也越来越重要。城市系统已成为地球上一个主要的生态系统。

(2) 城市化对自然地理环境的影响。目前，世界城市人口已约占总人口的50%，而且正以每天15万的速度增长。我们脚下的土地和我们身处的空间，正迅速地被“人”填充着。据“雅典人居中心”估计，20世纪60年代全球居住区占地358 000平方公里，其中，城市（2 000人口规模以上）占62%。人类生存空间——城市，不仅占有建筑物、道路和交通，而且还包括耕地、森林、海洋和其他一切为人类生存和发展提供可能的环境场所。这些都是自然地理环境的重要组成部分。因此，城市膨胀、人口激增，给自然地理环境带来巨大的影响。

1）城市开发建设占用大量土地资源，使耕地、林地、草地、水体等自然环境的性质改变，代之以人工建造的密集高大的钢筋混凝土建筑物。

2）城市开发，大量地下工程和高层建筑的兴建，动摇原来的地质基础，从根本上改变了地下水文地质条件，造成地面沉降，产生地裂缝；城市建设，劈山、填河、开渠、修路等，人类作用代替了自然地貌营力，自然地貌被夷平、消失，代之以房屋、道路、桥梁等人工地貌体。城市建设过程，人为作用强烈，不但破坏了自然地貌体的平衡稳定，而且加速了地面侵蚀、水土流失、崩塌、滑坡、泥石流等地貌灾害的发生。

3）改变水文条件，影响地表水文循环过程，改变对地表物质的冲刷、剥蚀、运移，加速河湖淤积，加剧洪涝灾害等。

4）城市化改变了气候形成的下垫面因子，产生热岛、干岛、湿岛、雨岛、混浊岛效应，形成热岛环流，影响区域气候和气候变异，使各种洪涝、干旱、暴雨等气象灾害频发。

5）城市化自然环境被开发利用，生境改变，原生自然植被荡然无存，以人工培育的单优种群占优势，植物发展受到限制，物种减少，生物多样性消失，使自然环境的缓冲能力减弱，造成生态环境的脆弱性，影响生态系统的稳定性。

前述气候变暖、臭氧层耗损、酸雨、土地退化等全球环境问题，也与城市化、人口增加、工业发展密切相关。因此，城市化对自然地理环境的影响是明显的，它不但影响居住区环境，而且破坏自然生境。以我国为例，20 世纪 50 年代以来，全国平均每年净减少耕地 48 万公顷，1981～1985 年，平均每年净减少约 100 万公顷，长江流域水土流失面积达 56 万平方公里，沙漠化土地平均每年扩大2 400多平方公里，近 1/3 国土受到风沙的威胁，耕地萎缩；全国有 300 多个城市缺水，日缺水量达 1 600 万吨以上；受城市工业废水污染的农田达 700 万公顷；全国河流总长的一半水质受到污染。

除上述对区域自然地理环境各要素的影响之外，城市本身由于人类活动强度过大，人口数量负担过重，资源承载负荷过高，人工生态环境抵御外界干扰的能力减弱，使其在实现可持续发展战略目标时，面临着极大的困境。事实上，许多快速发展的城市，由于人口高度集中，工业及经济发达，社会活动频繁，其资源、能源消耗量巨大，对环境造成污染，致使城市生态系统失调，产生诸如城市大气污染严重，废污水排放量大，水体污染，水源短缺，设施不足，城市超负荷运转，交通拥塞，生活垃圾固体废弃物成灾，噪声污染扰民，居住区环境恶化等一系列城市病，给城市居民生活和健康带来威胁，使城市变得越来越不适合人类居住。因此，为提高城市的可持续性，必须综合地协调人口、资源、环境与发展问题，创建适合人类居住的城市环境。

三、人类与自然地理环境的协调发展

1. 人类与自然地理环境的对立统一

自然地理环境是人类赖以生存的物质基础，同时两者又各按自身固有的规律发生和发展，两者之间存在着对立统一的相互关系。从对立方面看，自然地理环境总是作为人类的对立面而存在，按着自然的规律不断发展的。人类的主观要求与自然地理环境的客观属性之间、人类有目的的活动与自然地理过程之间，都不可避免地存在矛盾。从统一方面来看，自然地理环境总是作为人类生存的特定环境而存在。人类与其周围的自然地理环境是相互作用、相互制约的。人类既是自然地理环境的产物，在一定意义上讲，也是它的塑造者。如果人类认识到自然地理环境的客观属性及其演变规律，在利用自然和改造自然的过程中，就能趋利避害，引导自然地理环境向有利于人类生存的方向发展。反之，如果违背自然规律，或迟或早要受到大自然的惩罚，产生危害人类生存的环境问题。

人类与自然地理环境的对立统一关系，主要是通过人类的生产和消费活动表现出来的。所以在人类社会生态系统工程中，人类与自然地理环境之间的物质流和能量流的运转是否处于平衡状态，就决定了上述对立统一关系的矛盾转化。要解决人类与自然地理环境对立的矛盾，促进两者的统一，就要研究人类应该以怎样的方式、方向和速率索取和归还自然界的物质和能量，才能既满足人类不断提高物质生活水平的需要，又能保护环境和建设高质量环境。若能达到这一发展目标，人类与自然地理环境的关系就是统一的。反之，则既不能或只能暂时满足人类发展的需要，同时又严重损害环境，降低环境质量，影响甚至危及子孙后代和人类生存，这就是人类与自然地理环境的对立。

20 世纪以来，由于人类不适当的活动和活动强度，引起全球性和区域性的环境污染和生态破坏，这是行星地球出现的新现象，实质上是人与自然关系失控的表现。目前人类活动已成为强大的驱动因子进入自然地理环境过程。从总体上看，在地球漫长的演化过程中，由深部进入地表的物质不断地减少，生物合成物质不断地增多，而人工合成物质迅速地增多，并广布于地表。人类与自然界已构成一个极其复杂的复合系统，现代人类活动已成为主动改变环境的强大动力，使社会发展与环境变化发生着激烈的冲突。要使人类与自然地理环境协调发展，就必须解决人类与自然地理环境的对立矛盾，促进人类与自然地理环境的统一，以求在人类社会发展的同时，建设一个更加美好的生存环境。

2. 促进人类与自然地理环境协调发展的途径

以现代人地关系协调论为指导的可持续发展思想，其核心是人与自然的和谐，发展与资源、环境相协调，即人口、资源、环境与发展（PRED）的协调。“发展”是人类对未来的寄托和希望。一些经济学家把发展概括为：收入持续增长、技术进步、产生结构变化、资本积累、国际经济关系的发展和扩大、需求结构的变化、制度结构的变革和人们价值观念的改变。发展的意义是社会经济水平得到提高，人民生活得到普遍改善，自然生态系统得到永续。因此，发展首先是经济增长，而经济发展必然引起人口转化和再分布，引起资源的更大规模开发利用，对环境进行干扰和改造。人与自然关系的协调是可持续发展的核心，无论是宏观的思想和对策，还是微观的技术和方法，都涉及人与自然地理环境关系的协调和优化调控的根本问题。人与自然地理环境的关系包括人对自然环境的依赖性和人的能动地位。在人类社会发展的初期，人对自然地理环境的依赖性强，受历史条件制约和认识上的片面性，曾有过夸大环境作用和影响的倾向；在工业化阶段，由于技术的进步和人类作用的加强，又存在过分强调人类能动作用的思想，片面按照人类需求来改造自然环境，甚至违背自然规律，酿成资源枯竭、环境恶化的后果。

实现人与自然地理环境关系协调发展的途径如下：

（1）控制人口数量，提高人口素质。人类自身的生产不仅受经济水平的制约，而且也受环境承载量的限制。只有一个地球，资源和空间都是有限的。因此，人口增长不仅要与经济发展水平相适应，也要与环境的承载量相适应，不能无节制地发展。要实行计划生育，控制人口增长，保持适度人口。人是生产力中最活跃的因素，人所能提供的生产力是与其文化、科学、技术以及身体健康水平有关。因此，要提高人口素质，以适应社会经济各项事业发展对劳动人口的需求，是协调人与自然地理环境相互关系的前提。

（2）振兴经济发展，改进增长方式。经济发展是人类自身生存和进步所必需的，也是保护和改善自然地理环境的物质保证。贫穷是环境恶化的一个重要根源，必须促进经济发展，提高环境资源的价值。发展经济，消除贫困，是当前的首要任务。同时经济发展不能脱离环境的承受能力，要实行保持生态系统良性循环的发展战略，例如实行对环境无害的能源政策，发展绿色化学取代造成严重环境污染的传统化学；鼓励采用无污染生产技术，实现“零排放”；有效利用太阳能，解决人类对能源和有机化工原料的需求。在技术进步的带动下，将经济发展从外延扩大的粗放式生产转变到集约化经营的轨道，实现经济建设与环境保护的协调发展。

（3）改善自然地理环境质量，有效利用自然资源。自然地理环境一方面提供经济发展的资源条件，另一方面它又消纳人类社会经济活动的废弃物。保护环境是人类与自然地理环境协调发展的基本要求。环境问题的实质在于人类经济活动索取资源的速度超过了资源本身及其替代品的再生速度，向环境排放废弃物的数量超过了环境的自净能力。上述全球环境问题，是自然地理环境质量变化的问题。因此，人类必须深刻认识到：环境容量是有限的，自然资源的补给、再生和增殖是需要时间的，一旦超过了极限，要想恢复是困难的，有时甚至是不可逆的。环境与发展密不可分，保护环境为的是保证发展。

环境保护的目的，就在于防止自然地理环境遭受过度的人为影响而被逼迫朝不良方向演化。人们为此设立各种自然保护区，挽救各种濒临灭绝的生物物种，整治各种酿祸为害的环境。例如，建国以来，我国先后实施“三北”防护林、长江中上游防护林、沿海防护林等一系列林业生态建设，开展黄河、长江等七大流域水土流失综合整治，治理荒漠化，推广旱作节水农业技术，加强草原和生态农业建设等等，都是改善自然地理环境的举措。

（4）大力开展自然地理环境建设。自然地理环境是多要素组成的有机综合体。从系统的角度来看，自然地理环境保护和改善不可能仅仅依靠个别的局部措施来实现，而必须要从整体观点出发，改良和防治人类面临的全球环境问题。当前最重要，也是最困难的事情在于如何对自然地理环境的功能结构进行合理的干预，以便调整其演化方向，提高其经济潜力与生态潜力，使人类发展与自然演化一致。近年来，人们在检讨了三次工业革命过程中人类先是破坏环境，之后再保护环境的曲折经历后，提出了“环境建设”的新概念，也有人称之为“生态建设”。

所谓环境建设是指人类在与自然合作的基础上，既按照社会经济规律合理组织社会系统和经济系统，又遵循自然规律设计和营建人工与自然协调的人类生态系统；在生产发展的同时建设一个人类与自然界互利共生的、更有利于人类发展的自然环境。这种环境有以下三个基本特征：一是具有高效的经济潜力；二是保持高水平的生态稳定；三是具备有美学价值的环境外貌。这无疑是人类追求的长远目标。

从现在起，我们就应改变以往那种对自然环境无目的、无计划改造的旧观念，代之以对自然环境的积极建设。我国现阶段正在进行的生态环境建设，生态村、生态县、生态镇、生态城等试点建设，实质上就属于环境建设工程。它使自然系统、社会系统和经济系统协调成为统一的整体。人类作为地球上惟一具有智慧的成员，面临着把自己的生存环境作为统一的整体而积极建设的艰巨任务。我们只有在社会经济建设的同时，大力建设自然环境，才能真正实现人类与自然地理环境的协调发展。

复习思考题

1. 简述世界人类的三大种族。
2. 自然地理环境对人口分布有什么影响？

3. 简述人类活动对自然地理环境的主要作用。
4. 试述可持续发展的实质和意义。
5. 试述当前全球性的环境问题。
6. 为什么要谋求人类与自然地理环境协调发展？

主要参考文献

别乌斯 A A. 1982. 环境地球化学. 朱颜明译. 北京：科学出版社

布迪科 M И. 1960. 地表热量平衡. 李怀瑾等译. 北京：科学出版社

陈传康，伍光和，李昌文. 1993. 综合自然地理学. 北京：高等教育出版社

陈传康. 1981. 从发展商品生产角度讨论黄土高原的生产建设方针. 地理学报，(1)

陈家振. 1986. 世界洋的自然区划. 地理译报，(3)

陈敏豪. 1988. 人类生态学. 上海：上海交通大学出版社

陈之荣. 1983. 地球的一生. 北京：科学出版社

迪金斯 R. 1980. 近代地理学创建人. 葛以德译. 北京：商务印书馆

侯仁之. 1962. 中国古代地理学简史. 北京：科学出版社

胡焕镛，张善余. 1982. 世界人口地理. 上海：华东师范大学出版社

姜恕. 1964. 川西滇北自然地理垂直分带和水平差异//中国地理学会主编. 中国地理学会一九六二年自然区划讨论会论文集. 北京：科学出版社

蒋志. 1981. 地球在银道面上运动与理论地质年表. 中国科学，(9)

杰弗里斯 H. 1985. 地球——它的起源和物理结构. 张焕志，李致森译. 北京：科学出版社

景贵和，周人龙，徐樵利. 1990. 综合自然地理学. 北京：高等教育出版社

景贵和. 1986. 土地生态评价与土地生态设计. 地理学报，41 (1)

景贵和. 1988. 自然地理学与环境建设. 北京：科学出版社

卡列斯尼克 C B. 1958. 普通地理学原理（上、中、下）. 唐永銮，王正宪，徐士珍译. 北京：地质出版社

李万. 1984. 论高度景观带及其对农业生产的意义. 山地研究，(12)

联合国粮农组织. 1976. 土壤丛书 32 号. 土地评价纲要. 罗马

刘德生. 1986. 世界自然地理. 第二版. 北京：高等教育出版社

刘洪杰，李文翎. 1998. 人类环境学. 北京：科学出版社

刘南威，郭有立，邱林青. 1986. 综合自然地理理论的形成和发展（华南师范大学地理丛书之十六）. 华南师范大学热带地理研究室

刘南威. 2000. 自然地理学. 北京：科学出版社

刘培桐. 1985. 环境学概论. 北京：高等教育出版社

刘胤汉. 1982. 土地类型与综合自然区划. 陕西师范大学地理系

牛文元. 1984. 人类活动与地理环境. 地理知识，(12)

牛文元. 1984. 自然地理新论. 北京：科学出版社

牛文元. 1987. 现代应用地理. 北京：科学出版社

潘树荣. 1984. 从科学方法论角度谈谈自然综合体研究的基本原则和方法问题. 土地类型与自然地理区划，(1)

潘树荣. 1985. 自然地理学. 北京：高等教育出版社

浦汉昕. 1988. 熵与地球表层. 自然杂志，11 (10)

钱学森. 1991. 谈地理科学的内容及研究方法. 地理学报，46 (3)

全石琳. 1988. 综合自然地理学导论. 开封：河南大学出版社

任振球，李致森．1980．行星运动对气候变迁的影响．科学通报，(11)
宋春青，张振春．1982．地质学基础．第二版．北京：高等教育出版社
石玉林．1980．关于我国土地资源主要特点及其合理利用问题．资源科学，(4)
王成祖．1982．中国地理学史（上册）．北京：商务印书馆
王雨田．1986．控制论信息论系统论与哲学．北京：中国人民大学出版社
翁笃鸣，罗哲贤．1990．山地地形气候．北京：气象出版社
邬沧萍．1983．世界人口．北京：中国人民大学出版社
吴汝康．1978．人类发展史．北京：科学出版社
伍光和，蔡运龙．2004．综合自然地理学．北京：高等教育出版社
夏伟生．1984．人类生态学初探．兰州：甘肃人民出版社
徐道一等．1983．天文地质学概论．北京：地质出版社
杨禄华．1992-6-25．酸雨．香港大公报，第2版
伊萨钦科 А Г．1965．自然地理学原理．中山大学地质地理系译．北京：高等教育出版社
伊萨钦科 А Г．1986．今日地理学．胡寿田，徐樵利译．北京：商务印书馆
曾昭璇，刘南威，李国珍，周祐生．1964．论自然区划中等级单位若干问题//中国地理学会主编．中国地理学会一九六二年自然区划讨论会论文集．北京：科学出版社
曾昭璇，刘南威，李国珍，周祐生．1965．自然地理区划中的理论与方法问题．华南师范学院科学研究文集（自然科学）
曾昭璇，刘南威．1960．珠江三角洲自然地理区区划问题．华南师院学报，(3)
曾昭璇．1999．人类地理学概论．北京：科学出版社
詹姆斯 P E．1982．地理学思想史．李旭旦译．北京：商务印书馆
张坤民．1977．可持续发展论．北京：中国环境科学出版社
张兰生等．2000．全球变化．北京：高等教育出版社
章森桂，严惠君．2005．“国际地层表”与GSSP．地层学杂志，29 (2)
赵松乔，陈传康，牛文元．1979．近三十年来我国综合自然地理学的进展．地理学报，34 (3)
赵松乔等．1988．现代自然地理学．北京：科学出版社
赵松乔，申元村．1980．全国1/100万及重点省（区）1/20万土地类型图的土地分类系统（草案）．资源科学，(3)
郑度．1990．山地与高原自然区划问题的探讨．地理集刊21（自然区划方法论）．北京：科学出版社
中国地理学会．1964．中国地理学会一九六二年自然区划讨论会论文集．北京：科学出版社
Briggs D, Smithson P. 1985. Fundamentals of Physical Geography. London: Hutchinson Education
Christian C S, Stewart G A. 1968. Methodology of Integrated Surveys. Paris: UNESCO
Newson M D, Hanwell J D. 1982. Systematic Physical Geography. London: MacMillan Education

